陕西省"十四五"职业教育规划教材 GZZK20

微课版

大学生心理健康教育

DAXUESHENG XINLI JIANKANG JIAOYU

主 编 侯晓方 蒋桂黎 段好宁

大连理工大学出版社

图书在版编目(CIP)数据

大学生心理健康教育 / 侯晓方,蒋桂黎,段好宁主编. -- 大连:大连理工大学出版社,2021.11(2025.1重印)
新世纪高职高专公共基础课系列规划教材
ISBN 978-7-5685-3509-0

Ⅰ.①大… Ⅱ.①侯… ②蒋… ③段… Ⅲ.①大学生-心理健康-健康教育-高等职业教育-教材 Ⅳ.①G444

中国版本图书馆 CIP 数据核字(2021)第 252751 号

大连理工大学出版社出版

地址:大连市软件园路 80 号　邮政编码:116023
营销中心:0411-84707410　84708842　邮购及零售:0411-84706041
E-mail:dutp@dutp.cn　URL:https://www.dutp.cn
大连图腾彩色印刷有限公司印刷　大连理工大学出版社发行

幅面尺寸:185mm×260mm	印张:17.25	字数:393 千字
2021 年 11 月第 1 版		2025 年 1 月第 8 次印刷

责任编辑:欧阳碧蕾　　　　　　　　　　　　　责任校对:程砚芳
　　　　　　　　　　　封面设计:张　莹

ISBN 978-7-5685-3509-0　　　　　　　　　　　定　价:51.80 元

本书如有印装质量问题,请与我社营销中心联系更换。

前　言

《大学生心理健康教育》是陕西省"十四五"职业教育规划教材、新世纪高职高专教材编审委员会组编的公共基础课系列规划教材之一。

人的心理素质是在先天基础上，经过后天的教育、环境的影响而形成的。随着年龄的增长和实践活动、知识经验的积累，加上个人自身主观的努力以及有目的、有计划的教育，人的心理素质是可以塑造的。良好心理素质的形成与发展需要有良好的环境熏陶和有效的教育引导。而培养良好的心理素质自然有助于减少心理疾患，防止心理疾病的产生。心理健康教育的意义便在于此。

进入中国特色社会主义新时代以来，党和国家高度重视心理健康教育事业。2022年10月，习近平总书记在党的二十大报告中明确指出："把保障人民健康放在优先发展的战略位置……要重视心理健康和精神卫生。"2023年5月，教育部等十七部门联合印发《全面加强和改进新时代学生心理健康工作专项行动计划（2023—2025年）》，明确五育并举促进心理健康、加强心理健康教育、规范心理健康监测、完善心理预警干预、建强心理人才队伍、支持心理健康科研、优化社会心理服务、营造健康成长环境等八项主要任务。

《大学生心理健康教育》围绕"现实问题—认知理解—解决之道—活动体验—素质提升"这条主线展开，以学生常见的心理问题、现实困扰为主题，从心理学专业理论视角解读问题，帮助学生理解背后的原理，在理解的基础上给出正确的解决问题的途径与方法，并辅以贴切的活动体验，让学生有解决问题的直观感受，从而改变应对方式，提升解决问题的能力，增强心理素质。

本教材内容分为三个层次，从打开心理视角，到了解自我，再到提升自我，层层递进，既可以满足学生了解心理健康知识的需要，又能帮助学生增强心理素质。具体如下：

第一层:打开心理的世界。给学生展示心理学的世界,让学生用心理学的视角看待生活中的问题,让他们有不一样的认识和理解。这个部分主要讲解专业的心理健康知识,包括的主题内容有心理与心理健康、心理问题及应对、心理危机应对常识。

第二层:遇见未知的自己。在这一层,学生认识自我、探索自我,形成稳定的自我认同,确立未来的奋斗目标,这一层包括的主题内容有自我意识、人格塑造、生涯规划。

第三层:遇见更好的自己。学生在确立我是谁,想要成为什么样的人这样一个目标后,通过对常见困扰的学习,学会更恰当的问题解决方式。这一层包括的主题内容有情绪管理、学习心理、压力与挫折、人际关系、亲密关系、生命教育。

本教材由西安航空职业技术学院侯晓方、蒋桂黎、段好宁担任主编,并负责规划教材编写方向和大纲、内容的核定。西安航空职业技术学院杨思佳、刘天娇参与了部分章节的编写工作。具体编写分工如下:侯晓方负责第六、十二章的编写;蒋桂黎负责第四、九、十、十一章的编写;段好宁负责第一、二、三、七章的编写;杨思佳负责第五章的编写;刘天娇负责第八章的编写。全书由蒋桂黎统稿。

在编写本教材的过程中,编者参考、引用和改编了国内外出版物中的相关资料以及网络资源,在此表示深深的谢意!相关著作权人看到本教材后,请与出版社联系,出版社将按照相关法律的规定支付稿酬。

由于时间和水平所限,书中难免存在疏漏和不足之处,希望广大读者能提出宝贵意见,未来我们将会继续努力对本教材内容进行修订和完善。

编 者

所有意见和建议请发往:dutpgz@163.com
欢迎访问教材服务网站:https://www.dutp.cn/sve/
联系电话:0411-84706672

目 录

第一篇　走进心理的世界

第一章　心理与心理健康 ············ 3
第一节　认识人的心理 ············ 3
第二节　心理健康的含义 ············ 11

第二章　心理问题及应对 ············ 20
第一节　心理问题与心理障碍 ············ 20
第二节　心理咨询与心理治疗 ············ 33

第三章　心理危机应对常识 ············ 42
第一节　心理危机的含义 ············ 42
第二节　心理危机的应对 ············ 52

第二篇　探索未知的自己

第四章　自我意识 ············ 63
第一节　自我意识概述 ············ 63
第二节　认识自我的途径 ············ 71
第三节　自我调适与完善 ············ 75

第五章　人格塑造 ············ 87
第一节　认识人格 ············ 87
第二节　如何塑造健全的人格 ············ 99

第六章　生涯规划 ············ 111
第一节　生涯规划概述 ············ 111
第二节　为了什么而工作 ············ 117
第三节　制定属于自己的生涯规划 ············ 124

第三篇 遇见更好的自己

第七章 情绪管理 ·· 137
- 第一节 情绪概述 ·· 138
- 第二节 大学生常见的情绪问题及情绪调节方法 ································ 147

第八章 学习心理 ·· 158
- 第一节 学习概述 ·· 158
- 第二节 大学生常见的学习问题及调适 ··· 165

第九章 压力与挫折 ··· 178
- 第一节 压力与压力管理 ·· 178
- 第二节 挫折与应对方法 ·· 188

第十章 人际关系 ·· 200
- 第一节 人际关系概述 ··· 200
- 第二节 大学生的人际交往 ··· 214

第十一章 亲密关系 ··· 222
- 第一节 关于爱情 ·· 222
- 第二节 大学生常见的恋爱困扰及调适 ··· 230

第十二章 生命教育 ··· 245
- 第一节 生命教育的价值与意义 ·· 245
- 第二节 生命的本质 ·· 253

参考文献 ·· 265

第一篇
走进心理的世界

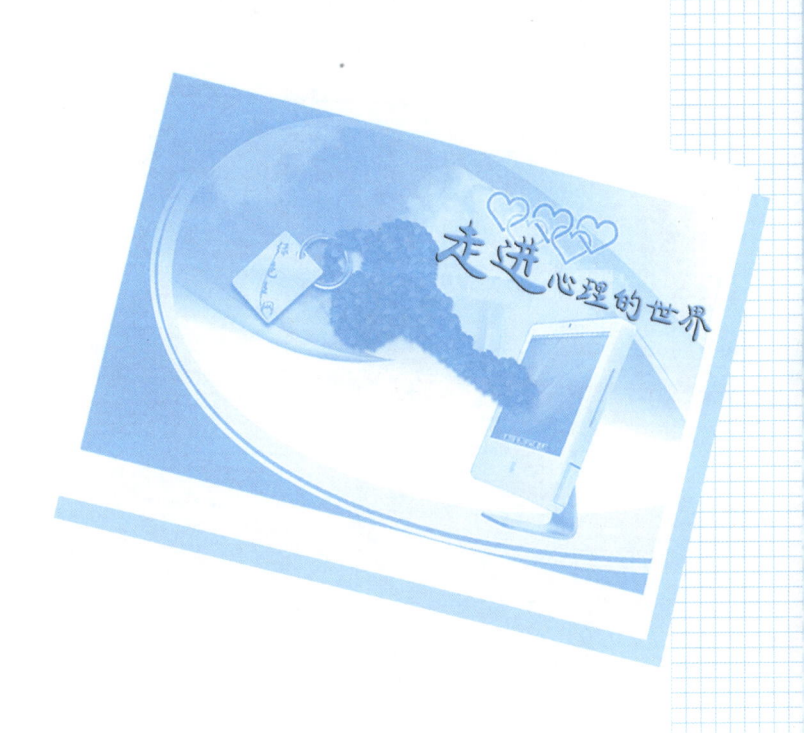

第一章 心理与心理健康

近年来,随着心理学的传播和人民生活水平的不断提高,心理健康已经成为人们关注的热点话题。然而,你知道人的心理世界究竟是什么样的吗?它和我们所熟悉的其他事物有什么不同?心理活动具体都包括哪些内容?心理健康究竟意味着什么?这些都是一些比较常见的疑问。在本章内容中,我们将带领大家一起了解人的心理世界和心理健康的含义。

学习目标

1. 了解人类心理活动的基本内容、分类和过程。
2. 了解心理健康的概念、心理健康的常见表现。
3. 了解影响心理健康的主要因素。
4. 树立科学的意识和正确的态度,消除生活中对心理健康问题的误区。
5. 理解人类心理世界和心理活动的特殊性。

第一节 认识人的心理

烦恼杂货铺

小李是某高职院校一名大一男生,入学一段时间以来,有室友反映小李的言行举止有些奇怪。例如,小李经常穿着很奇怪的衣服,发型也经常换来换去,喜欢比较夸张的造型。室友反映小李十分特立独行,以自我为中心,经常很晚了还在宿舍里大声唱歌,甚至自言自语,有时候室友跟他说话他也听不见。还有室友反映小李平时不注意个人卫生,不喜欢洗澡,洗衣服,垃圾也经常乱丢,生活作风很懒散,有时候甚至不去上课,不跑早操,别人提醒他,小李总会说:"这是我自己的事情,你管不着。"时间久了,周围人都觉得小李有些奇怪,还有的同学开始怀疑小李精神有问题。

　　班主任几次找小李谈话,小李都表示自己并没有觉得影响到其他同学,晚上唱歌的时候也并没有影响到别人休息,因为那个时候室友们基本都在宿舍里玩游戏,至于穿着打扮,小李认为这是自己的自由和权利,别人不应该干涉。小李也承认,自己的个性是比较独立,不喜欢和别人一样,有时候因为自己的不合群,容易被室友孤立,甚至故意刁难自己,所以自己才不怎么理睬他们。班主任也很为难,不知道小李究竟为什么会这样,又觉得小李说的也有道理。

　　你认为小李的情况是属于心理健康还是心理不健康?试着说说你的理由。

知识直通车

　　当我们提到"心理"两个字的时候,不知道你是否想过这样的问题?那就是,究竟什么是"心理"呢?心理究竟是什么样的?人的心理世界包括哪些内容?这些内容之间的联系如何?又或者,你可能会问,我们如何才能知道一个人的心理活动,有什么特殊的方法能够迅速地了解一个人的内心?

一、"心理"的定义

　　心理是人脑对客观世界的主观反映,是人的内心世界的总称。

　　与我们在自然科学中的研究对象不同,"心理"是很难用一句话来定义的。广义的心理是指人的所有心理活动、心理过程和心理现象的总称,包括了人的全部内在精神世界。在不同的领域,人们用来描述"心理"的词汇也不同。例如,在哲学中,使用"精神""意识""意志"来描述人的内心世界;在宗教中,使用"灵魂""心灵""意念"来描述人的内心世界;在中国传统文化中,使用"心"来描述人的内心世界。

　　从一个角度来讲,人和动物的主要区别就在于人类拥有一个丰富的主观世界,也就是心灵的世界:人类有丰富的感知觉,拥有长久的记忆,可以进行复杂的思考,人类还拥有丰富的情感体验,同时,人类还会不断地思考自己与他人、自己与自然之间的关系,人类会追求和寻找人生的意义,等等。

　　在现代科学心理学中,一般使用"心理是人脑对客观世界的主观反映"这一定义来描述人的心理。不难看出,这个定义本身其实是有着哲学意味的。它至少包含两层意思:一是人的心理活动是来源于客观世界的,是对客观世界的反映;二是人的心理活动与客观世界之间是有一定区别的,也就是人的心理活动是主观的,不等同于客观世界。

科学实验室

理解"人的心理活动是对客观世界的主观反映"这句话,需要我们认识人的心理世界的"主观性"。我们不妨一起先来了解一个有趣的小实验——颜色对比实验:如图1-1所示,如果把颜色完全相同的两个色块放置在不同颜色的背景中,仔细观察就会发现,色块的颜色看起来发生了变化。在深背景下和浅背景下,色块的颜色看起来并不相同。

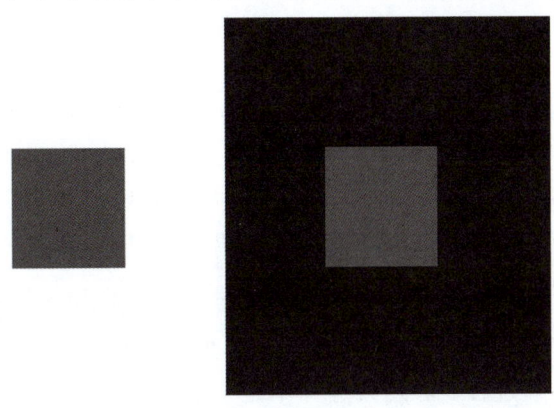

图1-1 颜色对比实验

除了颜色对比实验之外,在心理学中大量视错觉现象也说明了同样的问题。

例如,原本大小完全一样的两个圆形,分别在它们周围画上一圈大圆和一圈小圆,视觉看到的效果是中间被包围的圆形的大小是不一样的。如图1-2所示。

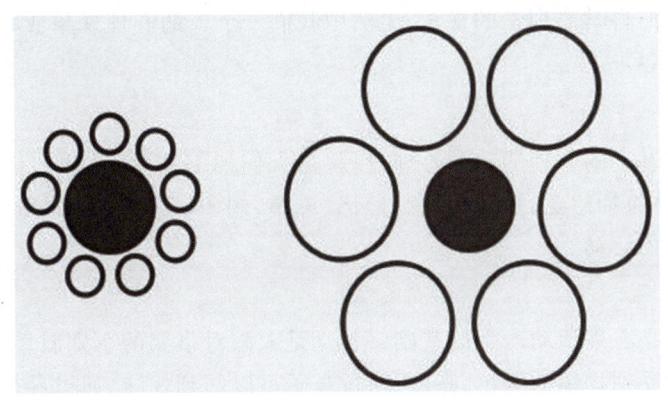

图1-2 形状(大小)对比实验

从上述实验现象不难发现,虽然我们人的眼睛可以分辨颜色和大小,但事实上我们的视觉效果和客观事物之间总是存在微小差异的。也就是说,日常生活中我们所看到的物体的颜色、大小,与物体原有颜色和大小存在差异。虽然客观世界的信息反映在了人脑中,但这种反映并不是完全精确和客观的,这就是人的心理的"主观性"。其实,这种现象不仅存在于视觉中,也存在听觉、味觉等其他感知觉现象中。俗话说,耳听为虚、眼见为实,如果从心理学的角度来看,眼见也不一定为"实"。

二、科学心理学视角下的人类心理世界

> **人物风采**……
>
> ### 威廉·冯特
>
> 威廉·冯特(Wilhelm Wundt,1832年8月16日—1920年8月31日)(图1-3),德国生理学家、心理学家、哲学家,被公认为是实验心理学之父。他于1879年在德国莱比锡大学建立了世界上第一个专门研究心理学的实验室,这被认为是心理学成为一门独立学科的标志。
>
> 心理学是研究心理现象的科学。人的心理现象背后总是包含着一定的心理过程。心理过程并不是杂乱无章的,心理过程之间存在各种各样的联系,因此,人的心理过程又是有一定结构的,而不同的心理结构又存在不同的运行机制,在人的心理过程中行使和表现为不同的功能。现代科学心理学认为,个体心理活动主要包括认知、动机和情绪、能力和人格三大方面。科学家又对人的心理现象和心理活动进行了归纳和总结,因此,按照科学心理学的视角,生活中我们一个人的心理现象或心理活动,基本都包括以下方面内容:

图1-3　威廉·冯特

(一)认知

认知是人最基本的心理活动和心理过程,是人们加工信息、获取知识、应用知识的过程,认知活动具体包括感觉、知觉、注意、记忆、思维、想象、言语等。认知活动也是我们生活中所说的理性的活动。

1.感觉

感觉和知觉是心理活动产生的基础。感觉是人脑对事物的个别属性的认识。例如人通过眼睛可以感受到物体的颜色、亮度,通过鼻子可以闻到气味,通过耳朵可以听见声音,通过手的触摸可以感受到物体的硬度、大小等。感觉为人脑产生复杂的心理活动提供了基本的信息。如果一个人完全失去了对自身或外部环境的感觉,那这样一个人是不可能出现和存在心理活动的,既无法思考,也不会产生情感。

2.知觉

知觉是在感觉的基础上产生的心理活动。知觉过程中主要包含觉察、分辨、确认。当我们用眼睛看到一个颜色时,我们的大脑告诉我们这个颜色是红色,这个过程就是知觉的过程。它包括了我们觉察颜色、分辨红色和粉色或绿色的不同,然后确认为红色,这样三个基本的步骤和环节。有了知觉过程,人们可以把不同数量、不同角度和长度组合起来的

线条认识为规则图形和不规则图形,如三角形和正方形、平行四边形,等等。

3.注意

注意是指人的心理活动的朝向。我们所处的环境中每时每刻都充斥着大量的信息,但我们不可能同时将所有的信息都摄入大脑和内心里,人的心理活动始终是存在一定的局限和朝向的。例如,走路的行人总要关注马路上的车辆行驶和可能存在的危险,课堂上听课的学生需要排除无关信息的干扰,等等。注意使得人在感知觉的基础上产生更高级的心理活动,例如,当我们可以用一定的时间来感受和知觉外部信息的时候,人才会对这些信息产生记忆。当我们尝试分析和理解一个事物的内在,或者一个现象背后的本质的时候,我们也需要长时间的注意力保持才行。如果一个人基本的注意心理过程出现了问题,会严重影响心理健康。如多动症,即注意力缺陷综合征,患者因为注意力难以保持和集中,会导致无法有效地与人交流,甚至导致智力发育不全。

4.记忆

记忆是外部的信息在人的内心世界的存储。记忆可以分成瞬时记忆、短时记忆和长时记忆。人类的长时记忆功能为人类心理提供了重要的保证,由于记忆,人的内心世界才具有了时间的连续性。记忆也是一种复杂的心理活动,一个人会对某些经历记忆深刻,而对另一些经历记忆模糊,甚至有的时候,虽然是我们经历过的事情,但却完全没有保留在记忆中。此外,记忆也会被人为地"扭曲",有时候我们回忆里的信息,可能会发生增添或删减,明明当时并没有参与这件事的人,我们会记得他当时在场,会记错。有时候一件事情过于让人痛苦,我们可能对这件事情记得特别清楚,或者相反,对给自己带来不适感和痛苦的事情反而印象不深,这就是所谓的选择性遗忘。

> 微课
>
> 你知道人的心理是什么样的吗?

5.思维

思维是人类所具有的一种高级的心理过程。思维过程中人会对进入大脑的信息进行复杂的操作。例如,归纳、演绎、类比、综合等。人们会通过思维在头脑中产生抽象的概念,例如数字"1"。事实上,在现实世界中并不存在"1"这样一个实体,而只存在1个人、1个苹果、1辆汽车这样具体的物体。但人的大脑会对这些客观世界的事物和现象进行概括和抽象,从而衍生出"1"这样的概念,并且可以使用数字的概念来进行运算,产生数学。一个人的思维过程如果出现了障碍,也会影响其心理健康。例如,一些精神障碍患者无法理解我们正常人的词语和语言,或者出现逻辑的混乱等。有的心理障碍患者出现思维涣散,感觉自己的脑子转得很慢或者转不动,还有的人会出现思维奔逸,脑子总是有很多想法,不停地思考,停不下来,不受控制。

6.想象

想象是一种高级的心理过程。人们可以通过操纵大脑中已有的信息和印象,形成想象。例如,当我们在讨论吃什么的时候,脑海里就会反映出各种食物的图像,想象同样可以包含动作、温度、气味等,想象可以唤醒身体和内心的其他感受和内容。正常人不仅可以主动地进行想象,还可以通过想象来满足自己的心理需求和愿望,例如一个思念母亲的孩子,可能会在头脑里不停地想象母亲突然回家来看自己的场景,以此间接地获得被爱的感受。一个人的想象如果出了问题,也会影响心理健康。例如,一些精神障碍的患者,会无法区分现实的情境和头脑中的想象,会把自己想象的内容误认为是现实中正在发生的场景。

7. 言语

言语是人类非常重要的心理现象之一。言语是人类通过发出声音建立起来的独特的符号系统,我们用言语可以描述和表达客观世界的信息,同时可以表达和沟通我们自身的思想、情感等。在很大程度上,人类的主观世界因为言语的出现而被大大加强了,我们每个人都生活在人类共同的言语和话语中,我们对一件事情的看法、态度、情感都离不开言语本身。例如,一个孩子从小在父母亲的讲述中获得和感受爱,父母亲使用什么样的语言与孩子沟通,这对孩子内心世界的影响是非常巨大的。另外,心理咨询和心理治疗的过程也是一个很好的例子,人们通过言语的交流,释放内心的情绪,缓解内心的苦痛,甚至可以治愈疾病。

(二)动机和情绪

动机和情绪是人类比较特殊且重要的心理活动,人类的认知和行为都会受到其动机和情绪的影响。动机和情绪也是我们通常所说的人的"感性"部分。相对于认知活动的研究来讲,人类目前对与动机和情绪的认识是比较局限的。

1. 动机

动机被认为是一种内部心理过程,而非心理活动的结果,是构成人类大部分行为的基础。动机与需要、动机与行为、动机与价值观和意志之间都存在着密切的关系。动机可以简单地理解为人类行为的出发点,动机可以是有意识的动机,也可以是无意识的动机。人在从事一些行为的时候,自己明确知道为什么要这样做,另外一些时候,人们并不确切知道自己为什么要做出这样的行为,但这不等于这样的行为是没有动机的行为,只是这个动机可能隐藏得很深,不容易觉察。

2. 情绪

情绪和情感是人类心理世界的一项重要内容。在很多领域,我们把人的内心世界简单划分为理性和感性,或者也叫理智与情感。感知觉、注意、记忆、思维等都可以被认为是理智和理性的过程,除此之外,人类还具有感性。在心理学中,我们将这一部分称之为情绪和情感。情绪包含我们通常所说的喜怒哀乐等,情感包含亲情、友情、爱情等。情绪在人的心理健康方面扮演着重要的角色,情绪可以作为心理疾病的症状表现。例如,对抑郁症患者而言,抑郁则是其最主要的疾病症状表现。情绪往往是一个人心理是否健康的晴雨表。

(三)能力和人格

能力和人格是表现一个人的心理特点和独特性的主要因素,它们共同形成了一个人的个性。能力和人格背后往往包含着丰富而复杂的心理过程。

1. 能力

能力可以分为特殊能力和一般能力、模仿能力和创造能力、液体能力和晶体能力,也可以分为认知能力、操作能力和社交能力等。能力的发展存在个体差异。智力是人的能力的重要组成部分。不同的人在能力方面可能千差万别，但人类的能力究竟有多少种，目前还是一个未知之谜。

2.人格

人格一般是指一个人全部心理特征的综合。人格主要反映一个人与他人的不同之处。人格的独特性、稳定性、统合性是其主要属性。每个人的人格都是独特的，人格是一个人身上稳定的心理特征，人格不是会随意发生改变的心理特征，正所谓"江山易改，禀性难移"。

人格主要包括气质和性格两部分。气质是表现人的心理活动的强度、速度、灵活性的一种心理特征。我们中国人常说的"脾气""性子"类似于心理学中气质的概念。比如形容某人是"慢性子""暴脾气"等。

性格是一个人对现实的稳定的态度，以及与这种态度相应的、习惯化了的行为方式中表现出来的人格特征。通常描述人的性格时人们会说某人性格"内向/外向""正直""宽厚""沉稳"等。性格当中既包含一个人的"态度""观念"，也包含一个人的行为方式和行事风格。

三、精神分析心理学视角下的人类心理世界

关于如何看待和研究人的心理世界这一基本问题，在西方现代心理学建立伊始，就产生了不同的观点。以威廉·冯特为代表的科学主义心理学认为，应当通过实验室的方法研究和揭示心理活动及其规律。与冯特同时代的另外一些心理学家则持有不同的见解。其中，以西格蒙德·弗洛伊德为代表的精神分析心理学，开辟了一条与科学心理学非常不同的路径。

精神分析心理学以研究人的无意识（或者潜意识）活动为核心，认为人的心理活动至少包含两个层面，一是意识的，二是无意识的。心理活动中意识的部分是指人自己可以觉察的部分，例如我们知道自己正在说话，知道自己表达的语言是什么。无意识的部分是人自己未能觉察到的心理活动。例如，一些研究证明，人在睡梦中大脑的活跃时间比我们知道的要长很多，睡梦中大脑活跃说明人正处在梦境中，但事实上人所能记忆的梦境的内容却只是其中很少的一部分，因此，弗洛伊德用梦来说明，我们人类的心理世界中存在一个我们自己也未知的部分，就是无意识的部分，无意识有时候也叫潜意识。

弗洛伊德用冰山来比喻人的心灵空间，如果把人的心理世界比作一座冰山，人能够意识到的部分就像是能够在海面上看见的冰山，事实上对于一座冰山而言，它其实是漂浮在海面上的巨大冰块，在海面以下，还隐藏着一个巨大的冰山体。这个巨大的冰山体就是人的无意识的世界，这就是冰山理论，如图1-4所示。

图1-4 冰山理论

潜意识被认为是在人的意识之外的心理空间，潜意识的世界里既包含有认知、记忆、想象，也包含有情绪、情感等人类复杂的心理活动。也就是说，人的心理活动既可能是意识层面的活动，也可能是潜意识层面的活动。

潜意识的世界里埋藏着人们内心深处被压抑的、不被允许的、不能实现的愿望，这些愿望就像地球的岩浆一样，在地核中流淌涌动，有时候也会像火山喷发一样冒出地面，被我们看到。在精神分析的观点看来，潜意识的世界比意识的世界对人来说更加本质。

精神分析认为，潜意识的心理活动对一个人的心理健康有着重要的影响，通过了解和分析人的潜意识活动，可以达到治疗心理疾病的目的。在我们今天的心理咨询和心理治疗的工作中，精神分析有着不可忽视的贡献。

除了认为心理世界包含意识和无意识的成分之外，精神分析心理学还将人格结构划分成三个部分，即本我、超我和自我。本我是一个人的原始本能，超我是指人们对良心、道德和法律的遵从和受到的约束，自我是为了达成现实而在本我和超我之间进行的折中和斡旋。

精神分析心理学理论中的人类心理世界与科学心理学理论中的人的心理非常不一样，精神分析学说从创立之日起就引起了学术界巨大的争议，即使是这样，精神分析也逐渐发展成为心理治疗领域中一个非常重要的技术流派，精神分析的理论及思想，影响了心理学、哲学、艺术等多个领域。

人物风采……

弗洛伊德

西格蒙德·弗洛伊德（Sigmund Freud，1856 年 5 月 6 日—1939 年 9 月 23 日）（图1-5），奥地利精神病医师、心理学家、精神分析学派创始人。1873 年进入维也纳大学医学院学习，1881 年获医学博士学位。1882—1885 年他在维也纳综合医院担任医师，从事脑解剖和病理学研究。后私人开业治疗精神病。1895 年他正式提出精神分析的概念。1899 年他出版了《梦的解析》，被认为是精神分析心理学的正式形成。1919 年他成立国际精神分析学会，标志着精神分析学派最终形成。1930 年他被授予歌德奖。1936 年他成为英国皇家学会会员。1938 年奥地利被德国侵占，弗洛伊德赴英国避难，次年于伦敦逝世。他开创了潜意识研究的新领域，促进了动力心理学、人格心理学和变态心理学的发展，奠定了现代医学模式的新基础，为 20 世纪西方人文学科提供了重要理论支柱。

图1-5　西格蒙德·弗洛伊德

第二节 心理健康的含义

烦恼杂货铺

小胡是某高职院校二年级的学生,在一次考试的过程中,小胡被安排在考场的第一排就座。监考老师分发完试卷后,小胡按照惯例把多余的试卷传给身后的同学,教室里静悄悄的,小胡听得到身后的同学翻动试卷纸张发出的沙沙的响声,还有笔尖在纸上滑动偶尔发出的尖锐的声音……突然,小胡感到一阵莫名其妙的恐惧,隐约中他仿佛听见一声像宝剑出鞘的金属摩擦声,他觉得有人要追杀自己,吓得坐在椅子上一动也不敢动,浑身止不住地颤抖起来。监考老师发现了异常,便询问小胡的情况,但发现小胡因为过度紧张而根本说不出话来,只是一个劲地发抖,表情麻木。监考老师感觉情况不对,赶紧联系了学校心理中心的老师。后来,经过了解,小胡自述自己曾经被诊断为精神分裂症,并且在中学时期有过住院治疗的经历。小胡本以为自己已经康复了,但可能由于自己这段时间学习压力比较大,再加上天气炎热,所以在考场上又出现了明显的幻觉症状。自从被诊断出患有精神障碍,小胡就很不开心,总觉得自己和别人不一样,也很害怕别人知道自己的病情。到了大学以后,小胡希望自己能够开始一段新的生活,为了防止别人知道自己的病情,就擅自停止了服用精神类药物。

小胡也很苦恼,为什么自己会得这样的病?医生说精神障碍和很多因素有关,但小胡很想知道究竟是什么原因让自己成了一个精神障碍的患者。

知识直通车

一、心理健康的定义

(一)健康的双重含义

世界卫生组织关于健康的定义:"健康乃是一种在身体上、精神上的完美状态,以及良好的适应力,而不仅仅是没有疾病和衰弱的状态。"这就是人们所指的身心健康。也就是说,一个人在躯体健康、心理健康、社会适应良好和道德健康四方面都健全,才是完全健康的人。

然而,如果按照身心的完美状态来定义健康,大多数人可能都会被认为是"亚健康"或者"不健康"的。在现实生活中,我们对健康的理解其实还有另外一个含义,那就是没有疾病的状态。如果一个人的身体或精神没有感受到明显的痛苦和不适,同时也没有表现出身体机能或心理功能上的缺失或紊乱,也就是说并不需要借助外在的治疗和干预手段去帮助其减轻痛苦和恢复功能,这就是我们所说的无疾病状态。

因此,健康其实包括两层含义:一是身心完美的状态,二是无疾病的状态。大多数情况下,一个人的健康是处于二者之间的状态,即既未达到身心完美状态,但又不至于出现疾病的状态。

(二)心理健康是相对的健康,不是绝对的健康

根据上述对健康的理解,不难看出,心理健康也是存在两种状态的,一是心理的完美状态,二是无心理疾病的状态。前者是心理健康的最高标准,后者是心理健康的最低标准。我们认为,狭义的心理健康是指人的心理处于完美状态,而广义的心理健康是指一个人无心理疾病的状态。健康的心理状态应该是在心理健康的最高标准和最低标准之间有起伏变化的相对稳定的状态。

二、心理健康的标准

由于人的心理世界的复杂性,心理活动的表现也是丰富多样的。对于心理健康的表现可以从不同的角度进行描述,并没有完全统一的指标。一个人是否心理健康,不仅要考虑到个人的感受,还要考虑到周围人的感受和评价,同时也要看一个人能不能进行正常的生活,也就是说,在生活中保持应有的心理能力和心理功能。在具体描述的过程中,不同的心理学家的描述方式和侧重点不同。

(一)心理健康的十条标准

美国心理学家马斯洛和米特尔曼提出的心理健康的十条标准被公认为是比较完整的描述,他们认为,心理健康的人需要从以下方面来衡量:

1.有充分的安全感

安全感是人对于自身和外界环境的一种基础性的心理体验。安全感包含个人对自身的和外部环境或他人的掌控感、信任感。例如,有充分安全感的人对自己的身体健康和身体素质有一定的了解,不会过分担忧自己会突然生病,并且有信心能够通过锻炼身体提高自己的身体素质,认为能够在一定程度上掌控自己的生命和健康。同时,有充分安全感的人也会对外部环境和周围的人有一定的掌控感和信任感,例如认为自己不会突然遭受意外伤害,对周围的人有基本的信任。然而,当一个人明显缺乏安全感的时候,可能会出现心理疾病和障碍。例如焦虑障碍的患者会表现出显著缺乏安全感的情况,因为一点小事就会长时间地提心吊胆,甚至会莫名其妙地产生一些不必要的担心。例如有的焦虑障碍患者在走路的过程中因为担心不知道会从高空中掉落什么物体,所以拒绝在大街上行走。

2.充分了解自己,并对自己的能力作适当的估价

对于成年人而言,充分地了解自己是心智成熟的表现之一。包括一个人能够对自己的优点和缺点都有一定的了解,知道自己擅长什么,不擅长什么,具备什么样的能力,缺少什么样的能力,自身的哪些能力对自己和他人存在影响和价值,等等。充分地了解自己往往建立在一个人良好的自我觉察、自我体验的基础上。不能充分了解自己的人容易自卑或自大、自我感受脱离自身的真实情况。

3.生活的目标切合实际

人的心理是具有主观性的。过于相信主观感受,强调主观愿望就会导致一个人脱离

现实和实际。切合实际意味着对客观环境和事物,以及他人要有足够准确的认识。了解客观现象和客观规律,同时也要了解自身的能力和条件,不过分幻想。做事情严重超出实际情况的人,可能意味着缺乏基本的认知能力,例如对客观现实的认识不足,对自身能力的认识不足,也可能是因为某种偏执和执拗。

4.与现实的环境保持接触

心理健康的人不过分逃避现实的环境和人。对周围发生的人和事有一定的了解和好奇,有意愿和能力接收和学习外界环境的信息,有意愿和能力改造和适应周围的环境,有意愿和能力接触周围的人。存在一些心理障碍的情况下,一个人会丧失现实感,对周围的人和环境麻木,没有情感的需要,没有对他人的需要,对环境的变化和所发生的事情也漠不关心,就好像没有外界的信息能够对其形成刺激,这可能意味着这个人的心理功能出现了紊乱或缺失。也有的情况下,有些人沉浸在幻想和妄想的世界里,导致不能与现实的环境保持接触。

5.能保持人格的完整与和谐

人格是一个人全部心理特征的总和,人格也叫个性。人格的完整与和谐意味着一个人有良好的自我体验,性格不极端,性格状态不给自身和他人带来痛苦或困扰。人格不完整或不和谐的情况下,首先当事人自己会感受到内心的冲突或痛苦,总觉得自己在跟自己打架,甚至觉得自己的内在感受和外在形象不稳定,一会儿像是这样的人,一会儿像是那样的人。这种情况也经常给周围人带来痛苦,让别人觉得很难与其相处。

6.具有从经验中学习的能力

俗话说"吃一堑,长一智"。心理健康意味着一个人能够从失败中吸取教训,从成功中获得经验;能够将现实经历与自身的心理活动联系起来;能够及时分析和调整自己的行动;不过分偏执和固执;能够通过现实的经历和经验来提升和改造自己。

7.能保持良好的人际关系

保持良好的人际关系意味着适度地与人交往,既不过分拒绝人际交往,也不过分寻求人际交往。同时,有基本的维护和掌控人际关系的能力,能够在人际交往中不过分被动,也不过分敏感和依赖。

8.能适度表达与控制情绪

适度的情绪表达意味着不过分压抑自身的情绪感受,具有觉察情绪的能力,同时也有表达和描述情绪的能力;适度的情绪控制意味着一个人能够承受情绪给自身带来的张力和压力,不会因为自身情绪而喋喋不休,没完没了地表达。

9.在不违背社会规范的条件下,对个人的基本需要作恰当的满足

不违背社会规范意味着一个人不仅能够考虑自身的需求,同时也能够理解、照顾到他人和社会的需要,包括理解法律和道德约束,理解社会共同的利益。也意味着不过分寻求自我满足,不会因为满足自己的需要而不择手段,伤害别人。能够在自我和他人的需求之间寻找到平衡点。

10.在集体中能较好地发挥个性

心理健康意味着一个人能够在环境中保持自我的独立性,不丧失自我。在集体中仍然能够保持自己的思考和意见，保持自己的风格，不人云亦云，不东施效颦，不过分地讨好别人，这样才能发挥自身的真正价值。

(二)大学生的心理健康标准

由于心理健康的标准并不是唯一的，在不同的年龄阶段和社会背景下，心理健康的标准会发生变化，因此，有心理学家对大学生的心理健康标准进行了如下描述：

1.智力正常

智力正常是大学生学习、生活与工作的基本心理条件，也是适应周围环境变化所必需的心理保证，因此，衡量的关键在于其是否正常地、充分地发挥了效能：即有强烈的求知欲，乐于学习，能够积极参与学习活动。

2.情绪健康

情绪健康的标志是情绪稳定和心情愉快。情绪健康包括的内容有：愉快情绪多于负性情绪，乐观开朗，富有朝气，对生活充满希望；情绪较稳定，善于控制与调节自己的情绪，既能克制又能合理宣泄；情绪反应与环境相适应。

3.意志健全

意志是人在完成一种有目的的活动时，所进行的选择、决定与执行的心理过程。意志健全者在行动的自觉性、果断性、顽强性和自制力等方面都表现出较高的水平。意志健全的大学生在各种活动中都有自觉的目的性，能适时地做出决定并运用切实有准备的方式解决所遇到的问题，在困难和挫折面前，能采取合理的反应方式，能在行动中控制情绪和言行，而不是行动盲目、畏惧困难、顽固执拗。

4.人格完整

人格指的是个体比较稳定的心理特征的总和。人格完整就是指有健全统一的人格，即个人的所想、所说、所做都是协调一致的。具体包括的内容：一是人格结构的各要素完整统一；具有正确的自我意识，不产生自我同一性混乱，以积极进取的人生观作为人格的核心，并以此为中心把自己的需要、目标和行动统一起来。

5.自我评价正确

正确的自我评价乃是大学生心理健康的重要条件，需要大学生做到自知，恰如其分地认识自己，摆正自己的位置，既不以自己在某些方面高于别人而自傲，也不以某些方面低于别人而自惭，能够自我悦纳，喜欢自己，接受自己，自尊、自强、自制、自爱适度，正视现实，积极进取。

6.人际关系和谐

良好而深厚的人际关系，是事业成功与生活幸福的前提。其表现为：乐于与人交往，既有广泛的人际关系，又有知心朋友；在交往中保持独立而完整的人格，有自知之明，不卑不亢；能客观评价别人和自己，善取人之长补己之短；宽以待人，乐于助人，积极的交往态度多于消极态度，交往动机端正。

7.社会适应正常

社会适应正常即个体与客观现实环境保持良好秩序。能做客观观察以取得正确认识,以有效的办法对应环境中的各种困难,不退缩,能根据环境的特点和自我意识的情况努力进行协调,或改革环境适应个体需要,改造自我适应环境。

8.心理行为符合大学生的年龄特征

大学生是处于特定年龄阶段的特殊群体,应具有与年龄与角色相应的心理行为特征。大学生的心理健康意味着其心理活动和行为不过分幼稚也不过分老成。

三、影响心理健康的因素

一个人究竟为什么会出现心理障碍?人的心理健康究竟受到哪些因素的影响和干扰呢?我们又应该如何预防心理障碍,维护健康的心理状态?

由于人的心理活动的复杂性,直到今天,无论是医学还是心理学的研究,并不能直接回答究竟是什么决定了人的心理健康这个问题。人的心理世界本身的结构和机制并没有被完全揭示,又因为人的心理世界是一个开放的系统,会受到各种内外部因素的影响而发生变化,因此,影响一个人的心理健康的因素是非常多的。总体上,我们认为,心理健康是生物因素、心理因素和社会文化因素共同作用的结果。

(一)影响心理健康的生物因素

影响心理健康的生物因素主要包括脑功能失调、生化失衡和基因遗传三种。

1.脑功能失调

大脑是产生心理活动的基础。现代医学研究表明,人的心理活动产生的前提是大脑系统的结构完整和功能正常。不同的大脑构造以及大脑皮层的不同区域掌控着人的不同心理功能。例如,大脑皮层的布洛卡区被称为言语运动区,布洛卡区的损伤会引发运动性失语症,导致病人说话不流利,出现"电报"式的语言。

2.生化失衡

人的大脑和神经系统的正常运作离不开神经递质和激素等生物化学物质,生化失衡是指用于维护大脑和神经系统正常工作的神经递质和激素等生物化学物质出现失衡。科学家已经发现了100多种不同的神经递质,与心理活动联系比较紧密的神经递质有5-羟色胺、多巴胺和去肾上腺素。一些神经递质和激素会通过影响人体神经系统的兴奋性和敏感性来影响人的情绪状态和精神状态。

3.基因遗传

遗传学的研究认为,一个人的心理健康可能与基因和遗传因素有关。对双胞胎的研究发现,一对出生以后便分开抚养并从未谋面的双胞胎兄弟,在成年后表现出非常相似的性格、兴趣爱好、说话方式等。在关于精神分裂症的研究中发现,精神分裂症呈现出一定的家族患病史,在精神分裂症患者的家族中,随着与精神分裂症患者的血缘关系的远近,亲属出现精神分裂症的概率也存在相应的变化。

(二)影响心理健康的心理因素

影响心理健康的心理因素是非常多样的,包括个人的性格特征、气质类型、认知风格和归因方式等。

性格是在个人成长过程中不断形成的个人心理特征的总和。不同性格的人表现出不同理解和看待事物的方式，例如，有的人容易看到事物积极的一面，有的人容易发现事物消极的一面，有的人容易体验到积极的情绪，有的人容易体验到消极的情绪。一个人的心理健康也会受到气质的影响，例如"急脾气"的人和"慢性子"的人，所容易遇见的心理困扰也会不同。此外，不同的认知风格和归因方式也会影响一个人的心理状态，例如有的人考虑问题的时候喜欢从整体出发，有的人则注重局部和细节；有的人容易把成功或失败归因于外在或他人，有的人则倾向于将成功或失败归因于自身。

(三)影响心理健康的社会文化因素

不利的社会文化因素是影响心理健康的重要条件。由于人的心理世界的特殊性，社会文化对人的影响作用十分巨大。无论是家庭层面、学校层面还是社会层面，人的心理活动都不可避免地受到环境和群体的影响。例如，战争、饥荒和自然灾害造成的生存压力和社会动荡，会让人长期处于焦虑、恐慌的情绪中。社会变革引发的经济萧条、通货膨胀等也会造成个人心理的压力。就业和竞争压力等也会影响个人的心理状态。相比而言，社会文化因素对人的心理健康的影响是更隐秘的，但也是更持久和广泛的。特殊的社会历史条件会影响一代人甚至几代人的性格、处事风格、价值观等，个人也会因为特殊的社会环境导致出现某一类或几类特定的心理障碍。

四、学习心理健康知识对大学生的意义

(一)大学生心理健康教育课程的由来和背景

大学生心理健康教育是一门年轻的课程，从它开始在高校中出现到普及，只有短短的二三十年。进入 21 世纪以来，党中央、国务院、教育部、团中央等部门先后多次出台有关开展学校心理健康教育工作的政策性文件，直接推动了高校心理健康教育课程的发展。

微课

心理疾病离我们有多远？

1.当前我国国民心理健康状况不容乐观

学习心理健康知识对当代大学生的意义在于，心理健康知识已经成为未来人们生活中必不可少的常识。

2018 年 5 月 25 日，中国疾病预防控制中心在呼和浩特市召开全国严重精神障碍管理治疗工作总结部署会暨培训班，会上公布了当时的最新数据，截至 2017 年年底，全国 13.90 亿人口中精神障碍患者达 2.43 亿人，总患病率高达 17.5%。截至 2017 年年底，我国在册严重精神障碍患者达 581 万人，这一数字还在逐年增长。2019 年 2 月，由中国科学院心理研究所主持完成、社会科学文献出版社出版的第一部中国"心理健康蓝皮书"《中国国民心理健康发展报告（2017—2018）》发布。报告显示，1/6～1/7 的中国人存在不同程度的心理、精神问题。

各种数据显示，中国人的心理和精神健康问题正在进入高发期，未来中国人的心理健康状况不容乐观。而这也是由中国人在近现代历史上所经历的空前历史创伤和当前中国人物质和精神需求得到满足的程度（水平）所决定的。

第一章 心理与心理健康

中华民族在近代百年的历史中遭遇了或许可以说是人类历史上任何其他民族都未曾经历的苦难和创伤，从1840年鸦片战争开始，中国沦为半殖民地半封建社会，自此之后，中华民族的苦难历史经历了一百多年。中国人民生活在水深火热中，饱经战争、贫穷、饥饿、死亡的威胁，这些伤痛的记忆深深地烙印在每一个中国人的记忆中，这些痛苦的记忆从我们的祖辈父辈那里一代代传递下去，影响着我们现在的每一个人。

> **科普时间**

创伤的代际传递

"创伤"一词来源于希腊语，意思是外在的暴力导致的伤害。我们今天使用"创伤"这个词语来形容外力对个人的心智、认同、感受以及自体的伤害。创伤性事件的影响不会终止于亲身经历创伤性事件的当事人，还会波及当事人的后代。一些研究者从父母、孩子和环境等方面探讨了创伤代际传递的影响，研究发现创伤的传递主要表现为症状、任务以及身份的传递，他们从心理动力学、社会文化、家庭系统、生理机制及存在意义理论方面解释了创伤代际传递的机制。未来研究将更重视创伤传递过程中代与代之间在表现形式、诊断和治疗上的差异，关注代际创伤的积极意义，并重视国内集体性创伤的代际传递。

创伤的代际传递是无意识的，创伤性的经历会在下一代体现出来。暴力与恐惧的感受会通过显性或隐形的方式来呈现。传递是如何进行的呢？父母由于受到创伤的影响而会在心理上很脆弱，孩子不得不变成父母的保护者，同时由于父母的情感和心理的脆弱，孩子从小也会从父母的言谈和行为中间接地经历父母所经历过的创伤，甚至由于父母无法正常应对生活而给孩子带来直接的创伤。例如，一个因情感而严重受伤害的父亲会因为经常酗酒而忽视对孩子的养育甚至虐待孩子。孩子一方面目睹了父亲因为遭受某种伤害之后脆弱、颓废的消极状态而间接地体会到类似父亲的沮丧和无助感，另一方面父亲对待孩子的粗暴方式也会直接给孩子造成伤害。创伤就是通过这样一种方式向下一代人进行了传递和转移。当整个国家和民族遭受灾难的时候，应该说每一个人都难以幸免，因此，不仅仅是直接经历创伤的那一代人，就连他们的下一代，下下一代都会受到波及。

2.当代中国社会飞速发展带来人的精神觉醒

很多人或许会有疑问，为什么我们并没有直接经历创伤，但是心理和精神健康问题却在我们这一代人身上发生？为什么我们的祖辈，那些真正经历了创伤的人却似乎看起来比我们更加心理健康？

事实上，很大程度上这可能是一种错觉。没有有效的证据证明经历创伤的一代人比他们的后代更加心理健康。而更可能是，当人正处在危难和痛苦中时，是无暇顾及自己内心的情感的。就像正在经历战争的人们，可能只是因为死亡的紧迫剥夺了他们思考和体验的时间，所以才看上去他们似乎并没有什么明显的心理反应，这恰恰是一种压抑的结果。随着社会的发展，中国人已经走出了战争、贫穷和饥饿的真正威胁，也就说当基本的物质生活条件得到一定程度的满足之后,人们才开始关注自己内心的感受,这就像是一个在战场上受伤流血的战士,当时并没有意识到自己受伤了,甚至没有感觉到疼痛,而是在消灭敌人、撤出战场之后才发现了自己的伤口,疼痛也就是从那时候才开始的。我们的父辈之所以看起来似乎很少有心理健康问题,可能在于他们因为生活的压力而根本无暇思考自己的人生。

因此,虽然很多中国人正在经历心理健康方面的威胁,但从另外的意义上看,这也是历史和社会发展进步的产物,是一个必经的阶段。作为当代的大学生,有必要了解我们的文化,了解我们身边正在发生和经历的历史,这与我们每一个个体、家庭甚至是国家的命运都息息相关。

(二)学习本课程的目标

《大学生心理健康教育》是一门以介绍心理学一般理论和技巧为基础,帮助大学生树立心理健康意识,了解心理健康常识,学习心理调适方法,提升心理健康素质的常识课程。希望通过本课程,能够帮助大学生树立自觉关注自身心理健康的意识,了解有关人的心理健康问题的基本常识,学习调节和应对心理健康问题的基本思路和方法,提高解决和维护自身心理健康水平的能力。

首先,心理健康意识是学习和了解心理健康知识的前提。在移动互联网时代,知识的获取要比过去任何时候都容易得多,获取和了解心理健康知识的渠道和途径也有很多,大多数人没有机会了解心理健康知识的原因在于他们缺乏关注心理健康的意识。直到今天,仍然有相当多的人并不理解人的心理为什么会存在"健康""不健康"的问题,很多人不理解为什么会有抑郁症这样一种"疾病"。相当多的人更是"讳疾忌医",觉得自己心理非常强大,因此不会跟心理问题产生任何关联,甚至许多人明明正在经历心理障碍的折磨却拒绝承认和接受有效的帮助和治疗。有太多的人分不清心理障碍和精神障碍的区别,社会中也有一些人对心理或精神障碍患者进行污名化,造成心理障碍和精神障碍患者很容易产生病耻感而拒绝接受帮助。这些都反映出人们仍然严重缺乏对心理健康问题的科学意识。

其次,了解心理健康常识是学习本课程的重要目标。心理健康教育课程并不等于心理学理论课程,它是心理学原理和现实生活的结合。因此,本课程并不致力于让学生学习心理学的理论知识,而是希望人们能够通过本书了解更多与我们生活息息相关的生活常识。就像今天的人们已经掌握了很多医学的常识那样,我们也应该学会对自己的心理健康状况有更多了解,例如知道自己是不是可能正在抑郁发作,然后我们还需要知道哪些应对的方式是正确的,哪些应对方式是无效的或错误的。

再次,心理问题的解决不同于我们所熟悉的其他问题的解决思路和方式。不得不说,人的心理活动是最独特的,因为人的心理活动比我们所能接触到的任何对象都要复杂,因此,没有任何一种现成的思路或方法来解决人的心理问题是能够做到全面准确的。心理学的研究会提供给我们一些正确的思路,例如,抑郁症并非由于人们说的"心眼小",这个时候试图用某种批评教育的方式是不能奏效的。再比如,有些心理障碍严重到一定程度的时候是要通过药物进行干预的,心理治疗并非完全脱离药物。

最后,掌握调节自我心理状态的能力是一个长期的过程。虽然在本课程中大家可以学习常识,了解方法,但是要真正具备能够根据环境随时调整自己的心态,这对任何一个人都是挑战。心理学也不是像我们所熟悉的自然科学那样,只要掌握好理论知识就可以,它是一种需要长期经历和练习才有可能掌握的技能。

实训中心

1. 逐条对照本节中介绍的心理健康的标准,看看你自己有哪些方面符合,哪些方面不符合?

2. 你认为自己是一个心理健康的人吗?为什么?请说说你的理由。

智慧起航

1. 一个心理健康的人通常会有哪些表现?
2. 是什么影响了人的心理健康?
3. 在你身边,还有哪些心理健康、心理不健康的例子?

知识小铺

1. 心理是人脑对客观世界的主观反映,是人的内心世界的总称。

2. 人的心理活动具有主观性。现代科学心理学认为,个体心理活动主要包括认知、动机和情绪、能力和人格三大方面。精神分析心理学认为人的心理世界有意识和无意识两种成分。

3. 心理健康不是绝对的健康,而是相对的健康。心理健康的表现是多方面的,马斯洛提出了心理健康的十条标准。

4. 心理健康是生物因素、心理因素和社会文化因素共同作用的结果,三者之间存在复杂的交互作用。

遇见更好的自己
——基本情况

第二章 心理问题及应对

在了解了心理健康的含义之后,请同学们一起思考,什么是心理不健康呢?如果一个人心理不健康会有哪些表现呢?本章内容我们将介绍常见的心理问题和心理障碍,以及应对心理问题和心理障碍的方法。

学习目标

1. 了解心理问题的一般表现和心理障碍的常见分类。
2. 了解大学生容易出现的心理问题和心理障碍。
3. 了解日常心理问题应对和自我调节的思路和方法。
4. 了解心理咨询和治疗专业方法的一般原理、工作原则和注意事项。

第一节 心理问题与心理障碍

烦恼杂货铺

钱某,男,高职一年级大学生。入学后,他发现自己不喜欢所学专业,不喜欢和同学交往。钱某从小在父母说一不二的严厉控制下长大,高中之前成绩很好,上高中后成绩开始下降。那时他上课听不进去,注意力无法集中,做什么都提不起劲,经常上课睡觉,成绩从前十名退到倒数几名。父母带着他去检查,医生说是抑郁症,建议吃药配合心理治疗,但这并未引起父母足够的重视。他们反倒认为这是他为了自己成绩不好、逃避高考压力找的借口,因此他们并未改变对待孩子的方式。钱某说在每次尝试与父母抗争却都以失败告终后,心就死了,那种感觉就是拿刀把自己杀死了,留下父母希望的样子苟活,但已经不是我了。

钱某后来有自残行为,被父母发现后,他们才意识到问题的严重性,开始听从医生的建议让儿子吃药。钱某高考的成绩很不理想,只能上个大专。进入大学后,父母就擅自让钱某把药停了,因为妈妈觉得学校要是知道他有抑郁症可能不会让他入学,高中时就因为这个问题曾被学校建议回家休养。妈妈也担心别的同学知道了会让他抬不起头,所以她告诉儿子坚决不能承认自己有过心理治疗的经历。

生活中有很多这样的例子,家长对心理问题不理解、不了解、有很强烈的病耻感,因此影响了孩子心理问题的早期干预和治疗。导致患者本人也不能接受心理问题的事实,只能抗拒、压抑、藏着掖着不敢面对,不能光明正大地接受心理咨询或治疗。抑郁症患者往往独自承受疾病折磨很长时间,心理问题带来的困扰和周围人"不友好"的压力,导致问题越来越严重。

你也有感觉抑郁的时候吗?你是怎么应对的?

在生活中,我们经常会听到很多相关的概念,心理问题、心理障碍、心理疾病、精神病等,这些概念分别是什么含义呢?它们之间又有什么样的联系?普通的抑郁情绪是否等于抑郁症?事实上,和其他身体疾病一样,心理方面的"疾病"也是一个连续谱,有的比较轻微,有的比较严重,心理"疾病"的表现也是多种多样的。广义的心理问题是指除心理健康状态之外的心理不健康的状态,生活中我们有时也用"心理疾病"来指代一个人心理不健康的状态。

知识直通车

一、心理问题

(一)心理问题的概念

在日常生活中,狭义的心理问题通常是指未达到心理障碍医学诊断标准的,较轻微的心理冲突、心理困扰或心理不适。心理问题通常给当事人造成的痛苦感比较轻微,不给当事人造成明显痛苦感受和困扰,痛苦和困扰的持续时间较短,对当事人的外部现实生活(如学习工作效率、人际关系等)产生的影响较轻微。

(二)心理问题的分类

按照心理问题严重程度进行分类,可以将心理问题区分为一般心理问题和严重心理问题。

一般心理问题是指当事人心理冲突未明显脱离现实情境(即心理冲突常形),也未出现明显泛化的情况。

严重心理问题是指当事人心理冲突未明显脱离现实情境(即心理冲突常形),但出现泛化的情况。

泛化是指当事人的心理冲突转移到相似情形。心理冲突常形是指当事人的心理冲突与具体的人或事件紧密联系,当事人的心理冲突是由具体的人或事件所直接诱发的情况。

烦恼杂货铺

小A同学因为某一次考试成绩不及格而心里很难过,每次回想起那次考试的分数,她心里便会难过。在这一事件中,引起小A同学心理不适的原因与那一次考试有直接关系,也就是说引起小A这一心理不适的原因是与现实情境(事件)联系紧密的,小A的心理冲突属于"常形";同时,小A只是在回忆起那次考试的时候感觉到心里难过,在面对其他考试的时候,小A并没有明显的心理不适,也就是说,小A的心理不适感并没有泛化到其他情境中。因此,小A目前的心理问题属于一般心理问题的程度。如果小A在那一次考试之后,在面对其他考试的时候也会因为心情难过而受到影响,这意味着小A的心理不适感已经泛化到了其他考试(情境)中,此时小A的心理问题属于严重心理问题。

你也有与小A同学类似的苦恼吗?你是怎么解决这种苦恼的?

(三)大学生常见的心理问题

大学阶段是一个人心理成长和发展的重要阶段,大学阶段在个人心理成长和发展过程中起着"承前启后"的作用。大学生正在经历从未成年人到成年人的转变,从对家庭和父母高度依赖到走向社会相对独立地生活工作,同时,大学生也正处在青春期后期,身体的发育也接近一生中的最高峰。另一方面,大学阶段面临着就业、恋爱等人生中最重要的选择,大学生所承受的压力和挑战是相当巨大的。因此,大学生出现明显的心理波动,遭遇各种各样的心理问题和心理困扰,是十分常见的。通常跟大学阶段的成长和发展相关的议题都有可能引发大学生的心理问题。这些心理问题主要包括以下方面:

1.生活适应问题

生活适应问题是大学生进入大学之后需要面对的第一个问题。大学生进入新的校园,不仅要面对新的学习环境,更要面对新的生活环境和人际环境。大学生要在一定的时间内完成对新环境的适应,必须有一定的环境适应能力,这是以良好的心理品质为基础的。常见的生活适应问题包括对学校住宿环境的适应问题、对个人物品的管理问题等。

2.自我意识问题

大学生正处于青春期中后期,是自我意识和人格成熟的重要阶段,也是建立自我同一性的重要阶段。大学生容易缺乏对自身的了解,不能够对自己进行客观评价,自我意识容易走向两端,即容易自卑或自大。自我概念不稳定,容易因为受到挫折就自我贬低,也容易因为经历小的成就而自吹自擂。

3.人际交往问题

人际交往问题是大学生常见的心理问题之一。大学期间大学生的人际环境与中学阶段有明显的不同。这一阶段人际交往的对象和程度都更加复杂,对人际交往的能力要求更高。大学生容易出现人际交往中的退缩和回避,缺少人际交往技巧,在人际交往过程中过度自卑或盲目自信,以自我为中心等。在出现人际冲突时不能有效解决和沟通矛盾。

微课

舍友有心理疾病,我该怎么办?

特别是在宿舍中,人际关系问题则显得尤为突出。人际交往中的人际关系敏感和敌对是很常见的问题。

烦恼杂货铺

吴某,男,从六年级开始出现见人便紧张、不自在的感觉。高一的时候还行,可慢慢地,他不敢和同学一起在食堂吃饭,因为食堂人多会很不自在,感觉大家在看自己。考试的时候他会觉得老师在监视自己,上课时老师提问会紧张到脑子空白什么都不知道。吴某告诉父母之后,他们说休息一下就好了。他和爸爸在一起会特别紧张,来到离家远的地方上大学也是为了躲避爸爸。他和妈妈、弟弟在一起还好,比较自在。吴某2020年进入大学,刚开始觉得还好,虽然也没有朋友,但是吃饭的时候是高兴的。一段时间后又觉得周围人都在监视自己,以至于无法正常上课。后来他休学了。休学之后再返校,他觉得没意思,没什么值得高兴的,同学都不和自己说话,上学时没有人和自己一起走,很不自在;在宿舍里他也紧张,连大口呼吸都不敢,觉得会吵着别人,让别人嫌弃自己;他上厕所也紧张,只有迫不得已的时候才去;他担心开门的时候被舍友嫌吵;玩手机屏幕亮度调得很低,从来都是静音,怕影响别人,被人嫌弃,但其实舍友从来没有说过什么。相反舍友的声音很大。吴某也不想和他们说话,因为他不喜欢太胖的人,也不喜欢戴眼镜的人,吃饭吧唧嘴的人他也不喜欢,所以自己一直都很孤单,没有朋友。因为担心别人看他,监视他,所以他总是偷偷地瞄别人,不敢正大光明地和别人对视。

吴某的心理问题严重吗?能调整好吗?

4.情绪问题

由于大学生的心理发育并不完全成熟,所以在遇到自身或外部环境变化的时候,大学生的情绪波动往往比成年人更加明显,情绪反应和表现更加丰富。大学生比较容易出现悲观、失望、抑郁、焦虑、愤怒等情绪问题。其中,抑郁和焦虑情绪是大学生心理问题中常见的问题之一。

5.学业问题

学习是大学生的主要任务,良好的心理状态是学习的基础。大学期间的学习内容和学习要求与中学时代有着显著的不同。大学期间的学习任务相对较重,学习要求相对较高。大学生学业方面的心理问题主要有考试成绩不合格感到焦虑、沮丧,学习兴趣下降,学习效率低下等。

6.恋爱情感问题

大学阶段是个人情感和恋爱心理蓬勃发展的阶段。大学生对异性的好奇心和对恋爱情感的渴望程度很高。大学生刚刚从空间上脱离父母和家庭,容易经历亲情的疏远,这都会导致大学生容易出现孤独感、渴望亲密关系。但由于自身和客观条件不成熟,大学生容易经受恋爱冲突和失败,有相当多的大学生存在跟父母亲之间的情感冲突。

7. 生涯规划问题

大学阶段是大部分人最后的求学阶段。对于高职学生而言,由于学历层次较低,就业竞争激烈,往往就业压力比较大。然而高职学生往往缺乏对自己明确的职业规划和未来规划,容易对人生发展方向感到迷茫,对大学期间的任务和目标不明确,得过且过,甚至出现逃避承担人生责任的现象。

总之,大学生可能出现的心理问题是多种多样的,不同的人出现的心理问题有不同的具体表现。需要特别注意的是,由于大学阶段是一个人心理成长和发育的关键期,大学期间的心理状态也是极易出现变化的,大学生的心理问题往往会随着年龄的增长和环境的变化而出现变化或者得到缓解,他们的心理问题并不像成人那样稳定和不容易处理。我们应该用积极的、发展的眼光看待大学生的心理健康问题。

(四)大学生应对心理问题的一般方法

由于大学生的心理问题通常不太严重,没有达到医学上对于心理障碍的诊断标准,也就是说,他们的心理问题一般不需要专门的治疗和干预。大学生一般可以通过日常的自我调节来谋求心理问题的缓解。常见的应对心理问题的自我调节方法主要有三种类型:

1. 自我的身体调节

根据现代医学和心理学的研究结论,人类的心理活动和生理活动存在着直接密切的联系,身体状态的好坏会直接影响到心理状态的好坏。因此通过调节身体状态是可以达到调节心理状态的目的的。常见的身体调节方法分为肌肉放松练习和呼吸放松练习两大类。

(1)肌肉放松练习

肌肉放松练习是指通过放松身体肌肉来影响和改善心理状态的调节方法。如进行轻柔的肢体活动、做广播体操、慢步、全身肌肉按摩等。

(2)呼吸放松练习

呼吸放松练习是指通过自主地调整呼吸来影响和改善身心状态的调节方法。如深呼吸、慢呼吸,或者通过一定强度的体育锻炼来增加呼吸的频率和强度等。

(3)肌肉-呼吸综合放松练习

肌肉-呼吸综合放松练习是指同时进行肌肉放松和呼吸放松练习以影响和调节心理状态的方法。如打太极拳、做瑜伽等。

2. 自我的情绪调节

常见的自我情绪调节方法包括情绪转移和情绪宣泄两种途径。

(1)情绪转移

情绪转移是指当事人主动对引起情绪的外部环境和条件进行改变,以缓解情绪的调节方法。例如在愤怒的情况下,主动离开和对方相处的空间,减少或避免与对方的进一步接触,等待愤怒情绪的张力和强度自行缓解。再如在忧伤的情况下尽量避免接触引发伤感的情境,避免看伤感的电影或电视剧,避免回忆伤感的经历,参加能够带来积极情绪体验的活动。

在运用情绪转移方法的时候,需要强调以下几点:

①情绪转移的首要问题是需要当事人意识到,情绪是个人可以调节和掌控的,个人积极主动的作为是调节情绪的前提。

②暂时性的回避或遗忘是情绪转移中不可缺少的步骤。每个人天生都有情绪的自我修复能力和心理自我保护的机制,过于强烈的情绪刺激可能给人造成严重的身心损害,因此进行暂时性的回避是必要的。一般情况下,情绪感受的强度也会随着时间的推移而逐步减弱。人在情绪激烈的状态下无法应对的情况,当情绪缓解之后就能够应对。

③用积极的情绪体验来"替代"和"对冲"不良情绪体验。情绪转移的另一个重要环节是增加可以给当事人带来积极情绪体验的活动。积极的情绪体验可以引起积极的身心反应和生理变化,这是情绪调节的生理基础。单纯的回避和遗忘往往并不能长期有效地缓解不良情绪体验。

(2)情绪宣泄

情绪宣泄是指以释放和宣泄情绪为主要目的的自我心理调适方法。情绪宣泄可分为直接宣泄和间接宣泄。直接宣泄如在空旷的空间里大声呼喊,在模拟游戏中击打橡胶假人,或通过剧烈的运动释放情绪等。间接宣泄如跟身边的人聊天、倾诉自己的情绪和感受,或通过写作、唱歌等方式转化自己的情绪压力。

3.自我的认知调节

认知行为心理治疗的理论认为,人的情绪感受和人们头脑中对事物的认知(想法、信念)存在密切关系。决定人们产生何种情绪的并不是外界的刺激(事物)本身,而是人们对外界刺激的看法。所以调节情绪的关键是调节事件背后的认知。

认知调节常见的做法是换个视角看待问题,用积极或乐观思维改善对现实悲观的看法,而不是改变事实。比如想象、积极发现意义、只关注此时此刻、积极自我暗示和权衡利弊等。

心灵疗愈坊

高考结束后,小明同学考上了一所高职院校。他很不开心,觉得自己的高考很失败。表面上看起来,小明的不开心是由于高考只考上了一所高职院校这件事情引发的,但认知行为理论认为,事件只能引发情绪,而并不能决定情绪的性质。如果没有经历高考这件事情,小明或许并不会有强烈的情绪感受,但小明之所以对考上高职院校这件事情感到难过,根本原因在于小明对高考和高职院校存在不合理的认知。小明或许认为,自己高考没有考好,是因为自己学习不努力或者不够聪明。这个想法中本身就存在不合理的部分,因为高考是非常复杂的,在高考之前的准备过程是非常长期的,高考成绩不理想不一定是因为小明自己不努力,或者不够聪明。每个人的学习能力是不同的,有的人擅长理论学习,有的人擅长操作,高考成绩不理想也可能是因为小明不适合理论课程的学习,更适合与动手和操作能力有关的学习。小明可能认为上高职是没有前途的,所以才不开心。这中间也存在不合理的认知。因为个人的努力和学校的好坏之间并没有绝对的对应关系,即便是高职院校,也能培养出非常优秀的"大国工匠",高职院校的学生不一定比普通高校的学生差。

心晴加油站

塞翁失马 焉知非福

古时候,在一个靠近边境的地方,有一个精通术数的人,故事里称之为塞翁,也就是一个住在边塞的老头。有一天,他们家的马无缘无故跑丢了。邻居们知道后有些替他难过,都来安慰他。可是塞翁却说:"这也没什么不好的,这怎么就不能是一件好事呢?"邻居们不理解。但是过了几个月,那匹跑丢了的马带着一匹良马回来了,这下邻居们都很高兴,祝贺塞翁不仅自己的马失而复得,结果还多得到了一匹好马。可是塞翁看起来却不怎么高兴,他说:"这弄不好会是一件坏事!"又过了一些日子,因为他家中有很多好马,他的儿子喜欢骑马,结果从马上掉下来摔得大腿骨折。这下周围的人又觉得很可惜,安慰塞翁,塞翁又说:"没关系的,虽然摔断了腿,但也可能是一件好事。"没过多久,他所在的国家发生了战争,很多去参军打仗的人都死在了战场上,但塞翁的儿子却因为腿骨折了而没有被派去打仗,活了下来。

当我们产生某种消极情绪而不能自拔的时候,往往是由于我们头脑中存在对于事物的不合理的看法,通过反复思考和调整这些观念中的不合理,就可以达到调节情绪的目标。但需要注意的是,大学生已经形成了相对稳定的认知体系和价值观,每个人头脑中存在的不合理信念是非常复杂和隐秘的,需要我们用心地去思考和了解,并且在现实生活中主动地、反复地加以练习,才能够熟练掌握认知调节的方法。

二、心理障碍

(一)心理障碍的概念

心理障碍通常是指达到医学诊断标准的,给当事人造成显著的、持续性的主观痛苦和困扰,以及给现实生活造成显著影响的心理冲突和症状。广义的心理障碍是指除身体疾病以外的原因(即由于人的心理和精神原因)造成的疾病或障碍。狭义的心理障碍不包括精神障碍。而在广义上而言,精神障碍和心理障碍是同义词。

心理障碍需要专业人员根据当事人的症状出现的原因、过程,以及通过了解当事人的心理特点等多种信息进行综合性的判断来进行诊断,心理测量工具在诊断过程中只能作为辅助依据。

科普时间

为什么不把心理障碍叫作"疾病"?

在英文中,"疾病"对应的是"disease"一词,而"障碍"对应的是"disorder"一词。现代医学对疾病的定义是非常严格的,一般认为,疾病通常都有一个明确的可量化和可外显的症状表现、诊断标准和治疗手段。但截至目前,人们对于心理障碍的认识主要停留在对其症状和临床表现的描述上,对心理障碍的病理性认识并不完善,也就是说,按照医学上对于"疾病"的认识和定义,心理障碍严格上不能称得上是"疾病",因为除了症状和表现之外,我们并不能像了解其他疾病那样了解心理障碍的发生和发展的过程和细节,也没有像"手术"或"药物"这样可以精确治疗疾病症状的手段。因此,心理障碍充其量只能称为"准疾病",而不能直接称其为"疾病",这正是严谨的科学精神和科学态度的体现。此外,由于很长一段时间人们对心理障碍缺乏了解,心理障碍患者容易受到歧视和误解,如果直接使用"精神疾病"或"精神病"这样的称呼,会增加病人的"病耻感",不利于人们对于心理障碍的接纳和了解。同时,使用"精神/心理疾病"也更容易在治疗理念和方法上误导大众,让大众误认为心理障碍和身体疾病一样,主要是通过药物来进行治疗的,而忽略了"心理干预"才是解决心理障碍的核心方法。

(二)心理障碍的分类和表现

根据美国《精神障碍诊断与统计手册(第五版)》(DSM-5),心理障碍分为十个大类。本章中我们主要介绍除神经系统障碍之外的九种心理障碍。

1.创伤、焦虑、强迫

(1)创伤障碍

创伤相关障碍包括创伤后应激障碍(PTSD)和急性应激障碍(ASD)。创伤是指个体因为暴露于可能给自身带来死亡威胁或严重的伤害性事件而造成的严重的心理刺激,如汶川地震的幸存者,在经历地震之后很可能会造成心理的创伤。这些严重的心理创伤可能会造成当事人出现创伤性心理障碍。创伤后应激障碍通常表现为当事人反复体验创伤性事件,例如反复做噩梦,或者不受控制地反复回想和体验创伤情境。创伤后应激障碍的当事人还会出现对可能引起创伤体验的情境的回避、思想和心境方面的负性变化,以及过度的警觉等。

(2)焦虑障碍

焦虑是人类在与环境作斗争及生存适应的过程中发展起来的基本情绪。适度的焦虑具有积极的意义,它可以充分调动身体各脏器的功能,提高大脑的反应速度和警觉性。病理性焦虑是指过度的焦虑,它具备某些病理性特征,会对个体正常的社会功能造成影响,称为焦虑症。焦虑症多发于青中年群体,诱发的因素主要与人的个性和环境有关。

焦虑症主要分为以下三种类型:

(1)急性焦虑症

急性焦虑症又称惊恐发作。患者会突然出现强烈恐惧,伴有自主神经功能紊乱。患者感觉犹如"大难临头"或"死亡将至""失去自控能力",因而尖叫、逃跑、躲藏或呼救。可伴有呼吸困难、心悸、胸痛或不适、眩晕、呕吐、出汗、面色苍白、颤抖等。每次发作持续数小时,一月可发作数次,间歇期可无明显症状。

(2)慢性焦虑症或广泛性焦虑症

慢性焦虑症或广泛性焦虑症是一种自己不能控制的、没有明确对象或内容的恐惧,患者会感觉有某种实际不存在的威胁将至,因而会有紧张不安、提心吊胆样的痛苦体验。还伴有颤动等运动性不安、胸部紧压等局部不适感，以及心慌、呼吸加快、面色苍白、出汗、尿频、尿急等植物神经功能亢进症状。在慢性焦虑症的基础上可有惊恐发作。

(3)恐惧症

恐惧症的核心表现和急性焦虑症发作一样，都是惊恐发作。不同点在于恐惧症的焦虑发作是由某些特定的场所或者情境引起的，患者不处于这些特定场所或情境时是不会引起恐惧症的。例如害怕社交场合或者人际交往，或者害怕某些特定的环境如电梯、广场、拥挤的场所等，避开这些场合或环境不会引起恐惧症。恐惧症的焦虑发作往往可以预知，患者多采取回避行为来避免焦虑发作。

焦虑症患者有认识方面的障碍，对周围环境不能清晰地感知和认识，思维变得简单和模糊，整天专注于自己的健康状态，担心疾病再度发作。

焦虑症具有以下三大症状：

(1)病理性焦虑情绪

患者持续性或发作性地出现莫名其妙的恐惧、害怕、紧张和不安，有一种期待性的危险感，会感到某种灾难降临，甚至有死亡的感受（"濒死感"）。如惊恐发作，患者会担心自己失去控制，可能会突然昏倒或"发疯"。多数患者同时伴有忧郁症状，对目前、未来生活缺乏信心和乐趣。患者有时情绪激动，失去平衡，经常无故发怒，与家人争吵，对什么事情都看不惯，不满意。

(2)躯体不适症状

躯体不适常为早期症状。在疾病进展期患者通常伴有多种躯体症状，如心悸、心慌、胸闷、气短、心前区不适或疼痛，心跳和呼吸次数加快，全身疲乏感，生活和工作能力下降，简单的日常家务工作变得困难不堪，无法胜任。如此症状反过来又加重患者的担忧和焦虑。有的患者还有失眠、早醒、梦魇等睡眠障碍，而且颇为严重和顽固。此外，还会出现消化功能紊乱。大多数焦虑症患者会出现手抖、手指震颤，伴麻木感，阵发性潮红或冷感，性欲减退，尿意频急，头昏、眩晕，恐惧、晕厥，女性可月经不调、停经等。

(3)精神运动性不安

患者常坐立不安，心神不定，搓手顿足，踱来跨去，小动作增多，注意力无法集中，自己也不知道为什么如此惶恐不安。

(3)强迫障碍

强迫障碍分为患者存在强迫思维和强迫行为两种情况，强迫思维是指患者头脑中存在某种反复出现的、纠缠的观念或想法，患者自己也认为没有必要，但就是控制不住，因此很受折磨。强迫行为是指反复出现的行为，患者自己也会感觉到被某种重复性的行为所困扰，如反复的检查、反复的清洗，但是停不下来。

2.躯体症状障碍

躯体症状障碍通常是指患者出现严重的躯体症状，但身体检查却没有发现明显的器质性病变，因此症状本身被认为是心理因素造成的。例如有的患者反复感到自己身体的某个部位疼痛或不适，坚持反复求医，但医学检查却是正常的。

微课

为什么我总是莫名其妙地心慌？

3.心境障碍和自杀

心境是指一个人长期的情绪状态。抑郁障碍是常见的心境障碍。抑郁障碍的主要症状表现是患者长时间心情低落,对周围事物丧失兴趣,同时也严重缺乏做事情的意志力,感到严重的精力不足和不想活动。此外,心境障碍还有双相情感障碍。双相情感障碍是指患者出现抑郁心理和躁狂(轻躁狂)交替出现的心理障碍。患者在躁狂状态下会出现自大、情绪高涨、话多、从事大量无意义的行动、莫名其妙的开心,甚至易激惹,躁狂症状持续一段时间后会转入抑郁状态。无论是抑郁障碍还是双相情感障碍,患者在抑郁状态下都很容易出现轻生的念头。

科普时间

抑郁症

抑郁症是现在很常见的一种心理疾病,以连续而长期的心情低落为主要的临床特征,是现代人心理疾病重要的类型。

抑郁症的主要临床表现:心情低落,现实生活中过得不开心,情绪长时间低落消沉,从一开始的闷闷不乐到最后的无助绝望,自卑、痛苦、悲观、厌世,感觉活着每一天都是在绝望地折磨自己,消极,逃避,最后甚至更有自杀企图和行为。患者患有躯体化疼痛,胸闷,气短,呼吸急促,困难。每天只想躺在床上,什么都不想动。有明显的焦虑。更严重者会出现幻听、被害妄想、多重人格等精神分裂症状。

抑郁症每次发作,通常会持续至少2周以上、一年,甚至数年,大多数病例有反复发作的倾向。

抑郁症是世界第四大疾病,但我国对抑郁症的医疗防治还处在识别率低的局面,地级市以上的医院对其识别率不足20%,只有不到10%的患者接受了相关的药物治疗;同时,抑郁症的发病(和自杀)已开始出现低龄(大学,乃至中小学生群体)化趋势。

迄今为止,抑郁症的病因并不非常清楚,但可以肯定的是,生物、心理与社会环境诸多方面的因素参与了抑郁症的发病过程。生物学因素主要涉及遗传、神经生化、神经内分泌、神经再生等方面;与抑郁症关系密切的心理学易患素质是病前性格特征,如抑郁气质。成年期遭遇应激性的生活事件,是导致出现具有临床意义的抑郁发作的重要触发条件。然而,以上这些因素并不是单独起作用的,强调遗传与环境或应激因素之间的交互作用以及这种交互作用的出现时间点在抑郁症发生过程中具有重要的影响。

抑郁发作的治疗要达到三个目标:①提高临床治愈率,最大限度减少病残率和自杀率,关键在于彻底消除临床症状;②提高生存质量,恢复社会功能;③预防复发。药物治疗是目前中度以上抑郁发作的主要治疗措施。对有明显心理社会因素作用的抑郁发作患者,在药物治疗的同时常需合并心理治疗。常用的心理治疗方法包括支持性心理治疗、认知行为治疗、人际治疗、婚姻和家庭治疗、精神动力学治疗等,其中认知行为治疗对抑郁发作的疗效已经得到公认。近年来出现了一种新的物理治疗手段——重复经颅磁刺激

(RTMS)治疗,主要适用于轻中度的抑郁发作。

对抑郁症患者追踪10年的研究发现,有75%～80%的患者多次复发,故抑郁症患者需要进行预防性治疗。发作3次以上应长期治疗,甚至终身服药。维持治疗药物的剂量多数学者认为应与治疗剂量相同,还应定期门诊随访观察。心理治疗和社会支持系统对预防本病复发也有非常重要的作用,应尽可能解除或减轻患者过重的心理负担和压力,帮助患者解决生活和工作中的实际困难及问题,提高患者应对能力,并积极为其创造良好的环境,以防复发。

4. 精神分裂症谱系及其他精神病性障碍

精神病性症状主要包括妄想、幻觉、思维紊乱、行为紊乱、情绪或情感表达受限以及认知受限。妄想是指患者认为真实但客观上极不可能实现的想法。如被害妄想、关系妄想、夸大妄想等。被害妄想的患者可能凭空认为被人跟踪或监视,关系妄想的患者可能认为电视里的某个明星今天的穿着打扮是为了专门迎合自己,夸大妄想的患者可能认为自己拥有超能力。幻觉是指在没有明确外界信息输入的情况下,患者的感觉通道产生的相应的感受。如幻听的患者在寂静的空间里认为自己耳朵边有人一直在不停地说话,出现视幻觉的患者在没有其他人在场的情况下认为自己看到床边一直站着一个人,等等。

5. 人格障碍

人格障碍是指患者的人格模式(看待自身的方式,看待他人或事物的方式,表达或体验情绪的方式,人际交往的方式等)明显偏离其所处的社会和文化的期望。某个人性格严重古怪、不合群等,属于人格障碍。当然,每个人的人格都不是完美的,普通人都有性格上的不足和缺点,只有当性格的某个方面非常极端,严重地超出了社会和文化的预期,才可能被视为人格障碍。

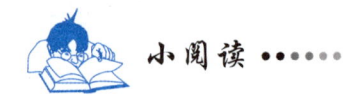

小阅读

甘肃白银连环杀人案

自1988年5月至2002年2月间,在甘肃省白银市、内蒙古自治区包头市两地发生连环杀人案件。罪犯高承勇先后抢劫、故意杀人、强奸、侮辱尸体犯罪,共致11名女性被害人死亡。2016年8月26日,高承勇在白银工业学校内的小卖部被抓获,这一震惊全国的系列强奸杀人案最终告破。根据相关新闻报道的信息分析,高承勇的表现基本符合人格障碍的特征。他在作案过程中表现出极为罕见的冷静和残忍,没有明显的情绪反应,杀人也没有明确的动机。这反映出高承勇对于生命的看法和体验是异于常人的,他对法律和道德的体验也是异于常人的。高承勇曾表示自己在杀人以及残忍对待尸体的过程中感到兴奋,这是其人格变态的表现之一。2019年1月3日,根据最高人民法院签发的执行死刑命令,高承勇被执行死刑。

(资料来源:人民日报)

6.冲动控制及品行障碍

冲动控制和品行障碍是指患者因为可能存在严重的冲动控制缺陷而出现违反主要社会规范的行为。如攻击他人或动物、破坏财产、欺诈或盗窃等。品行障碍的患者可能以破坏社会规则或损害他人物质或精神利益为乐,或者患者对规则的理解和体验异于常人。患者可能通过破坏规则来满足某种心理需求。如有的患者反复偷窃,但偷窃的目的并不是因为物品本身的价值,而是通过偷窃来观察他人的痛苦焦虑反应,以满足自己的心理需要。

7.进食障碍

进食障碍是指由于心理原因导致的对待食物和进食的异常反应。如贪食症和厌食症。患者的食量和体重严重超出年龄和身高对应的最低限度,可能给身体健康造成严重的影响,患者会出现反复频繁过量进食,或通过催吐来清除体内食物。

8.性心理障碍

性心理障碍包括性功能失调、性欲倒错等。如异装障碍、恋物障碍、性虐待障碍、窥阴障碍、露阴障碍、摩擦障碍、性别认同障碍等。

9.物质滥用障碍和赌博障碍

物质滥用障碍是指由于过度使用具有精神活性的物质而形成的障碍。如严重的酗酒成瘾、烟瘾、吸毒等。赌博障碍是指患者无法抵抗赌博的诱惑,丧失对赌博冲动的控制。

三、心理问题和心理障碍的评估与诊断

(一)心理异常的判断

在临床心理学和精神医学中,狭义的心理异常通常是指精神异常或精神障碍。一般认为,精神病性障碍与其他心理障碍之间存在一定性质上的区别。但在广义上而言,精神或心理的异常与正常之间并没有绝对的界限,人们对于心理正常和异常的区分也没有完全一致的认识。在本书中,区分心理正常与心理异常旨在帮助同学们了解心理疾病的特殊性。一般认为,心理异常的表现主要包括以下几点:

1.缺乏自知力

心理异常的情况下,当事人对自我的认知和体验的功能受损。例如一些精神障碍的患者不能描述自己的内心体验,或出现意识的混乱,对自己身处危险的境地中而毫无觉察,对自己是否患病也缺少基本的认知和判断。

2.主客观世界不相统一

心理是对客观世界的主观反映。心理活动虽然有主观性,但心理活动的来源是离不开客观世界的。幻觉和妄想是心理异常的主要症状表现之一。

3.心理活动内在不协调

人的心理/精神活动自身是一个完整的统一体。各种心理过程之间具有协调一致的关系,这种协调一致性,保证人在反映客观世界过程中的高度准确和有效。例如,通常情况下,一个人在内心经历痛苦体验的时候,所表现出的也是痛苦,而在内心经历愉悦体验的时候,所表现出的也是愉悦。但一些精神障碍的患者在描述自己内心痛苦体验的时候

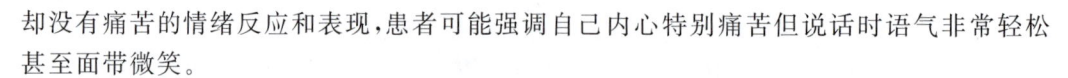

却没有痛苦的情绪反应和表现,患者可能强调自己内心特别痛苦但说话时语气非常轻松甚至面带微笑。

4.人格不稳定

人格是个体稳定的心理特征。俗话说,江山易改,禀性难移。一个人的人格总体上是十分稳定的,短时间不会出现明显的变化。但心理异常的情况下会出现人格的明显变化,如一个平时比较内向的人会在精神病性症状发作之后变得十分外向和开朗,患者本人也能感觉自己好像突然就换了一个人,性格和过去明显不一样了,而这一改变通常没有明确的原因。

(二)心理问题与心理障碍的鉴别

通常而言,狭义的心理问题和心理障碍并不包括心理/精神异常的情况。也就是说,心理问题和心理障碍通常被认为是正常的心理反应,但可能是过度或不适当的心理反应。如果说心理异常和心理正常之间的区别相对较为明显,那心理问题和心理障碍之间的区别就要小一些,有时候并不容易区分,更多只是程度上的不同。鉴别心理问题和心理障碍主要需要考虑如下方面:

1.心理冲突变形——合理不合理?

如果从心理问题与心理障碍的性质进行区分,二者的区别主要在于当时人的心理冲突是否"变形",即心理冲突是否与现实情境联系紧密。通常认为,心理问题是与现实情境联系紧密的心理冲突,而心理障碍是与现实情境联系不紧密甚至不联系的心理冲突。

通常情况下,一个存在抑郁情绪问题的人,往往能够明确其抑郁情绪的产生有着明确的诱因,与现实中具体的某件事情或情境联系紧密。例如,一个大学生因为与女友分手而感到心情低落,感情受伤害,甚至在一段时间内不敢跟其他女同学进行交往。而抑郁障碍的患者中有相当一部分人会无法明确抑郁情绪产生的诱因,当事人自己也说不清楚从什么时间,因为什么具体的人或事开始感受到抑郁。或者有的抑郁症的诱因虽然听起来是有一个诱发事件,但那个诱发事件发生的时间可能过于久远,严重超出了一般认为的正常情况,或者给当事人造成的痛苦程度也明显超出了事情本身的严重程度,让人觉得没有足够的说服力,也就是说并不能够合理地解释抑郁产生的原因。

2.主观痛苦感受——能不能承受?

除了区分心理冲突是否变形之外,当事人的主观痛苦程度也是区分心理问题和心理障碍的条件之一。主观痛苦感受是当事人对于自身心理冲突带来的痛苦的主观感受,通常由当事人进行主观的描述和判断。主观痛苦感受是因人而异的,有的人承受痛苦的能力弱,则有可能倾向于把自己的痛苦感描述得比较严重,有的人承受痛苦的能力强,则有可能把自己的痛苦描述得比较弱。

3.心理冲突持续的时间——持续不持续?

由于心理活动的复杂性,心理正常和异常之间并没有绝对的界限。也就是说,心理正常的人偶尔也会有一些"异常"的心理表现,反过来说,心理异常的人也有心理正常的时刻和部分。例如,正常人在比较忙碌和精神压力较大的情况下也会出现短暂的幻觉,如听见自己的手机铃声响,或者听见别人呼喊自己的名字。而即便是精神障碍的患者也不是每时每刻都处于精神异常的状态,而是在相当多的时间里是可以正常地思考或与人对话的。

因此,心理冲突或症状是偶尔出现的,还是频繁出现的,心理冲突和症状出现只是持续较短的时间,还是持续较长的时间,这也是评估和诊断的重要维度。

4. 社会功能的损伤——影响不影响?

由于不同的人的心理素质不同,同样严重且持续的心理冲突在不同的人身上存在,有的人会表现出心理不适和障碍,有的人则可以伴随着冲突和痛苦而长久地生活,虽然内心也是痛苦的,但却不影响其外部的现实世界的生活,例如可以正常工作、学习、人际交往,甚至可以将痛苦转化为动力,比别人获得更多的成就。因此,心理冲突是否对当事人造成外在的影响,这也从侧面反映出当事人应对和处理自身心理冲突的能力,它也是评估和诊断心理冲突是否造成心理问题或心理障碍的重要依据。

综合以上,心理问题和心理障碍的评估与诊断是一个非常复杂的问题,需要结合各方面的信息进行综合的分析和判断。这其中要考虑到当事人的主观因素,也要考虑到时间和偏离一般人群的程度等客观因素。因此,只有通过详细的访谈,尽可能全面地了解信息,才能做出比较准确的判断。

(三)心理测试在评估和诊断中的应用

心理学中已经开发了各种各样可以用于测试心理健康状况的量表,但必须注意的是,在任何时候,心理测试只适用于对受测者心理健康状况的初步评估,医生通常只是通过量表结果来了解当事人的信息,不能将心理测量作为诊断心理障碍的充分依据。如前所述,心理障碍的诊断和评估是一项复杂的工作,心理健康的测评和检查并不是像我们今天进行身体检查那样主要借助仪器设备的测量和分析,心理问题主要依靠心理医生(心理咨询师)与病人(来访者)面对面的详细谈话,综合评估,才能得出相对可靠的评估和诊断结论。

第二节 心理咨询与心理治疗

知识直通车

一、心理咨询和心理治疗的概念

广义上讲,心理咨询和心理治疗是同义词,都是指运用心理学的方法缓解和应对心理问题或心理障碍的专业工作。

心理咨询和心理治疗在基本原理、基本原则、主要方法和过程等方面没有明显的区别。二者的区别主要体现在以下三个方面:

首先,狭义的心理治疗一般是指有药物参与的心理咨询或治疗,而狭义的心理咨询是指没有药物参与的心理咨询或治疗,即"谈话治疗"。一般情况下,只有当心理障碍比较严重的时候,才需要考虑药物治疗,药物治疗对大多心理障碍都只是辅助手段。

其次,通常我们将心理咨询对应于心理问题的解决,而将心理治疗对应于心理障碍的解决。由于医疗行业发展和医学的影响，人们对什么是"治疗"的理解形成了一些固有的观念，很多人认为只有有药物参与的或者传统医学手段参与的才可以称之为治疗。因此生活中，人们习惯于将没有使用药物的"谈话治疗"称之为"心理咨询"。

再次，人们一般认为，心理治疗是在医疗卫生机构中进行的，而心理咨询是在医疗机构之外的机构（如高校、私人执业机构）进行的。事实上，即便是在医院进行的心理治疗，除了更方便使用药物或精神科治疗手段之外，在谈话治疗这个基本环节上，心理咨询和心理治疗并没有明显的不同。

因此，由于以上的原因，在本章中，我们在使用过程中并不对心理咨询和心理治疗的概念进行严格的区分。

二、心理咨询和心理治疗的分类

（一）按照参与人数规模分类

1.个体心理咨询（治疗）

个体心理咨询（治疗）也叫一对一的心理咨询（治疗），是指来访者单独接受心理咨询（治疗）的工作。个体心理咨询（治疗）是最常见的心理咨询（治疗）类型，个体心理咨询（治疗）可以深入地探索来访者的内心，使得来访者获得深入的自我探索和领悟。

2.家庭心理咨询（治疗）

家庭心理咨询（治疗）是以家庭为单位进行的心理咨询（治疗），可以是夫妻共同进行，或亲子共同进行。家庭心理咨询（治疗）的目标通常是以调节家庭关系中的矛盾为核心，通过家庭成员和心理咨询师（治疗师）之间的互动，帮助家庭成员了解各自的内心活动，理解家庭关系中存在的问题，以寻求解决家庭矛盾。

3.团体心理咨询（治疗）

团体心理咨询（治疗）通常为多人同时进行，团体规模一般为10~20人，由1~2名心理咨询师（治疗师）带领。团体心理咨询（治疗）通常用于解决来访者在人际关系和社会交往中的困扰。通过团体内部人际互动，促进来访者改善自我认知，形成自我探索和领悟，掌握人际交往技巧，提升社会交往能力。

（二）按照咨询（治疗）目标分类

1.发展心理咨询（治疗）

发展心理咨询（治疗）是指以帮助来访者顺利度过人生发展期、适应期为目标的心理咨询（治疗）。发展心理咨询（治疗）的来访者自身一般不存在显著的心理障碍，造成心理困扰的主要原因是来访者面临人生中的重要发展阶段和挑战，导致暂时性的适应性困难和应对不足而出现心理冲突。

2.健康心理咨询（治疗）

健康心理咨询（治疗）是以帮助来访者恢复心理健康为目标的心理咨询（治疗）。健康心理咨询（治疗）的来访者通常存在明显的心理困扰或障碍，这些心理困扰或障碍并不与来访者的成长目标和成长阶段明显相关。如抑郁障碍的心理咨询（治疗）。

(三)按照咨询(治疗)周期分类

1.长程心理咨询(治疗)

长程心理咨询(治疗)是指咨询(治疗)周期较长的心理咨询(治疗),通常半年或一年以上,长程心理咨询(治疗)用于个人心理问题或障碍的深入探索和改善,有助于从人格层面改善来访者的心理冲突,长程心理咨询(治疗)通常能够带来持久甚至终身的心理状态的改善。

2.短程心理咨询(治疗)

短程心理咨询(治疗)是指短期的心理咨询(治疗),通常在一个月至半年不等。短程心理咨询(治疗)通常用于在短期内改善来访者的人际关系、学业困扰等与现实环境联系较紧密的心理冲突,短程心理咨询并不主要谋求来访者人格层面的改善,短程心理咨询(治疗)通常能够帮助来访者在短期内收获咨询(治疗)效果。

三、心理咨询和心理治疗的基本原则

由于心理咨询和心理治疗是一项特殊的专业工作,心理咨询和治疗过程存在一定的风险性和隐秘性,必须在切实维护心理咨询师(治疗师)和来访者利益的基础上开展科学有效的工作,因此,需要遵循一些基本的工作原则。

微课

关于心理咨询和心理治疗的六大误区

1.助人自助原则

心理咨询(治疗)的基本原则是帮助来访者学会自助,心理咨询(治疗)并不以直接的助人为目标。心理咨询(治疗)是通过帮助来访者解决内心的冲突来间接地使得来访者具备解决现实困难的能力,而不是直接帮助来访者解决现实困难。也就是俗话说的,授人以鱼不如授人以渔。心理咨询(治疗)的工作目标是来访者的心理冲突,而不是现实困境。

2.知情同意原则

心理咨询(治疗)必须在当事人知情并同意的前提下开展。知情同意包括知情和同意两部分。知情是指来访者必须对自己即将和正在接受心理咨询(治疗)这一情况充分知晓,如来访者知晓心理咨询师(治疗师)的身份,知晓心理咨询(治疗)的一般过程和基本要求等。同意是指心理咨询师(治疗师)在开始工作之前必须征得来访者的同意,通常需要来访者口头或书面的明确意思表示。

3.保密原则和保密例外

在心理咨询(治疗)的过程中,来访者的个人信息必须受到严格的保密。心理咨询师(治疗师)对来访者的个人信息和隐私权保护负有高度的责任。但在极端情况下,心理咨询师(治疗师)可以有限度地打破保密原则,即执行保密例外情况。通常包括以下两种情况:一是心理咨询师(治疗师)发现来访者存在明显违法犯罪的情况,二是来访者出现严重的自杀风险和倾向的情况。需要注意的是,保密例外必须在有限原则下执行,也就是说,即便是需要打破保密原则,但也要尽可能缩小知情人的范围,来访者的隐私仍然是需要受到保护的。

4.价值中立原则

心理咨询(治疗)的过程中,心理咨询师(治疗师)应该保持个人价值观的中立,即不从个人的价值好恶出发评判来访者的价值选择。例如,心理咨询师在与来访者工作的过程中要充分尊重来访者的宗教信仰、性取向等。

5.善行原则

善行原则也叫不伤害原则,是指在心理咨询(治疗)过程中,心理咨询师(治疗师)应尽可能避免对来访者造成精神或物质利益的损害,不能以任何理由直接或间接损害来访者的利益。

6.避免双重关系原则

在心理咨询(治疗)过程中,心理咨询师(治疗师)应尽可能避免与来访者存在治疗关系之外的人际交往或社会关系。如心理咨询师(治疗师)不应与来访者私下成为朋友,或存在明显的亲戚关系,更不能与来访者谈恋爱或发生性关系。

四、心理咨询和心理治疗的一般设置

心理咨询和心理治疗专业工作需要遵循基本的工作规范,被称为心理咨询和心理治疗的设置。设置是心理咨询和心理治疗一个重要的前提和组成部分,设置是对应于心理咨询(治疗)的一整套规则体系,心理咨询师(治疗师)通过设置来帮助来访者形成习惯,观察来访者的心理和行为表现,理解来访者内心的冲突和困扰。心理咨询和心理治疗的一般性设置主要包括:

1.时间的设置

在心理咨询和心理治疗工作中,时间通常是固定的。一般而言,心理咨询师(治疗师)需要在固定的时间,以固定的频率与来访者展开工作。通常一个工作小节(一次谈话)的时间也是固定的,目前国内比较通行的做法是以50分钟为一个工作小节。低频的心理咨询(治疗)通常为每周在固定时间会见心理咨询师(治疗师)1~2次,高频的心理咨询(治疗)通常为每周在固定时间会见心理咨询师(治疗师)3~5次。心理咨询(治疗)小节之间一般需要有一定的时间间隔。

2.空间的设置

心理咨询(治疗)需要在专门的、独立的空间进行,例如在心理咨询室或治疗室。心理咨询(治疗)的空间需要保证独立性、私密性和安全性。独立性是指心理咨询(治疗)空间是不受其他因素打扰的,是专门用于心理咨询(治疗)的工作空间。私密性是指心理咨询(治疗)的空间需要能够保护来访者的隐私,例如来访者和心理咨询师(治疗师)的谈话不被外人听见或窃听等。安全性是指心理咨询(治疗)的空间需要提供给来访者基本的安全感和舒适性,不应设置在过分隐秘的角落或存在安全隐患的地方,不应摆放刀具等可能对来访者造成伤害的物品。

3.费用的设置

收费在心理咨询(治疗)中存在特殊的功能和价值。除了心理咨询师(治疗师)能够正常获取劳动报酬之外,通过收费能够直接有效地巩固心理咨询师(治疗师)和来访者之间的治疗关系,稳定牢固的治疗关系是心理咨询(治疗)的重要保障。付费既能避免来访者产生过多的内疚感,同时也能较好地避免心理咨询师(治疗师)因职业倦怠而出现剥削来访者精神利益的情况。过高的收费和过低的收费都可能对心理咨询(治疗)的效率和效果产生消极影响。

4.请假的设置

心理咨询(治疗)工作要求相当高的稳定性。因此,通常心理咨询师(治疗师)和来访者都不能随意变动工作的时间。为了保证来访者持续地参与到心理咨询(治疗)中,需要通过规定请假的次数、时限等,保证心理咨询(治疗)的顺利进行。

五、常见的心理咨询和心理治疗技术

(一)精神分析心理治疗

精神分析心理治疗技术是由奥地利心理学家西格蒙德·弗洛伊德所创立的。精神分析理论认为,造成人的心理障碍的主要原因是潜意识的心理冲突。因此,通过分析和解释来访者的潜意识冲突,就能够达到缓解和解决心理障碍的目的。在精神分析心理治疗中,来访者需要进行"自由联想"式的谈话,即来访者在尽可能放松的情况下,尽量自由地谈论和表达脑海中浮现的想法、感受或回忆等。心理咨询师(治疗师)的任务是促进来访者的"自由联想",并在适当的时候对来访者的"自由联想"中所可能涉及的潜意识愿望和冲突进行分析和解释,帮助来访者对自身进行深入的探索和理解。随着来访者对自身潜意识冲突的理解,其心理症状会自行缓解。

精神分析的心理治疗技术经过百余年的发展,已经成为一个比较丰富的心理治疗技术和理论体系。虽然精神分析技术对整个心理治疗领域的影响和贡献巨大,但也因为其以研究潜意识为核心的理论基础而引发了广泛的争议和误解。

人物风采……

弗洛伊德之后的精神分析代表人物

精神分析心理学是由西格蒙德·弗洛伊德创立的,自弗洛伊德之后,精神分析法已经走过了近一个半世纪,其理论和临床技术始终在不断地被后人所修正、补充和完善。因此,我们今天所说的精神分析心理学并不仅仅是弗洛伊德一个人的理论,也包括弗洛伊德之后的一批学者对精神分析做出的贡献。

例如,在弗洛伊德之后,弗洛伊德的女儿安娜·弗洛伊德对"自我"和"防御机制"的深入研究,使得精神分析师在治疗过程中的角色和关注点被重新定义。梅兰妮·克莱因在对儿童的临床工作中发现并提出了"客体关系"的理论,唐纳德·伍兹·温尼科特提出了足够的抱持性养育环境对婴儿心理健康和病理的重要影响,海因兹·科胡特丰富和发展了"自恋"的内涵，雅克·拉康通过不寻常的医学与超现实主义的双重途径研究精神分析，形成了独树一帜的拉康学派，威尔弗雷德·比昂用抽象符号描述精神分析理论，等等。

一些精神分析的后继者由于理论和观点的分歧被逐出或选择退出精神分析心理学的阵营，例如卡尔·荣格，阿尔弗雷德·阿德勒等。虽然在精神分析的历史上，他们曾被视为"叛徒"，但他们仍然按照自己的方式为精神分析心理学做出了不可忽视的贡献。

卡尔·荣格

卡尔·荣格（Carl Gustav Jung，1875—1961），瑞士心理学家。1907年他开始与西格蒙德·弗洛伊德合作，发展及推广精神分析学说长达6年之久，之后与弗洛伊德理念不和，分道扬镳，创立了荣格人格分析心理学理论，提出"情结"的概念，把人格分为内倾和外倾两种，主张把人格分为意识、个人无意识和集体无意识三层。曾任国际心理分析学会会长、国际心理治疗协会主席等，创立了荣格心理学学院。1961年6月6日逝于瑞士。他的理论和思想至今仍对心理学研究产生深远影响。

（二）认知行为主义心理治疗

认知行为主义心理治疗是一种有结构的、短程的、认知取向的心理治疗方法。认知行为主义心理治疗的基本原理认为，来访者的不合理认知是造成心理障碍的核心，通过改善来访者的不合理信念，可以达到改善心理症状的目的。在认知行为主义心理治疗中，心理咨询师（治疗师）的主要工作是帮助来访者识别和寻找头脑中的不合理认知，不合理认知包括不合理的自动思维、不合理的中间信念和不合理的核心信念三个层次。不合理的自动思维是最表层的认知和最容易出现的想法。核心信念是来访者头脑中根深蒂固的甚至是潜意识的自我观念，核心信念包括两类："我无能"的核心信念和"我不可爱"的核心信念。

来访者在心理咨询师（治疗师）的帮助下，通过寻找支持某一认知的"证据"和寻找不支持某一认知的"反证据"，不断地发现和修正不合理的认知，从而使得来访者在不断的练习中具备发现、识别和修正自己的不合理认知的能力，最终达到缓解和解决来访者的心理冲突和症状的目的。

（三）人本主义心理治疗

人本主义心理治疗是指以人本主义哲学思想为理论基础的心理治疗技术。在人本主义之前，心理学领域中占主导的人性理论有两种：一种是弗洛伊德的观点，另一种观点来源于行为主义。这两种理论都忽略了人性中的一些重要方面——自由意志和人的价值等。人本主义被称为心理学的第三势力。20世纪60年代强调个人主义和个人言论自由的时代背景，为人本主义的发展提供基础。1967年人本主义心理学的重要人物亚伯拉罕·马斯洛当选为美国心理学会主席，这说明了心理学的人本主义思想已经被众人所接受。

人本主义心理治疗提出了"以来访者为中心"的心理治疗理念和技术，来访者中心疗法认为，任何人在正常情况下都有着积极的、奋发向上的、自我肯定的无限的成长潜力。如果人的自身体验受到闭塞，或者自身体验的一致性丧失、被压抑、发生冲突，使人的成长潜力受到削弱或阻碍，就会表现为心理病态和适应困难。如果创造一个良好的环境使他能够和别人正常交往、沟通，便可以发挥他的潜力，改变其适应不良行为。

科普时间

马斯洛需求层次理论

亚伯拉罕·马斯洛是美国著名社会心理学家,第三代心理学的开创者,他提出了融合精神分析心理学和行为主义心理学的人本主义心理学,于其中融合了美学思想。他的主要成就包括提出了人本主义心理学,提出了马斯洛需求层次理论,代表作品有《动机和人格》《存在心理学探索》《人性能达到的境界》等。亚伯拉罕·马斯洛提出了人类心理需求的五个层次:生理需要、安全需要、爱与归属的需要、尊重的需要、自我实现的需要,如图2-1所示。

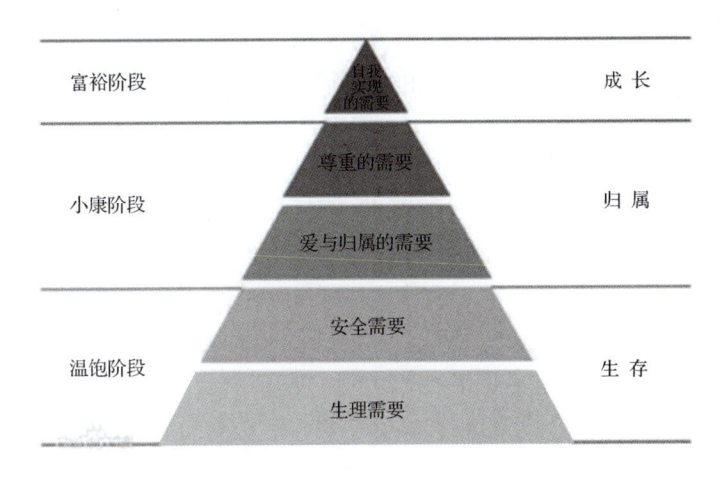

图 2-1 马斯洛需求层次理论

生理需要是人们最原始、最基本的需要,如吃饭、穿衣、住宅、医疗等。若不满足,则有生命危险。这就是说,它是最强烈的不可避免的最底层需要,也是推动人们行动的强大动力。当一个人为生理需要所控制时,其他一切需要均退居次要地位。

安全需要要求劳动安全、职业安全、生活稳定、希望免于灾难、希望未来有保障等。安全需要比生理需要较高一级,当生理需要得到满足以后就要保障这种需要。每一个在现实中生活的人,都会产生安全感的需求、自由的欲望、防御的实力的欲望。

归属与爱的需要,是指个人渴望得到家庭、团体、朋友、同事的关怀、爱护、理解,是对友情、信任、温暖、爱情的需要。爱与归属的需要比生理和安全需要更细微、更难捉摸。它与个人性格、经历、生活区域、民族、生活习惯、宗教信仰等都有关系,这种需要是难以察悟、无法度量的。

尊重的需要可分为自尊、他尊和权力欲三类,包括自我尊重、自我评价以及尊重别人。尊重的需要很少能够得到完全的满足,但基本上的满足就可产生推动力。

自我实现的需要是最高等级的需要,是一种创造的需要。有自我实现需要的人,往往会竭尽所能,使自己趋于完美,实现自己的理想和目标,获得成就感。

马斯洛认为,在人自我实现的创造过程中,产生出一种所谓的"高峰体验"的情感,这个时候的人处于最高、最完美、最和谐的状态,具有一种欣喜若狂、如醉如痴的感觉。马斯洛认为五个层次要按照次序实现,由低层次一层一层向高层次递进。只有先满足低层次的需要才能去满足高层次的需要。

(四)后现代心理治疗

1.箱庭疗法

箱庭疗法在欧洲诞生并发展,至今已有90多年的历史。受威尔斯"地板游戏"的启示,英国伦敦的儿科医生劳恩菲尔德将收集的各式玩具模型放在箱子之中,让孩子们在箱子这个限定的空间内摆弄玩具模型,这有利于儿童表达他们的非语言思想和情感。1929年,劳恩菲尔德正式将这一儿童心理治疗方法命名为"世界技法"。瑞士的精神精神分析心理学家卡尔夫(D.卡尔夫)征得劳恩菲尔德的同意后,将"世界技法"和荣格(C.G.Jung)的精神分析心理学相结合,强调在"自由和受保护的空间"内使用箱庭疗法,注重来访者与其自我的无意识联系,激活来访者的自我治愈力从而逾越心理障碍。20世纪60年代日本心理学家河合隼雄在瑞士的荣格研究所留学时跟卡尔夫学习了这一技法,他发现箱庭疗法其实很类似于中国和日本古代的盆景,于是结合东方的意涵,将"sandplay therapy"翻译为箱庭疗法。在日本,箱庭疗法已得到相当程度的肯定,成为心理治疗的主流方法之一。

2.焦点解决短期心理咨询与治疗

焦点解决短期心理咨询与治疗是20世纪80年代初沙泽和他的妻子伯格基姆共同创立并发展起来的一种心理咨询与治疗模式。它放弃了传统的病理-医疗叙事方式,以社会建构论为哲学和方法论基础,鼓励当事人深思自己的意义建构,审查这种建构方式给自己的生活所带来的消极影响,通过改变意义建构的方式达到解决问题的目的。

焦点解决短期心理咨询与治疗以解决问题为导向。它放弃了传统治疗中明确当事人的问题或"病症",而是搁置问题或病症,不去对问题刨根问底。心理咨询师(治疗师)与当事人之间由主客关系转变为合作关系。心理咨询师(治疗师)是心理学知识方面的专家,而当事人则是自身问题方面的专家,治疗应从当事人的问题出发而不是从心理学理论出发。当事人自己拥有解决问题的能力,只是暂时为某些问题困扰需要帮助。

3.叙事心理咨询与治疗

叙事心理咨询与治疗有以下几个基本观点:首先,创伤使个体生活故事的连续性遭到破坏。人们通过叙事的原则使事件之间产生联系,这种稳定的、连续的"联系"使事件有了意义,创伤性事件可能使这种连续性遭到破坏,从而破坏了事件原来具有的意义,当事人也因此失去了生活的目标和意义,找不到自我的方向,陷入焦虑、痛苦之中。其次,将个体与问题分离。问题是在叙事过程中建构起来的,叙事治疗帮助当事人将自己看作是独立于问题之外的,是完全可以不被问题困扰的。外化问题是治疗的一个关键步骤,心理咨询师(治疗师)和当事人共同重新建构一个新的、不受问题困扰的人生故事,这也是叙事疗法区别于其他治疗方法的重要特征。最后,关注问题的背景。叙事治疗关注导致问题产生的更为广阔的生活背景,包括历史、文化背景。这一点是由叙事治疗的中心思想所决定的,即人们会对自己的生活体验赋予一定的意义,正是在此基础上才有了人际关系,才有了生活本身。此外,在后现代心理学思潮的影响下,还有许多疗法吸收了后现代心理学的思想,并在原有的理论基础上发展了起来,如女权主义疗法、家庭疗法。

实训中心

1. 说一说你自己曾经有过的心理冲突或困扰,并根据本章学习内容,判断你的心理冲突或困扰属于哪种程度。
2. 分组收集所在城市的心理服务机构信息,包括含心理科的正规医院、社会心理服务机构和个人心理咨询执业工作室。列出各机构的地址、电话、专家、收费等情况。

智慧起航

1. 常见的心理障碍都有哪些?
2. 心理治疗和心理咨询有哪些区别?
3. 心理咨询的设置都有哪些?

知识小铺

1. 心理不健康可以分为心理问题、心理障碍、精神障碍三种情况。通常精神障碍也被称为精神异常。
2. 在鉴别心理问题和心理障碍时,需要考虑心理冲突的性质(冲突是否泛化,常形还是变形),以及心理冲突给当事人带来的痛苦程度、持续的时间和社会功能损伤等多方面的情况。
3. 心理测试只能作为心理健康评估的辅助依据。
4. 心理咨询和治疗工作须要遵循助人自助原则、知情同意原则、保密原则和保密例外、价值中立原则、善行原则、避免双重关系原则。
5. 心理咨询和治疗工作必须在时间、空间、费用等各项设置的基础上才能有效开展。

第三章 心理危机应对常识

你听说过心理危机吗？心理危机和心理障碍有什么区别和联系？当一个人因为受到一些严重的心理刺激而出现极端行为的时候，我们应该如何看待和理解这样的行为和心理？我们又该如何帮助他们？本章主要介绍关于心理危机的应对常识。

学习目标

1. 了解心理危机的概念。
2. 了解心理危机和心理障碍的区别和联系。
3. 了解心理危机的特点和常见表现。
4. 了解应对心理危机的一般思路和方法。

第一节 心理危机的含义

烦恼杂货铺

小米是某高职院校大一的学生，封校以来她一直在学校里做志愿者，为同学买饭，组织核酸检测、消杀等，因为有栋楼刚接走了两例密切接触者，所以小米每天非常紧张担心。舍友每天都会接到父母的视频，关心他们在学校里的情况，但是小米的父母却一次都没有打过电话。可能他们连自己学校封校隔离都不知道吧，想到这里小米也很难过。但小米对此似乎习惯了，因为从小到大父母就是这样冷漠，他们连自己的事都处理不好，两人成天吵吵闹闹甚至大打出手，根本没有心思关心小米怎么样。好在小米现在作为志愿者每天都非常忙碌，没空去体会这些情绪。这样忙碌的日子过了两周，其他同学似乎已经适应了封校的生活,小米却越来越烦躁,胸口好像堵着什么。有一天,在外地的男朋友发来了一句"我们分手吧",小米瞬间彻底崩溃了!她想不通为什么男朋友要跟自己分手,她打电话过去却被拉黑了。难过、愤怒、想不通,她一气之下从楼上跳了下来……

你认为小米应该怎么做才能避免悲剧的发生?

知识直通车

一、心理危机概述

(一)心理危机的概念

心理危机是指个体在遇到突发事件或面临重大的挫折和困难时,当事人不能使用自身资源进行有效应对而出现的严重心理失衡。简而言之,心理危机是指一个人的心理状态处于可能给自身造成严重身心损害的危急或危险状态。

一般而言,危机有两个含义:一是指突发事件,即出乎人们意料而发生的事件,如地震、水灾、空难、传染病暴发、恐怖袭击、战争等;二是指人所处的紧急状态。当个体遭遇的重大问题或变化的发生使个体感到难以解决、难以把握时,平衡就会被打破,正常的生活受到干扰,内心的紧张不断积蓄,继而出现无所适从甚至导致思维和行为的紊乱,进入一种失衡状态,这就是危机状态。危机意味着平衡、稳定的破坏,易引起混乱、不安。危机的出现是因为个体意识到某一事件和情景超过了自己的应对能力,而不是个体经历的事件本身。

(二)心理危机的危害

心理危机之所以称为危机,不仅在于危机本身给当事人造成风险。心理危机如果不能进行及时有效的干预,往往会给当事人造成比较严重的危害。

1.心理危机可能诱发当事人的心理或精神障碍

当人处在极端困难的情况下时,心理上面临巨大的压力和严峻的挑战,如果不能及时处理,有可能导致当事人长期处在心理冲突的状态下,这很可能会诱发一些心理问题和障碍,严重的时候还可能诱发精神疾病。

小阅读

校园霸凌

2020年9月,某职业学院女学生朱某因心情不爽,伙同另外4名女生在宿舍楼内随意找到两个被欺凌对象进行殴打、辱骂,并用手机拍摄了羞辱、殴打视频,事后还在自己的微信群内进行了小范围传播。这件事情被曝光以后,这五名同学最终受到了法律的制裁。

对学生来说,校园霸凌是非常严重的危机事件,会导致非常严重的后果,造成被霸凌同学自尊降低,时常焦虑不安,产生悲观思维与高度渴求关怀的心理。身体上的伤害显而易见,治愈的时间较短;而精神上的伤害更隐秘,治愈的时间更久,甚至伴随终生,更有甚者选择了自杀。被霸凌同学后期很容易出现创伤后应激障碍。被欺凌的画面会经常在脑海中闪现,让他们无法正常地与人来往,害怕与人交往。

2.心理危机可能给身体健康造成严重损害

心理危机除了可能诱发心理或精神障碍之外,还有可能对当事人的身体健康造成直接的损害,如诱发脑溢血、心脏骤停等。

3.心理危机可能导致当事人自杀

心理危机往往给当事人造成严重的心理痛苦,致使当事人无法有效缓解自身的心理冲突,给当事人造成严重的心理冲击,甚至可能会导致当事人出现悲观厌世甚至自杀的行为。

(三)引发心理危机的因素

一般而言,导致个体出现心理危机的原因是复杂多样的,通常包括外部因素和内部因素两方面。

导致心理危机的外部因素一般是指危机事件,也叫刺激事件,是指给当事人造成严重现实困境和挑战的事件。例如,突发的自然灾害造成的生存威胁、重大的经济压力、重大的家庭变故等。

导致心理危机的内部因素是指当事人的心理因素和心理状态。如当事人的性格和应对方式,当事人进行心理自我调节的能力,当事人在发生危机事件之前的心理准备状态等。

有的人能很快从危机情境中解脱出来,镇定自若、轻而易举地找到解决问题的途径,而有的人则完全相反,久久不能从危机情境中解脱出来。为什么面对同样性质、同样强度的应激源,每个人的反应会如此不同呢?这就涉及个体易感性的问题。实际上,危机仅仅是个体的一种主观感受,因此,某事件是否会让个体陷入危机,主要取决于个体对事件的认知,而认知又在很大程度上受到人格特质、个人经验、受教育程度等的影响。

1.应激源因素

(1)自然因素

自然因素是指如战争爆发、自然灾害、疾病传播、恐怖袭击等不可抗力型因素,因这些因素而突发的创伤性事件会给人的心理产生极大冲击。2020年年初新冠感染疫情暴发,引起全世界恐慌。2021年夏天河南郑州的洪水,让乘坐那趟地铁的幸存者至今心有余悸,这些都是不可抗力造成的危机事件。

(2)生存压力

经济高速发展的今天,我们一边享受科技带来的福利,一边也承受着前所未有的压力。例如2021年的网络高频词——内卷,让年轻人疲惫不堪,心生焦虑。"内卷"通俗地说是指同行间恶意竞争,而导致个体收益与努力之比下降的现象。

(3)生活事件

生活事件就是日常生活中面临的各种各样的变动。生活事件不仅是测量应激的方法,也是预测身体和心理健康的重要指标。当一个人在一定时期内连续经历多种生活事件时,往往容易造成对健康的损害。

2.个人易感性因素

(1)人格特质

人格也称个性,是个人在对现实的态度和行为方式中表现出来的稳定的心理特征。一般而言,人格主要包括气质和性格两部分,气质是与生俱来的,而性格是在后天的环境中养成的。

①气质。气质是指个体表现心理活动的强度、速度、灵活性与指向性的一种稳定的心理特征。气质有四种类型:胆汁质、多血质、黏液质、抑郁质,这四种类型本身并没有优劣之分,但每种气质都有其自身的弱点,其中胆汁质、抑郁质这两种气质的人较易陷入心理危机。胆汁质的人往往性情急躁、情绪易激动,做事冲动欠思考,容易走极端,发生过激行为。而抑郁质的人比较敏感、孤僻、不善与人交流,情感体验深刻,厌恶强烈刺激,在困难面前常常怯懦、自卑、优柔寡断,挫折承受力低,容易走进死胡同。

②性格。性格是个人在现实活动中表现出来的稳定的态度和习惯化的行为方式。情结型性格的人情绪体验比较深刻,行为容易受情绪所左右;内倾型性格的人感情含蓄、处事谨慎,但交际面窄,适应性不强;顺从型性格的人独立性差,在紧急情况下容易惊慌失措。相对来讲,这些类型性格的人都较易陷入心理危机。

(2)认知方式

认知是个体对自我以及对周围环境的认识。对应激事件的认知和主观感受在个体应对危机的过程中起着重要作用,对事件的不同认知会产生不同的反应。应激源能否对个体构成危机主要取决于个体的认知,如果对事件的认知是科学的、切合实际的,便有利于抓住事件的本质,采取适当的应对方式。但如果一个人认知不恰当,在面临外来应激时,出现心理危机的可能性就较大。

拉泽鲁斯指出,认识过程中的重要成分评价,是决定具体采用何种应对手段的关键所在。当一个危险情况存在时,人们的第一个反应就是评估危险对个体命运和利益的影响结果,之后,对自己所掌握的控制这种危险的可选择范围和可能达到的有益结果做出评价。在评估的过程中,如果对应对手段的使用所产生后果的判断过于乐观或悲观,个体会倾向于运用心理防御机制去压制或扭曲实际的状况,如果对事件的知觉是扭曲的,事件与压力感之间的关系难以被认知,那么试图解决问题也是不可能的。

(3)应对机制

应对机制是当个体受到实际或想象中的威胁时,为维持心理整合而采取的调整反应。人们在危机情境中会采用各种各样的应对机制,包括逃避、合理化、攻击、压抑、退缩、升华、表同、转移、投射等。这些应对机制中有建设性的,如升华、表同等,它们可以帮助个体解决困难,顺利度过危机。有消极的,如攻击、压抑、退缩等,这些消极的应对机制虽然暂时从表面上缓和了个体的内心冲突,但并没从根本上解决问题,反而为心理危机埋下隐患。但不论是积极的还是消极的,在客观上减轻了个体的急性应激反应,对于维护个体的心理平衡起到了重要的作用。个体在不同的危机情境中应灵活采用不同的应对方式,如果多采用消极的应对机制,则不利于问题的解决。

(4)社会支持系统

社会支持系统是指个人可用于整合以充实应对资源的社会联系。大学生的社会支持系统包括家庭、同学、老师、邻居、朋辈群体、学校各级组织、环境等。社会支持系统可以提供给个人的帮助有情感支持、具体任务协助、信息的获取和反馈、陪伴等。个体如果没有一个密度较高的社会支持网络,容易陷入心理危机而难以自拔。社会支持系统对大学生顺利度过心理危机起着非常重要的作用。

(5)其他

除了以上所谈的个体的人格特质、认知方式、应对机制、社会支持系统这四个特点之外,个人易感性因素还包括个体的生理条件、过往的危机经历、适应能力、挫折承受能力、价值观、自我意识等。生理条件是个体天生的身体素质、健康状况等,身体健康、精力旺盛的人应对危机的能力相对较强,反之则较弱。此外,以往危机经历较丰富、适应能力较强、挫折承受能力较高的人会较容易度过危机,反之便容易陷入危机。

心灵疗愈坊

中科院心理研究所《灾后公众心理自助手册》(节选)

在灾难中,也许你的亲人或朋友不幸受伤或遇难,甚至你自己也受到了伤害。也许你的经历只有自己最了解,但我们希望能够帮助你知道每一个人在灾害后可能会出现的反应,并提供一些方法帮助你渡过心理上的难关,使你尽快走出灾难的阴影,面对未来。

你可能会有以下的担心及感受:

1.担心自己会崩溃或无法控制自己。

2.觉得无助,没有人可以帮助我。

3.觉得人好脆弱,人生好无常。

4.为亲人或其他人的死伤感到很难过、很悲痛。

5.思念逝去的亲人,觉得很空虚。

6.不知道将来该怎么办,感觉前途茫茫。

7.期待赶快重建家园。

面对家人或亲友的死伤,你也许会有以下想法:

1.恨自己没有能力救出家人。

2.希望死的人是自己而不是亲人。

3.觉得对不起家人。

4.觉得上天怎么可以对我这么不公平。

5.不断地期待奇迹出现,却又一次失望。

你还可能会有下列身心不适:

1.执行力差:头昏眼花,做事会莫名其妙做错。

2.紧张不安:多汗,脸颊潮红,心跳加速,呼吸急促,失眠,多梦。
3.心情忧郁:没胃口,闷闷不乐,做任何事都没兴趣。
4.行为退缩:不太想接触人群或做事。
5.负性记忆:不断涌现有关灾难的回忆和感觉。
6.坐立不安:经常有这种感觉。
7.负性联想:想起灾难,会引发强烈的心理痛苦和身体不适。
8.过度敏感:无法入眠,睡眠不深,易生气,易受惊吓,注意力不集中。
9.逃避冲动:试着逃避有关灾难(或勾起灾难回忆的)的一切,不想说话或不想接近灾区。
10.失忆现象:记不起灾难前后发生的重要事件,甚至忘记个人基本资料。
11.麻木失落:觉得和别人有隔离感,失去喜欢的能力,对未来不抱希望。

这些症状可能只维持几天就会消失,并且随时间而减轻,一般不超过一个月。这些都属于正常的"急性应激反应",不要担心。大多数人在自我调适后,症状可以消失,只有一部分人会持续出现症状。如果超过一个月,就要接受专业治疗。

经历大灾难后,大部分人都会产生以上的感觉,这是正常的反应。不要隐藏你的感觉,试着说出你的感觉,并且让家人、孩子与朋友一起分担你的悲痛,这样会让你感到比较好过。请放心地表达这些感觉,如果压抑这些情绪或想法,反而会造成心理紧张与身体不适,使复原的时间拉长。我们建议你用以下的方式来缓释心情:

1.不要隐藏你的感觉,试着把你的情绪表达出来,并且让孩子与你一起分担你的悲痛。
2.不要因为不好意思或忌讳,而避开和别人谈论这次经历,要让别人有机会了解和关心你。
3.不要勉强自己去忘掉它,灾难后伤痛的感觉会跟着你一段时间,这是正常的现象。
4.别忘记你的家人和小孩与你有一样的经历和类似的感受,试着跟家人谈谈。
5.一定要花时间好好地睡觉、休息,并且和你的家人或朋友在一起。
6.必要时考虑接受家庭治疗。
7.如果你有任何需要,请向自己的家人、朋友或相关单位说出你的需要。
8.重要的是培养一种态度:哀伤者有他们自己的悲伤。
9.在灾难突然发生与伤痛过去之后,一定要想办法让你的生活尽量维持正常。

二、心理危机的特点

心理危机之所以被称为"危机",是因为其表现出一定的特点,和普通的心理障碍有所区别。

(一)心理危机和心理障碍的区别和联系

1.心理危机并不一定是由心理障碍导致的

心理障碍可能导致心理危机。众所周知,一些严重的心理障碍可能会

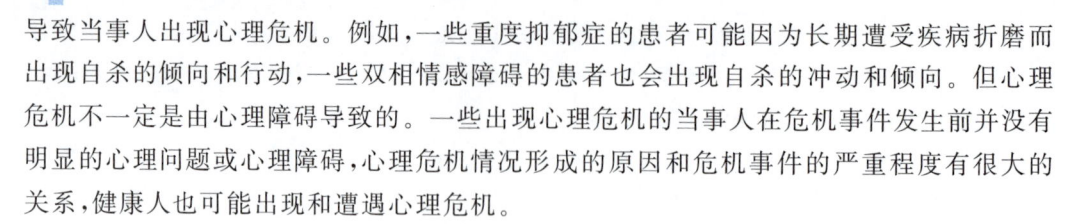

导致当事人出现心理危机。例如,一些重度抑郁症的患者可能因为长期遭受疾病折磨而出现自杀的倾向和行动,一些双相情感障碍的患者也会出现自杀的冲动和倾向。但心理危机不一定是由心理障碍导致的。一些出现心理危机的当事人在危机事件发生前并没有明显的心理问题或心理障碍,心理危机情况形成的原因和危机事件的严重程度有很大的关系,健康人也可能出现和遭遇心理危机。

2.心理危机通常是"急性"的,心理障碍一般是"慢性"的

心理危机的出现通常是比较突然的,由于刺激事件在心理危机发生的过程中扮演着重要作用,因此,刺激事件的偶然性和不可预料性是导致心理危机的重要原因。心理障碍的产生通常都有一个比较缓慢和长期的过程,抑郁症的患者从出现抑郁情绪到最终发展成为抑郁障碍,通常会经历一段较长的时间。

(二)心理危机的特征

1.心理危机是外部的刺激事件和当事人的心理状态共同作用的结果

心理危机通常是由于当事人的心理状态或心理资源严重不能适应和应对危机事件或危机情境而造成的。心理危机意味着当事人通常并不具备有效应对和解决危机事件的条件,不掌握应对危机的方法和资源,也不具有相应的素质和能力。或者反过来说,是由于危机事件本身的严重性超出了大多数人的应对条件和应对能力,从而导致当事人无力应对的情况。

2.危机情境的发生通常具有不可回避性

造成心理危机的事件结果和情境往往具有不可逆性,导致当事人不能回避危机事件的严重后果以及给自身带来的严重痛苦。如地震造成的人员伤亡是不可挽回的,地震的幸存者在客观上无法回避亲人亡故这样的现实结果。

3.心理危机通常是在短时间内爆发的剧烈心理冲突

由于心理危机事件具有偶发性,当事人通常并不能事先预料和进行掌控,因此心理危机的发生通常也是在短时间之内出现的,需要当事人在较短的时间内应对严峻的挑战,无论是从现实物质资源还是心理资源的准备上都会造成严重的困难。

4.心理危机会导致个人强烈的消极情绪体验

由于心理危机通常是一个人很少遭遇到的极端情况,当事人也缺少应对心理危机的现实条件和心理准备,因而心理危机会导致个人强烈的消极体验,如强烈的恐惧感、强烈的绝望感、强烈的无助感、强烈的失控感、强烈的挫败感等。

5.心理危机会导致个人出现严重的认知困难

在心理危机的状态下,由于在短时间内遭受严重的心理刺激和挑战,当事人出现强烈的消极情感体验的同时,也会出现严重的认知狭窄,即俗话说的"钻牛角尖"。当事人会出现绝对化、过分概括化、灾难化的非理性认知,过于强调和重视危机事件造成的后果,甚至放大危机事件造成的消极影响。也可能由于巨大的心理刺激而出现意志减退、精神涣散、思维迟缓等情况,导致当事人不能运用理性进行客观分析和判断。

6.心理危机往往带来个人人生价值的毁灭感

心理危机事件往往会对个人人生的基本态度、基本观念、根本目标等造成危险和毁灭。人生价值和人生目标通常是一个人活着的根本动力,同时又是因人而异的。人生价值和人生目标在人生的不同阶段也是在发展变化的,但造成心理危机的原因通常与人生价值和目标受到打击有重要关联。

小阅读

徐玉玉案

徐玉玉(1998—2016),女,山东省人。2016 年 8 月 21 日,因被诈骗电话骗走上大学的费用 9 900 元,她伤心欲绝,郁结于心,最终导致心脏骤停,虽经医院全力抢救,仍不幸离世。徐玉玉案发生后,在全国引起强烈的反响。

2016 年高考,徐玉玉以 568 分的成绩被南京邮电大学录取。8 月 19 日下午 4 点 30 分左右,她接到了一个陌生电话,对方声称有一笔 2 600 元助学金要发放给她。在这个陌生电话之前,徐玉玉曾接到过教育部门发放助学金的通知。"18 日,女儿接到了教育部门的电话,让她办理了助学金的相关手续,说钱过几天就能发下来。"徐玉玉的母亲李自云告诉记者,由于前一天接到的教育部门电话是真的,所以当时他们并没有怀疑这个电话的真伪。按照对方要求,徐玉玉将准备交学费的 9 900 元打入了骗子提供的账号。发现被骗后,徐玉玉万分难过,当晚就和家人去派出所报了案。让孩子父亲备感后悔的是,自己最后向民警询问"钱还能不能追回来",民警回答"会尽力,但是可能性不大"。他认为,可能是这个问题刺激到了本已非常自责的徐玉玉。在回家的路上,徐玉玉突然晕厥,不省人事,后虽经医院全力抢救,仍没能挽回她 18 岁的生命。

(资料来源:央视财经)

(三)心理危机过程的三个阶段

心理危机过程通常具有以下三个阶段:

1.震惊与逃避阶段

在此阶段,处于危机中的人是麻木、迟钝、否定现实、震惊的。在大地震中,人们被从废墟中救出来时,基本上都是面无表情、麻木、呆滞的。

2.面对与瓦解阶段

当处于危机中的人经历一定的心理过程后,从灾难中反应过来时发现事实现状发生的改变,他们似乎明白了什么,可是又不想放弃失去的一切。这时用愤怒、退缩、焦虑、内疚、讨价还价、思念来维持心中的希望,灾难使他们冲动,无法想象失去这些之后会是什么样子。

3.接纳与重整阶段

在发现这些都没有办法再改变时,人们开始转变,寻求突破,重新认识自己,重新进行新生活,这时的生活适应、自我认识将决定一个人怎么进行此后的生活。

在心理危机的不同阶段,人们会有不同的需求,危机干预也有不同的任务:第一阶段重要的任务是体验失落,让危机中的人在专业人员的陪伴下认识现实;第二阶段的重点在于重新体验悲痛,进行不良情绪的宣泄、释放或减轻心理负担;第三阶段着重于自我认知,以优势视角开始自己的新生活,激发潜能、自我合理定位,都将是十分重要的帮助。总之,对处于危机中的人们进行干预应该与阶段特征相符合。在不同的阶段使用不同的专业方法,可帮助他们最终进入正常的社会功能状态。

三、心理危机的常见表现

心理危机的性质和特征,使得心理危机在通常情况下可能出现一些外在的表现,对于正在遭受心理危机的人而言,如果想要掩饰自己内心的痛苦和挣扎往往是不容易的,了解了心理危机的常见表现,我们就有可能在危机发生时识别它们。

1.显著的情绪变化和反应

通常而言,在心理危机状态下,当事人由于正在经历前所未有的痛苦,因此会出现比较显著或强烈的情绪反应,如悲伤、哭泣、忧虑、紧张、情绪崩溃等。也可能因为受到精神的巨大压力而处于应激状态,表现出应激反应,如容易激动,易激惹,与人发生争执,或者将愤怒指向外在的人或物,表达对周围人的失望,控诉命运和社会的不公,或者摔东西,虐待动物等。同时,也可能将愤怒指向自身,表达对自己的愤怒,自责,认为自己无能,应该受到惩罚等。

2.认知反应极端化

在心理危机的状态下,个人由于处于强烈的情绪体验中,往往会出现认知上的偏激或狭窄,即通常所说的失去理性。当事人可能出现严重的偏执观念,表现出比较显著的绝对化、过分概括化、灾难化的非合理信念,也可能思维迟缓,心不在焉,无法思考,对周围的人或事物反应冷淡,漠不关心等。

3.社会功能的显著损伤或行为改变

在心理危机状态下,当事人不仅处于强烈的消极体验中,还容易沉浸在自己的偏执观念中,对当事人的正常现实生活造成困难和影响。例如,回避与人交流和交往,一个人独处,拒绝他人关心,长时间地独自思考,甚至轻率地做出辞职、退学等重要人生选择。也可能出现离家出走、逃学、独自远行等反常的行为,以及生理功能的显著改变,如失眠、厌食、拒绝进食等。

4.自杀意图的表露

在心理危机的状态下,当事人容易出现悲观、厌世的心态,出现轻生的念头,反复思考死亡,表露出自杀的意图。表露自杀意图的途径有很多,例如,写下遗书,在言谈中流露悲观厌世的想法,主动和周围人谈论生死,将自己珍爱的物品转赠他人,等等。

四、心理危机的结局

当人们在面对重大自然灾难、失去亲人和面对成长危机时,都会产生社会适应不良、心理功能下降,出现认知偏差、情绪不稳定等症状,特别是面对重大自然灾难时,人的心中充满了恐惧、惊慌、焦虑、无助、挫折感、脆弱感等,影响情绪。心理危机是一种正常的生活经历,并非疾病或病理过程,每个人在人生的不同阶段都会经历危机。由于处理危机的方法不同,结局也不同。一般有四种结局:

第一种是有效地应付危机,顺利度过危机,获得经验和成长,并学会了处理危机的方法和策略,提高了心理健康水平。

第二种是度过了危机但留下心理创伤,影响今后的社会适应;暂时度过危机但并没有真正将危机造成的影响解决好,而是遗留下来一些认知、行为、人格方面的问题等,以后在一定条件下会再次浮现。

第三种是禁不住强烈的刺激,导致物质依赖与滥用、自伤自毁、自杀、攻击等。

第四种是未能度过危机而出现严重心理障碍,心理矛盾冲突激烈难以解决,心理状态严重失调,危机的表现与处于急性或延迟性应激障碍的患者类似,精神面临崩溃或精神失常,或发生心理障碍。

五、创伤后应激障碍

创伤后应激障碍(PTSD)是指个体经历、目睹或遭遇到一个或多个涉及自身或他人的实际死亡,或受到死亡的威胁,或严重受伤,或躯体完整性受到威胁后,所导致的个体延迟出现和持续存在的精神障碍。PTSD 的发生与很多因素相关联,这些因素主要分为家庭、社会心理因素(如性别、年龄、种族、婚姻状况、经济状况、社会地位、工作状况、受教育水平、应激性生活事件、个性特征、防御方式、童年期创伤、家庭暴力、战争、社会支持等)和生物学因素(如遗传因素、内分泌因素、神经生化因素等)。其中重大创伤性事件是 PTSD 发病的基本条件,具有极大的不可预期性。

PTSD 的核心症状有三组,即创伤性再体验症状、回避和麻木类症状、警觉性增高症状。但儿童与成人的临床表现不完全相同,且有些症状是儿童所特有的。

创伤性再体验症状。主要表现为患者的思维、记忆或梦中反复、不自主地涌现与创伤有关的情境或内容,也可出现严重的触景生情反应,甚至感觉创伤性事件好像再次发生一样。

回避和麻木类症状。主要表现为患者长期或持续性地极力回避与创伤经历有关的事件或情境,拒绝参加有关的活动,回避创伤的地点或与创伤有关的人或事,有些患者甚至出现选择性遗忘,不能回忆起与创伤有关的事件细节。

警觉性增高症状。主要表现为过度警觉、惊跳反应增强,可伴有注意力不集中、激惹性增高及焦虑情绪。

其他症状。有些患者还可表现出滥用成瘾物质、攻击行为、自伤或自杀行为等,这些行为往往是患者心理行为应对方式的表现。抑郁症状也是很多 PTSD 患者常见的伴随症状。

儿童PTSD的症状特征。儿童的创伤性再体验症状可表现为梦魇，反复再扮演创伤性事件，玩与创伤有关的主题游戏、面临相关的提示时情绪激动或悲伤等；回避和麻木类症状在儿童身上常表现为分离性焦虑、黏人、不愿意离开父母；警觉性增高症状在儿童身上常表现为过度的惊跳反应、高度的警惕、注意障碍、易激惹或暴怒、难以入睡等。而且不同年龄段的儿童其PTSD的表现也可能不同。

根据目前的循证医学，心理治疗是根治PTSD最为有效的方法，常用于PTSD的心理治疗有认知行为治疗、催眠治疗、眼动脱敏再加工、精神分析疗法等。药物治疗对于缓解患者的症状、加强心理治疗的效果是肯定的，两者的联合使用应该成为第一选择，目前首选治疗药物为SSRIS，其中，舍曲林、帕罗西汀、氟西汀具有较好的疗效。PTSD一般在精神创伤性事件发生后数天至6个月内发病，病程至少持续1个月以上，可长达数月或数年，个别甚至达数十年之久。其中病期在3个月之内的称为急性PTSD，病期在3个月以上的称为慢性PTSD，而若症状在创伤性事件后至少6个月才发生则称为延迟性PTSD。若在创伤性事件发生后能通过一些心理评定工具来初步评定个体的心理健康状况，将有助于筛选出PTSD高危人群，从而有针对性地对高危人群提供有效的干预策略。

第二节　心理危机的应对

突如其来的灾难，无论是自然的还是人为的，都会给人带来巨大的心理压力。每一个人在面对重大变故时都不可避免地会出现这样的情况，这是一种自然的反应，对于大部分的人来说，危机反应无论在程度上还是时间上，都不会带来生活上永久的或者是极端的影响，他们需要的只是花时间去恢复对现状和生活的信心，加上亲友间的体谅和支持，就能逐步恢复。但是心理危机过强，持续时间过长，会降低人体的免疫力，出现非常时期的非理性行为，对个人而言，危机不仅会导致个人认知、情绪、行为的失调，而且轻则危害个人健康，增加患病的可能，重则出现攻击性和精神损害，造成个人社会支持网络的破坏或缺失和个人生活资源的减少，影响到个人与社会的交往，以及个人身体健康。

知识直通车 ……

一、心理危机干预的含义

心理危机干预一般是指通过专业、有效的方法对当事人的心理危机进行应对和处理的系统性工作。心理危机干预包括心理危机的预警和干预两个步骤。心理危机干预通常需要专业的机构和人员才能进行。一般而言，高校的心理咨询中心同时承担着对学生进行心理危机干预的任务，一些医院也会设立专门从事心理危机干预的机构，一些地方会通过设立心理危机干预热线电话（自杀干预热线）为遭受心理危机的人提供专业指导和帮助。

然而,必须要认识到,心理危机干预是一项具有很强的系统性和专业性的工作,需要家庭、专业机构和人员(如医院或高校的专业机构及人员)、社会全方位的配合,才能形成有效的心理危机干预。

二、心理危机干预的目标

心理危机干预的目标并不仅仅是保护当事人的生命安全,而是要在保护当事人生命安全的前提下,帮助当事人恢复健康的心理功能,促进当事人心理成长和心理素质的提升。具体包括以下三个层级的目标:

1. 最低目标

心理危机干预的最低目标是使处于危机中的个体重新获得心理控制,避免自伤或伤人。通常需要一些外在的干预措施对当事人进行保护性的控制,如不允许当事人独自外出,行动时必须有人在身边陪护和照看等。

2. 中间目标

心理危机干预的中间目标是让受助者恢复心理平衡,恢复到危机发生前的功能水平。例如,缓解当事人的消极情绪,对当事人可能存在的心理问题和心理障碍进行心理咨询和治疗。

3. 最高目标

心理危机干预的最高目标是使受助者达到高于危机前的功能水平,促进人格成长。帮助当事人能够从心理危机中获得新的人生体验和认识,提升当事人应对挫折的能力,提高其心理素质。

三、社会支持系统在心理危机应对中的重要作用

除了需要专业人员和机构对心理危机的当事人进行自杀风险评估、心理健康评估、心理咨询和心理治疗外,社会支持系统在心理危机应对的过程中往往发挥着至关重要的作用。

社会支持系统是指个人所处的社会环境和人际环境所能够提供支持性帮助的系统。社会支持系统可以分为心理支持系统和现实物质支持系统。

心理支持系统主要是情感支持系统,包括家庭情感支持系统和社会情感支持系统。家庭情感支持如家人向当事人提供的信任、关心、理解、包容、鼓励等。社会情感支持既有当事人周围的朋友、学校、单位同事等的情感支持,也包括社会观念、社会文化、群体价值观等。

现实物质支持是指当事人能否获得现实问题和困难的解决和帮助,如获得经济、物质上的援助,帮助当事人处理现实困境等。

在社会支持系统中,家庭支持是影响心理危机干预的最重要的因素。家庭情感支持是家庭支持系统中最关键的因素。家庭成员和心理危机当事人长期以来的情感质量是影响家庭情感支持系统的核心。家庭情感支持主要来源于父母、配偶(恋人)、子女、兄弟姐妹,或者其他重要亲属。

四、心理危机的应对常识

（一）在心理危机应对过程中的常见误区

现实中，由于缺少专业的指导，加上一些过去的旧观念和文化的原因，人们很容易对自杀产生误解甚至敌意，常见的误区有：

误区1：向当事人主动询问自杀或谈论自杀会促进当事人的自杀行动。

这是一个常见的误区。

根据调查研究，大多数想帮助处在心理危机中的人，普遍担心自己如果主动询问当事人是否存在轻生的念头，会对当事人造成某种自杀的暗示或提醒。其实，出现自杀的想法不一定会导致出现自杀的行动，真正会导致当事人出现自杀行动的情况通常要严重得多。虽然人们担心一些自杀事件可能会因为形成一定的社会影响而造成"传染"，但造成自杀事件的原因并不是因为人们对自杀事件和自杀者的"关注"，而是人们在关注这一事件过程中所表现出的态度。

在询问当事人是否有自杀倾向的过程中，询问者的态度是重要的因素，询问者以诚恳的、关心的态度询问当事人是基本的原则，不能以调侃、玩笑、讽刺的态度询问当事人的自杀倾向。

误区2：反复出现自杀倾向的人一般不会真的自杀。

这是一个常见的误区。

相关研究显示，大多数自杀成功者通常都不是第一次采取自杀行动，很多自杀都是反复行动的结果。由于未能受到有效的干预，很多自杀者可能长期伴随心理或精神疾患的困扰，如抑郁障碍、双相情感障碍、边缘人格障碍等心理疾病，患者会反复出现自杀的意念和冲动，而这一意念和冲动并不是当事人自己可以控制的想法和行动，甚至不是当事人主动愿意做出的。因此，对于自杀者而言，每一次自杀的尝试都不是在"威胁"或者"表演"。即便在一些特殊情况下，当事人可能存在以死亡威胁的心理动因，但其行为的危险性是不可否认的，如服用过量药物、站在高楼的危险处等，这些行为很有可能因为一时的不慎造成不可挽回的后果。因此，并不能认为一个人曾反复尝试自杀就对其放松警惕，甚至轻视或蔑视这种行为。

误区3：自杀是懦弱和不负责任的表现，应该受到批评和指责。

这是一个常见的误区。

如前所述，导致心理危机的原因通常是多方面的，当事人所遭遇的现实性的危机情境是不可忽视的重要因素。心理危机状态下的自杀者往往存在难以应对困难的现实原因，如公司破产的商人可能因为负债而终身贫穷，这些现实的困难不一定是可以改变的。因此，自杀者通常都是承受了超乎常人的巨大困难和挑战才做出极端行为，并不是简单的逃避和软弱。此外，尽管一些人，特别是青少年的自杀行动容易被人们认为是"轻率"的举动，但那也是由于当事人受到自身心理状态的局限导致的，对当事人而言，其已经经历了极限考验，并不能用"懦弱"和"不负责任"进行简单的解释，更不应该对当事人进行道德谴责。

误区 4：自杀完全是个人权利和意愿，外人无法干涉，也不应该干涉。

这是一个常见的误区。

一些人认为自杀是当事人自己的权利，这的确是一个复杂的伦理问题。如果自杀是个人权利，但行使这项权利会带来什么好处？如果自杀的行为并不能给当事人或者周围的人带来"好处"，那么强调这种个人权利就是没有价值和意义的。因此，自杀从任何角度看都不应该是一件值得鼓励和肯定的行为。人们也并非对自杀行为无法进行干涉，对自杀行为的关注和干涉才是一个社会和个人文明进步的表现。

误区 5：自杀之前通常是毫无预兆的，无法事先发现和预警。

这是一个常见的误区。

研究显示，大多数自杀者的自杀行动都不是毫无预兆的，相当多的自杀者会通过各种各样的方式表露出自杀的意图。通常导致无法事先发现其自杀征兆的原因与周围人的忽视，以及自杀者缺少必要的人际关系有关。

误区 6：自杀者通常都出现了错误的思想，需要对其错误思想进行教育和纠正。

这是一个常见的误区。

自杀并不是单纯的"思想"问题，虽然心理危机状态下一个人可能会出现认知狭窄的情况，但这通常被理解为心理危机的结果，而不是导致心理危机的原因。导致心理危机的原因是多方面的，认知因素只是其中之一。过分地强调认知因素的作用，其实是忽视了当事人的情绪感受、现实困境，这对当事人而言是不公平的。此外，要让一个人对生命的看法和态度发生一些基础性的改变，也并不是对其进行思想教育就可以实现的。任何所谓错误观念的纠正都必须建立在当事人情感投入的基础上，人的理性和感性是无法进行简单割裂的。因此，在应对心理危机的过程中，情感的支持和投入要比纠正当事人的"错误"思想更重要。

（二）心理危机应对的基本思路

如果发现身边有人可能正处在心理危机的情况下，可以按照如下的思路进行处理。

1. 主动关心，表达关切

如果身边有人可能处于心理危机的情况，最直接、有效的方式是正面地询问对方的情况，表达对他的关切，初步地确认和判断对方是否遇到了麻烦。

就判断和了解一个人的心理状态而言，没有任何其他方式会比正面地询问情况能够更加准确地获得信息。除了直接向当事人正面沟通和了解，没有任何外部的工具和手段可以让询问者对情况做出准确判断。仅仅通过观察对方的行为来推测对方的心理状态是不可靠的。在主动问问的过程中，请确认自己并没有想要拿对方开玩笑的意思,自己只是想看看对方是不是需要帮助,以及如何帮助到对方。

2. 倾听共情,避免说教

在对方倾诉的过程中,请尽量耐心地倾听,不要对对方的看法、想法、情绪做出评价。对于心理危机的当事人而言,能够有一个人愿意倾听他/她的心声,这才是最重要的。

共情的意思是试着设身处地地理解对方的感受。也就是说,换位思考,如果是自己处在对方的位置上,遭遇了相同的境遇,自己是否会出现相似的反应。即使对方的感受是夸大的,那也可能是当事人的情绪长期积累的结果,而自己只看到或听到了他现在的样子和状态。

因此,尽可能避免简单说教和"讲道理"。过分地否认当事人的情绪感受,试图用"讲道理"甚至"批评"的方式来扭转当事人的"思想"可能是徒劳的。另外,过于强调理性的结果可能会让对方感受到询问者对其情绪的否认和拒绝,可能会让对方觉得询问者其实是在"推开"他/她,这对一些当事人而言可能会成为"压死骆驼的最后一根稻草"。

3. 表达理解,投注希望

理解意味着承认当事人情绪感受的合理性,以及部分地承认当事人行为的合理性。人类是复杂的感情动物,没有什么情感是平白无故地出现的,只是有些时候当事人自己都不一定能够准确地表达。另外,在心理危机状态下,当事人可能做出的一些极端行动,是一种应激状态下的短暂失控表现,正常人都可能出现。此外,可鼓励当事人试着坚持承受痛苦,并强调对未来出现转机的希望。心理危机的状态下,一个人的确承受着巨大的痛苦,但这种痛苦往往并不会长时间地持续下去,随着时间的推移,大多数情况下痛苦的程度都会减弱,这个减弱的时间可能是几个小时,可能是一两天,总之不会太久。

4. 当机立断,及时求助

这是最重要的一条,要帮助处于心理危机中的人,无论是对专业人士还是普通人来讲都是一项艰巨的挑战。心理危机的干预在任何情况下都不是一个人可能完成的任务,因此,向专业人士求助永远是第一选择,如果联系不到专业人士,那就应该首先考虑向更有力量的人求助,如家长、老师、警察等。帮助当事人向他人求助,很多时候需要我们自己替当事人做出决定,不能依赖当事人自己主动求助,因为在心理危机的状态下,当事人很可能已经失去向他人求助的能力和意愿。

(三)心理危机当事人自助策略

如果当事人刚刚经历了一件不幸的事情,它给当事人造成了巨大的痛苦,或者当事人发现自己正因长期的精神压力等原因出现了轻生的意念,并且感觉到自己有些失控,可以按照如下方法进行心理危机自助。

1. 向身边的人或专业人士求助

虽然自己可能并不觉得在日常生活中被人关心,但是当真正遇到困境的时候,请相信身边的每个人都会心存善意,没有人愿意看到自己身边的朋友、亲人、同学、同事,哪怕只是一个陌生人白白逝去。

有条件的话应该尽可能向专业人士求助。他们通常会更加理解自己的处境,这样可减少一些自己在沟通和求助过程中的痛苦。

2. 告诉对方自己的想法和处境

绝大多数情况下,他人的"冷漠"只是因为对方并不清楚自己的真实处境,特别是自己内心的状态。有些时候需要直白地告诉对方自己所面临的困难,最大的困难莫过于自己发现自己出现了想要结束生命的冲动,并且这样的冲动正在变得不受控制。这时候应该如实告诉对方自己的冲动。

3. 任何问题都有比自杀更好的解决方式

要知道自杀不是解决任何问题的好的方式。自杀一定会毁灭自己,但是自杀不一定会引发别人的重视。反之,如果默默地选择了结束自己的生命,大多数情况下留给生者的都只是他们深深的疑惑和不解。

4. 借助精神力量,让自己挺过去

没有谁的人生是一帆风顺的,人生不如意之事十之八九!从古至今,许多名人都有过痛不欲生的经历,但他们都挺过来了,为我们留下丰富的精神财富。这时候不妨用古往今来的名人来激励自己,比如被宫刑的司马迁、多次被贬的苏轼、生来残疾的尼克·胡哲……让他们成为我们精神的榜样,心中生出活下去的力量。每个人都会有人生低谷,死并不能解决问题,只会给在意自己的人带来更大的伤痛。

5. 思考活着的意义

对于一个绝望中的人而言,绝望通常是因为他对某个人、某件事、某种情感抱有巨大的希望,而希望却最终破灭了。例如失去亲人,失去信任,失去爱,有的人便觉得失去了活下去的价值和意义。但是不妨思考一下,我们人生的意义仅此而已吗?好不容易拥有一次生命,来这美丽的世界走一遭,难道我们就这样离开吗?

6. 自己并不是失败者

有些绝望是疾病造成的,并不是个人的原因,反过来,绝望恰恰说明自己是受害者。虽然自己正在经历绝望,但自己并不是失败者。如果自己能挺过最痛苦的时间,将会发现绝望给自己带来了对人生透彻的醒悟和理解,而这将完全可以成为自己超越一般人的精神财富,因为并不是所有人都会认真考虑如何面对死亡这样一个终极问题。

心晴加油站

当朋友有自杀倾向时怎么做?

如果你怀疑一个朋友或家人有自杀倾向时,你应该做什么?抑郁和双相障碍支持联

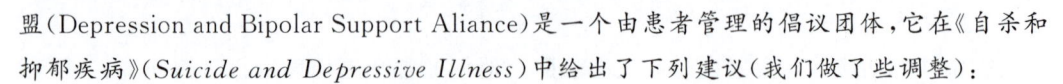

盟(Depression and Bipolar Support Aliance)是一个由患者管理的倡议团体,它在《自杀和抑郁疾病》(*Suicide and Depressive Illness*)中给出了下列建议(我们做了些调整):

1.认真对待此人。尽管绝大多数表达自杀想法的人都不会企图自杀,但是大多数实施自杀的人都在自杀之前与朋友或家人交流过他们的自杀意图。

2.获取专业帮助。打自杀危机干预热线、110或任何其他专业的心理健康保健组织。

3.表达关切。具体地告诉这个人为什么你认为他有自杀倾向。

4.给予关注。仔细倾听,保持目光接触,用身体语言来表明你正在关注着这个人所说的一切。

5.直接询问这个人是否有自杀的计划,如果有,这个计划是什么。

6.认可这个人的感受而不加以评判。例如,你可以说一些类似这样的话,如"我知道你现在真的感觉很糟糕,但是我想帮助你熬过去"或"我还没有完全理解你的感受,但我想帮助你"。

7.安慰这个人事情会好转。强调自杀是对暂时性问题的一个不可逆转的解决方案。

8.不承诺保密。你需要自由、主动地联系精神健康专业人士,准确告诉他们正在发生的事情。

9.确保这个人无法获取刀具、以前的药物和其他自我伤害手段。

10.可能的话,不要让这个人独处,直到把他交给专业人士。如果需要就陪同他到急诊室。如果他要住院或接受其他治疗,继续跟进以显示你的关心。

11.照顾好自己。与有自杀倾向的人沟通是极具压力和令人烦恼的。与你信任的人谈论这件事,可以是朋友、家人或咨询师,尤其是当你担心要如何处理这个情境或发现自己再次处于这个情境时。

(四)危机中的机遇

古话讲,危机危机,危中藏机,在每一次危机中都暗藏着可能的机遇,在历史的长河中我们也总能看到"塞翁失马,焉知非福"的智慧。那些化险为夷的故事是怎样发生的呢,是上天给他准备好的吗?不是,是每一个处在危机中的人转换思维,跳出危险灾难带来的痛苦感受,迅速地发掘资源,积极自救的!他们能够逆天改命是因为他们积极阳光的心态和个性品质!

实训中心

课堂微情景剧:请同学们分组利用课余时间排练一个十分钟左右的心理情景剧,模拟你身边一个亲人或朋友出现心理危机,由你或其他人进行干预的情景,排练成功后在班级里进行演出。

智慧起航······

1. 说一说,心理危机和心理障碍有什么区别?
2. 假如你身边的朋友说他有轻生的冲动,这个时候你会怎么办?

知识小铺······

1. 心理危机是指个体在遇到突发事件或面临重大的挫折和困难时,当事人不能使用自身资源进行有效应对而出现的严重心理失衡。简而言之,心理危机是指一个人的心理状态处于可能给自己造成严重身心损害的危急或危险状态。

2. 心理危机可以通过当事人的情绪反应、认知反应、社会功能变化和自杀意图表露等方面进行识别。

第二篇
探索未知的自己

第四章 自我意识

我是谁,我是怎么样的人?别人怎么看我?这个问题困扰着无数大学生。人们关于自我的思考从古至今就没有停止过,大学生们迫切地想要成为自己,但又迷茫找不到方向。我们该如何认识自己,调整自己,实现自我的心灵成长?现在让我们一起走入本章的学习。

学习目标

1. 了解自我意识的定义、内容、结构、影响因素。
2. 学会客观多视角的评价自我。
3. 能够调整自我意识的偏差。
4. 悦纳自我,做一个自尊、自信、自爱的人。

第一节 自我意识概述

烦恼杂货铺

考入高职高专院校的田某,下决心开始认真学习。他积极参加学校的各种社团活动,并加入了学生会,每天忙得不可开交。但渐渐地田某有些迷茫了,他问老师:老师,你说人活着有什么意义呢?每天忙忙碌碌的,到底是为了什么呢?家长把我送到学校来就为了让我能学好,将来好找工作。可是我今天的忙碌真的能带给我一个好工作吗?有了好工作生活就一定幸福吗?

小刚进入大学一个月后,开始渐渐熟悉大学的环境和周围的老师、同学,陌生感、孤独感慢慢褪去,迷茫感却又布满心头,每天宿舍、食堂、教室,三点一线的生活,忙碌紧凑却又空虚,看似很忙,心里却是很迷茫的。我学的专业是干什么的?将来毕业能干什么?我以后打算做什么工作?我是个什么样的人?小刚问自己。

你是否也曾有过这样的疑问,我们到底是怎么样的人?可以成为什么样的人?这个是自己可以决定的吗?我存在的价值是什么?或者存在需要有价值吗?如果觉得没价值是不是就没必要活着了,这个问题的答案到底是什么呢,什么才是正确答案呢?

大学生之所以会有这样那样的问题,其中一个很重要的原因是,没有明晰的自我意识。这些问题也许一千个人心中有一千个不同的答案,但其实无论答案是什么,只要有自己的答案,这个答案能解决自己的迷茫、困惑就是自己的正确答案,不必与他人相同。沿着内心的答案去走自己的路,你会坚定且义无反顾!

知识直通车

一、自我意识的定义

意识是指清醒、警觉、觉察、注意等。日常生活中,我们会有意识地觉察到他人对我们正在做的事情进行观察、评价和反应,从而产生一种自我感。这些不同的心理活动构成了意识的内容——在特定时刻你有意识地觉知到的所有经验。

自我意识是一个人在成长过程中逐步形成和发展起来的,对自我以及自己与周围环境关系的多方面多层次的认知、体验和评价,是个体关于自我全部的思想、情感和态度的总和,是个体意识发展的高级阶段,包括自我的生理情况(如身高、身材、形态等)、心理特征(如能力、气质、性格、兴趣等)及人际关系(如人己关系、群己关系等)三个层次的认识。简而言之,自我意识就是自己对于所有属于自己身心状况的认识,是一个人对自己以及自己与周围世界关系的认识,尤其是人己关系的认识。

自我意识的出现,不是意识对象和意识内容的简单转移,而是人的心理区别于动物心理的基本标志,作为个性的重要组成部分,是个性形成水平的标志,是人的心理发展进入的一个全新的阶段,是个体社会化的结果,是人类特有的高级心理活动之一。

二、自我意识的内容

(一)生理自我、心理自我、社会自我

从自我意识的定义来看,自我意识包含三个方面的内容:生理自我、心理自我和社会自我。

1.生理自我

生理自我是最原始的形态,是个体对自己生理状况与特征的意识,如对自己的身高、体重、容貌、身材、性别等的认识和评价、态度体验,以及对生理病痛、温饱饥寒、劳累疲乏等的体验。我们对生理自我的意识,使一个人把自我和非我区别开来,意识到自己的生存

是依托于自己的躯体的,生理自我是与生俱来的,随着自我意识的成长,我们会逐渐对生理自我有一个明晰的看法与正确的认识。

2.心理自我

心理自我是指对自己的知识、能力、情绪、兴趣、爱好、性格、气质、抱负、理想、信念、世界观、人生观、价值观等的认识、评价和体验。比如我的逻辑思维能力、动手能力、记忆能力等是强还是弱,做事果断还是犹豫等。心理自我是随着年龄、阅历、文化水平、心理水平的发展而逐渐成熟的,在自我意识的发展中起着重要的作用。

3.社会自我

社会自我是个体对自己在社会关系、人际关系中的角色意识,即个体对自身与世界客观事物关系的认识、评价、态度、体验和愿望,包括个人对自己在客观环境及各种社会关系中的角色、地位、权利、义务、责任等的意识。比如是否受人尊重和信任、在集体生活中举足轻重还是无足轻重,这是我们对社会自我的意识。人在出生后,从进入幼儿园,便开始了自己的社会化进程,以后陆续进入小学、中学、大学,到踏上社会,社会化进程逐渐加深。社会自我也渐渐体现出它在自我意识中的重要性,成为影响个体自信力越来越重要的因素。

(二)现实自我、投射自我和理想自我

现实自我就是个体从自己的立场出发,对自己当前总体实际状况的基本看法。投射自我也称镜中自我,是个体想象自己在他人心目中的形象或他人对自己的基本看法。理想自我则是指个体想要达到的比较完美的形象。从自我观念存在的形式来看,现实自我是一种能被人感知到的客观存在,而投射自我和理想自我是在个体大脑中的一种主观存在,容易受到个体的主观因素影响,往往不稳定、易变化。研究表明,当现实自我和投射自我相一致时,个体会产生加快自我发展的倾向,反之,个体会感到别人不理解自己,或试图改变现实自我,当理想自我建立在个体的实际情况基础之上,且符合社会要求和期望时,它就会指导现实自我积极适应并作用于内外环境,从而使自我意识获得快速发展。反之,如果理想自我、现实自我和投射自我三者之间有矛盾,就会引起个体内心的混乱,甚至会引起严重的心理疾病。

总之,自我意识不是个别的心理机能,而是一个完整的、多维度、多层次的心理系统。自我意识是个体心理的调节结构,是一个人对自己的认识、体验和控制,体现着个人的成熟度,决定着一个人个性心理的发展水平。

三、自我意识的结构

从结构上划分,自我意识由自我认识、自我体验和自我控制三个心理成分构成,这三种心理成分相互联系、相互制约,统一于个体的自我意识之中。

1. 自我认识——我是一个怎样的人

自我认识是自我意识的认知部分,是主观自我对客观自我的评价,包括自我感觉、自我观察、自我印象、自我分析、自我评价等。如图4-1所示。

```
                    自我意识
                       |
        ┌──────────────┼──────────────┐
     自我认识         自我体验         自我控制
        |              |                |
   自我感觉      自我感受、自爱、自尊、    自立、自主、自制、
   自我观察      自信、自卑、责任感、    自强、自卫、自信、
   自我印象      义务感、优越感等        自律
   自我分析
   自我评价
```

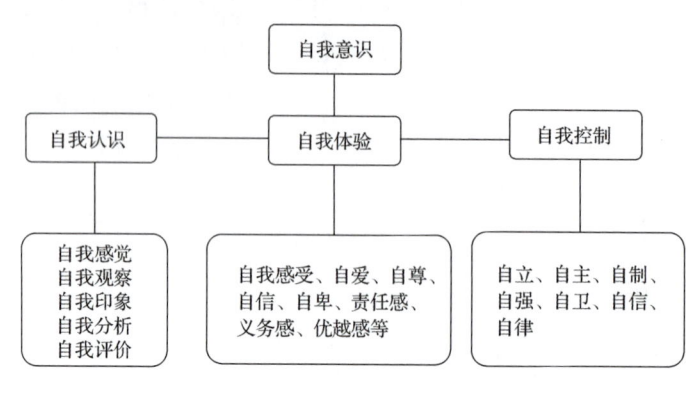

图 4-1 自我认识

自我认识解决"我是一个什么样的人"的问题,比如有人观察自己的形体,认为自己属于"健壮型";分析自己的人际交往,认为自己是热情友善的;用批评的眼光审视自己时,觉得自己脾气暴躁、容易冲动等。可见,自我认识涉及个人的自我感觉、自我观察、自我分析和自我评价等活动,自我认知层面上还包含现实自我与理想自我的冲突。特别是大学生群体们,他们的理想自我一般都比较完美,高于现实自我,在实际中就会出现对现实自我的不满意,表现出自卑甚至自弃。进行客观、正确的自我评价是一个复杂、毕生的过程,人的自我发展也是一个连续的、终生的过程,对自我的认识是人类永恒的主题。

2. 自我体验——我这个人怎样,我是否接受自己

自我体验是通过认识和评价而表现出来的情绪上的感受,是在自我认识的基础上产生的,而自我体验又强化着自我认识,主要集中在"是否悦纳自己""对自己是否满意"等方面。自我体验的内容十分丰富,包括自我感受、自爱、自尊、自信、自卑、责任感、义务感、优越感等。在人的生活体验中,不仅有肯定的情绪体验也有否定的情绪体验,而且还要按照自己在社会中的地位或角色体验多种不同的情绪。

心灵疗愈坊

小勇是某大专院校的大一学生,父母在外务工。从上大学以来小勇便觉得上学没用,因为自己成绩不好,又没什么能力,感觉上个大专出来根本找不到工作。小勇觉得自己长相普通,没有什么优点、特长,也不讨人喜欢。他觉得周围的人都看不起自己,因此也不愿理会别人,对人冷漠,缺乏热情,总是独来独往。总之,小勇感到大学生活非常没有意思,没有任何快乐,好多次想要退学。心理咨询老师与其经过认真的沟通发现,小勇是典型的

自我意识混乱,不能形成正确的自我概念和适宜的自我评价,自我体验负性否定,从而导致心理失衡,出现心理问题。经过一段时间的心理咨询,小勇重新审视了自己,纠正了以往的错误认知,以饱满的热情投入到了学习和生活中。

3. 自我控制——我应当成为一个怎样的人

自我控制是主体对自身心理行为的主动掌握。自我控制表现为意志方面,就是对自己的思想、言语行为和活动的控制和调节,从而了解自己在达到自我期望的目标的过程中,采取哪些手段来克服外部障碍与内部困难,采取什么手段来实现自己的决定。包括自立、自主、自制、自强、自卫、自信、自律。其核心内容是"我将如何规划自己的人生"。自我控制是自我中的最高阶段,其核心是"我应该做什么""我应该成为什么样的人""我可以选择如何做"。我们经常讲的"自制力"其实就是自我控制的能力。自我控制是自我意识的关键环节,"知"与"行"之间有很长的路,大学生常常心动而不行动,事实上心动是一件容易的事,而真正历练意志则需要更多自我控制。比如一个很常见的例子:早晨起床,应当是一件最简单不过的事,但对懒惰者而言,也是需要意志的,特别是寒冷冬天的早晨,想想被窝里的温暖,再想想起床后跑早操的痛苦,所以要进行思想斗争,而当意志成为一种习惯时,自我控制便转变为"自动化"。

心理学研究表明:自我控制与大脑额叶的发展紧密相关,当我们生理正常时,自我认识与自我体验决定了自我控制,大学生通过主观能动性,选择认知角度,转变认知观念,可以调整自我认知评价体系,感受积极自我。个人对自己的生理的、心理的、社会的种种意识,也密切联系着,形成了一个由低到高的发展序列。每一层又都包含着不同的自我认识、自我体验、自我调控,比例和搭配的不同便构成了个体与个体之间自我意识的差异,使得每个人有自己的对人、对己、对社会的独特看法和体验。

四、自我意识的形成过程

心理学研究表明,个体自我意识从发生、发展到相对稳定,要经过20多年的时间,纵观自我意识的形成过程,我们可以把它分成四个阶段。

1. 自我意识萌生时期(生理自我形成发展期)

在生命降生之初,婴儿是没有自我意识的。他甚至不能区分自己与外界事物,他经常吮吸自己的手指头,就像吮吸自己母亲的乳头一样津津有味,因为他把母亲当作自己的一部分。可见,他还生活在主体和客体尚未分化的状态之中。婴儿一般在八个月龄左右,生理自我开始萌生,这是自我意识的最初形态。

到一岁左右,幼儿开始能把自己的动作和动作对象区别开来,初步意识到自己是动作的主体。例如,当他手里抓着玩具的时候,他不再把玩具当作自己身体的一部分了。一周岁以后,幼儿逐步认识自己的身体,也开始意识到自己身体的感觉。不过,他只是把自己作为客体来认识,他从成人那里学会使用自己的名字,并且像称呼其他东西一样地称呼自己。

一般到两岁左右,幼儿逐渐学会用代词"我"来代表自己。

三岁左右的幼儿自我意识有了新的发展,主要表现在:出现了羞愧感与疑虑感。当做错事时,会感到羞愧;当碰到矛盾时,会感到疑虑。这一时期幼儿出现了占有欲和嫉妒感。他看到自己喜欢的东西,就想独自占有,不愿与人共享;如果母亲对其他幼儿表现出关心和喜爱,他会产生强烈的嫉妒感。第一人称"我"使用频率提高,许多事情都要求"我自己来",开始有了自我独立的要求。三岁幼儿的自我意识已经有了一定的发展,但其行为仍然是以自我为中心的,即以自己的想法解释外部世界,并把自己的想法和情感投射到外界事物中。

2.自我意识形成时期(社会自我形成发展期)

三岁到青春期这段时期,是个体接受社会化影响最深的时期,也是学习角色的重要时期。个体在家庭、幼儿园、学校中游戏、学习、劳动,通过模仿、认同、练习等方式,逐步形成各种角色观念,如性别角色、家庭角色、伙伴角色、学生角色等。这一时期,也是获得社会自我的时期,他们开始能意识到自己在人际关系、社会关系中的作用和地位,能意识到自己所承担的社会义务和享有的社会权利等。

青春期以前,个体的眼光是向外的,引起他们兴趣和注意的是外部世界,他们对自己的内心世界视而不见。他们虽然已经意识到自己是一个主体,可以充分认识到自己的行为,但却不了解自己的下列状态:他们常常把自己的情绪视为某种客观上伴随行动而产生的东西,不懂得情绪是自己的主观感受;他们还不善于应用自己的眼光去认识世界,只是照搬成人的观点作为对外部世界的认识。

3.自我意识发展时期(心理自我形成发展期)

从青春发育期到青春后期大约10年时间,是心理自我的发展时期,自我观念渐趋成熟。青春期的个体无论在生理、认识或情绪等方面,都有很大变化,如性的成熟、逻辑思维和想象力的发展、感受性的敏感,都是促进自我意识发展的基础。这一时期,个人的自我意识具有以下特点:一是自我意识分裂为观察者的我(I)和被观察的我(me),因而个人能从自己的观点出发,认识和考量自己的心理活动。二是个体能够透过自我去认识客观世界,即由自我的观点来认识事物而不是从他人的观点去考量事物。三是个体价值体系的发展和理想自我的活动总是与自我观念的发展相联系。这时,个体常常强调自己所具有的个性特征的重要性,以及认为自己所追求的目标对于自己的重要性。由于自我意识的发展,到了青春期,青少年要求独立、自主的意识强烈,想摆脱成年人的影响束缚。

一般来讲,自我意识的发展,经历着一个特别明显的、典型的分化、矛盾和统一的过程。自我明显的分化,意味着自我矛盾冲突的加剧,即主体我与客体我的矛盾斗争,理想的我与现实的我矛盾斗争的加剧。两个我不能统一,自我形象便不能确立,自我概念也不能形成。于是个体表现出明显的内心冲突,甚至有一定的内心痛苦和激烈的不安感。他们对自我的评价常常是矛盾的,对自我的态度常常是波动的,对自我的控制常常是不自觉、不果断的。他们可能忽而只看到自己的这一方面,忽而只看到自己的那一方面;时而能较客观地评价自己,时而又不能这样做;时而肯定自己,时而又否定自己;时而步入憧憬境界,对自己的现实缺乏意识,时而又厌恶自己长大而津津乐道那令人留恋的童年;时而对自己充满自信,时而又感到自己无能,对自己不满;等等。

4. 自我意识完善时期(自我意识统一期)

如果说青春期自我意识是迅速发展并趋向成熟的阶段,那么青春期之后个体的自我意识则是完善和提高阶段。即主体我与客体我、理想我与现实我经过激烈的矛盾和斗争,重新实现统一的时期。这种统一是在新的水平与方向上的协调一致,使现实我努力符合理想我的要求。当然,矛盾斗争的统一结果有两种可能性,积极的结果是形成新的真实的自我统一,使人增强自信,努力奋斗,有利于自身发展;消极的结果是形成歪曲的自我统一,或自卑,或自负,影响自身的成长和发展。

自我意识形成和发展的过程,正是一个人人格成长的过程,忽视了每一阶段的健康成长,都会给人带来终生的遗憾。

五、大学生自我意识的特点

(一)自我认识的内容更加深刻和丰富

德国心理学家斯普兰格指出,青年期是开始"自我发现"的新时期,表现在以下几个方面:

(1)关于自己是否是成人的自我意识。例如,我是成人吗?我的行为符合成人要求吗?

(2)关于自己外形的自我意识,如变得喜欢照镜子、喜欢自拍。

(3)关于自己能力、性格的自我意识。例如,我聪明吗?我温柔吗?我是一个诚实的人吗?

(4)关于性的自我意识。例如,我的男性特征明显吗?女生喜欢我吗?怎样才招异性喜欢?

(5)关于社会归属与社会地位的自我意识。例如,我被重视吗?同学们喜欢我吗?我在班上名气大吗?

(6)关于人生价值的自我意识。例如,人为什么活着?人生的价值与意义是什么?我要成为一个怎样的人?

自我评价有不平衡性、多样化和不成熟性。大学生可能有时候觉得自己很厉害,谁都不放在眼里,有时候又觉得自己什么都不是,谁都可以踩两脚。即自我评价存在两极性:一是高估自我,有着很强的优越感、自尊心和自信心;二是低估自我,产生自卑心理,使自己想躲藏起来,不敢向前进取。

(二)自我体验丰富复杂

大学阶段是人一生中"最善感"的年龄阶段,大多数学生喜欢自己,对自己满意,独立,自信,好胜。这主要表现在以下几个方面。

1.敏感性

大学生对于外部世界和自己内心世界的许多方面都比较敏感。尤其是与他们相关的事物,很容易迅速引起他们情绪上的反应,凡是涉及"我"及"与我相关的事物"都很敏感。他们开始重视自己在集体中的地位和威信,对他人的言行和态度十分敏感,涉及名誉、地位、前途、理想及异性交往等方面的问题,更易引起他们强烈的情绪体验。

2.丰富性

大学生的自我体验既丰富又复杂,大学多彩的学习生活为他们发展自我体验的丰富性提供了有利条件。随着自我认识的发展,大学生意识到自身的成长而产生责任感;意识到自己是一名当代的大学生而产生义务感及爱国主义和集体主义;意识到自己的能力和品德状况而产生自豪或自卑等情绪。

3.波动性

大学生的情绪具有波动性。例如,可能因一时的成功而产生积极的、愉快的情感体验,甚至骄傲自满、忘乎所以、不可一世,对自我的肯定多些,充满了自信;可能因一时的挫折而低估自我,丧失自信心,灰心丧气甚至悲观失望,对自我的否定就多些,容易产生自卑、内疚等情绪。受到老师或领导的表扬,就觉得自己优点很多;若受到教师或领导的批评,就觉得自己处处不行。男生自我体验的基调倾向于热情、憧憬、自信、紧张、急躁;女生则倾向于热情、舒畅、憧憬、愁闷、急躁。

4.内隐性

内隐性是指人们的心理活动具有某种含蓄、内隐的特点,心理活动开始指向自己的内部世界,逐渐失去了儿童期的外露、直爽、天真、单纯。大学阶段,大学生有了自己的秘密,要求有属于自己的小房间,在无人的时候将自己的内心世界写入日记,不愿把自己的内心世界轻易向人敞开;十分注重自己的面子,会有意无意地掩盖自己的缺点和短处。内隐心理在当代大学生中带有一定的普遍性,妨碍了同学之间新的友谊关系的建立,这样就会产生一种莫名的孤独感。但此时的大学生,内心却强烈地想与人交往,不但想交往得多,也想交往得深,希望能向自己的朋友敞开心扉。

5.不稳定性

大学生的自我体验,特别是大学一年级的学生,有时可能还表现出对自己无法进行确认,弄不清自己究竟是一个什么样的人。有的学生说:"我相信自己,最了解自己,但实际上我并不真正了解自己。我有时觉得自己是这样的,有时又觉得自己并非这样,常常自己推翻给自己下的结论。"这说明他的自我体验并未成熟。一般到了大三,大学生才形成比较稳定的自我体验。

（三）自我控制的自觉性和独立性显著增强

大学生自我控制的水平明显提高，有强烈的自我设计和自我规划的愿望，大部分大学生都奋发向上、力争成才，并且根据自我设计目标自觉调节行为；他们力图摆脱社会传统的束缚，按照自己的意愿行事；他们也能够自觉地根据社会的要求来调节自己不合实际的目标和动机。但大学生自我控制的水平还不够，有时自己想做什么就做什么，不顾环境的要求，随意性大，常常是刚下了决心，转身就忘得一干二净。有一部分大学生每天要下同样的决心，但每天都可以找到原谅自己没做到的理由。大学生打架斗殴、违反校规校纪等现象就是不善于控制自我的结果。

第二节　认识自我的途径

一、通过他人的评价来认识自我

我们身边的家人、朋友、老师、同学会对我们的品质、能力、性格等给予评价，从这些评价反馈中我们可以对自己有个了解。

烦恼杂货铺

小月是一个很自卑的女生，觉得自己长得不出众，学习也一般，在同学面前说话也是小心翼翼的，没有自信。在高中阶段有两件事改变了她对自己的否定。那是一个六月的晚上，同学小美因为琐事和另一个舍友闹矛盾，很不开心，找小月倾诉，她们在操场上一圈一圈地走着，小美边哭边说，小月静静地听着，在恰当的时候给她一个回应。在小月看来这就是很简单的同学之间的聊天，但是小美却非常感激小月。小美说，小月，你真的太好了，这么耐心地听我说，我感觉现在好多了，特别特别感谢你。听到小美这样的赞美，小月惊呆了，原来自己静静地听就是一个很重要的优点，是一个能帮到同学的优点。还有一次在宿舍的"夜谈会"上，舍友说小月的声音特别好听，这也是小月从来不知道的。原来在同学眼里自己还有这样的优点。听到同学的反馈和评价，小月对自己自信了许多。原来自己并没有那么一无是处！

你能正确评价自己吗？你的优点是什么？

在你的成长过程中一定有很多评价是来自你周围的重要他人，借助他们的反馈我们认识自己[图4-2(a)]。尤其是那些给到你积极肯定的人，他们让我们看到自己的优点，感觉还不错。这些成为我们成长过程中的助力，让我们成为一个自信自尊的人。不用怀疑的是，我们身边的人也一定给过我们负面的评价，夸大我们的缺点、不足[图4-2(b)]，那些来自成长的阻力、破坏力让我们不断怀疑自我，否定自我，我们要有底气去推开这些评价，因为他们的评价非完全正确。我们身上一定有缺点，但也一定有优点，一定不是一无是处。坚信这一点，恰当地使用"镜子"！

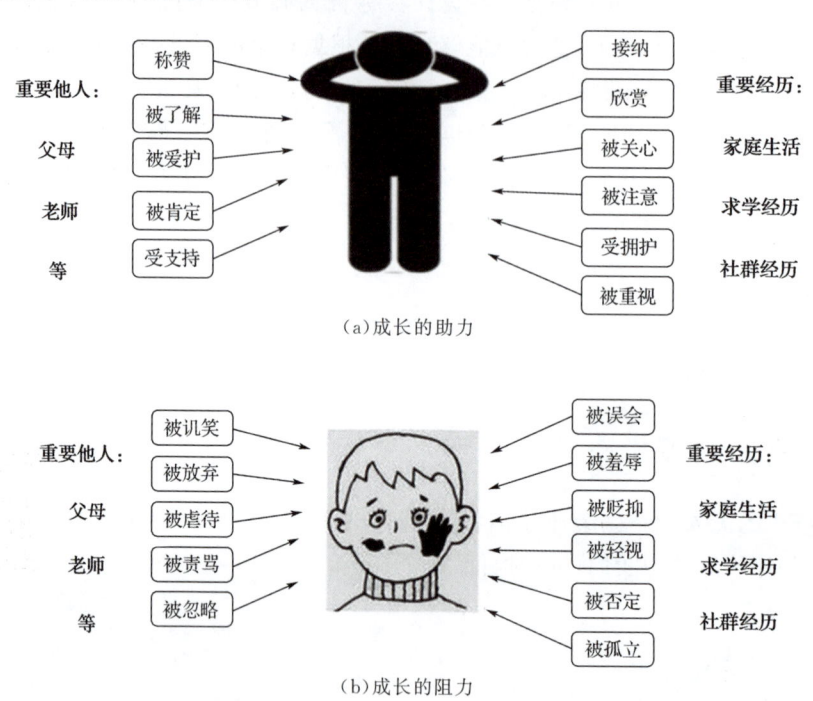

重要他人：父母 老师 等　　称赞　被了解　被爱护　被肯定　受支持　　接纳　欣赏　被关心　被注意　受拥护　被重视　　重要经历：家庭生活　求学经历　社群经历

(a) 成长的助力

重要他人：父母 老师 等　　被讥笑　被放弃　被虐待　被责骂　被忽略　　被误会　被羞辱　被贬抑　被轻视　被否定　被孤立　　重要经历：家庭生活　求学经历　社群经历

(b) 成长的阻力

图 4-2　重要他人对自我形成的影响

二、通过自我反思来认识自我

自省是我国传统文化中很重要的一部分，是一种必不可少的自我提高之法。儒家从"日三省吾身"到"行有不得，反求诸己"，再到"慎独慎微"，都在说一件事：反思己过。人在知识上的进步要靠思考，而德行上的提高则依赖于反省。没有回头看的习惯，就很难发现自己的过失，也就失去了改正自己的机会。

三、通过比较来认识自我

1. 与自己比较

心理学研究表明，人们常常通过和过去的自己相比较来认识、评价现在的自己。随着年龄的增长，我们会一点点变得成熟，理智，能力也在随之增长，这种不断成长的感觉让我们越来越自信、从容。大学生处在自我意识矛盾的阶段，在和别人比较的过程中通常会体验到自卑不如人的感觉。现在不妨向内比较，今天的自己比昨天的自己有进步就值得肯定。

2. 与他人比较

个人对自己的能力、性格、优缺点等特征通常是借助与他人的比较而获得的。大学生正处于人生重要的发展时期,他的人生目标、职业理想、生活态度等都在形成之中,社会比较为大学生提供了认识自我、了解自我和发展自我的重要标尺,社会比较也是每个个体认识自我不可或缺的方面。没有社会比较,就没有自我的进一步优化。当然,比较并不总是向着积极的方面发展,如为了维护个体自尊,总是向下比较便会失去前进优化自我的动力。我们跟比自己厉害的人比较之后通常会降低自信,和某方面不如我们的人相比,会让我们感到自信。以更多、更广泛的群体为比较对象,更能准确地看清自己的位置与特质。最后我们会发现每个人都有自己的优点,同样也都有不足,每个个体都是独一无二的存在。

四、通过与他人的关系来认识自我

他人是反映自我的镜子,与他人交往,是个人获得自我认识的重要来源。有自知之明的人能通过这些关系用心向别人学习、获得经验,然后按照自己的需要去规划前途。他人对待我们的态度,就像一面镜子,让我们认识自己。比如,在宿舍里自己很受欢迎,大家都喜欢和自己相处,我们会认为自己是友善的、受欢迎的;相反,和他人的关系出现矛盾时,我们也会反思自己是不是哪里不对,从而意识到自己的不足。

要注意的是,他人关系这个镜子有时也会歪曲自身形象,因为他人可能在我们身上投射了太多自己的东西,而忽略真实的我们是怎样的人。因此,多用几面镜子往往可以避免偏听偏信。

五、通过实践活动来认识自我

自己的能力到底怎么样?自己到底是不是一个认真、细致的人?周围的人对自己有不同的评价,到底哪一个才是真实的自己呢?在实践活动中我们能找到真实的反馈。不仅如此,实践活动也是我们磨炼优秀品质的重要途径,经过一次次的实践尝试,可以把一件事做得越来越好。获得能力成长的同时,也让我们的自信心得到提升。因此大学生要多从事实践活动,如学生社团活动、校内勤工助学工作、寒暑假外出打工等,在活动中认识自己,磨炼自己,成就自己。

实训中心

1.借助他人评价,以他人为镜,提升自我认识。

七到八人组成一个小组围圈而坐,每人用一张 A4 纸,在上面四分之一处画上自画像,在右上角写上自己的名字,然后传给右边的人请他写下对你的评价(也可以匿名评价),写完之后再传给右边的人,直至最后纸传回到自己手中。看一看大家对自己的评价是怎样的。

2.写出他人眼中的我、自己眼中的我以及理想的我。

请根据自己的推测和感觉,在表 4-1 中写出"父亲眼中的我""母亲眼中的我""好朋友眼中的我""自己眼中的我""理想的我"。比较一下,周围的人对你的认识一致吗?别人对你的认识与你对自己的认识一致吗?是否每个人对你的评价都是客观的?你怎么综合大家的看法和自己的认识,形成一个对自己较为客观和完整的认识呢?

表 4-1　　　　　　　　　　　　　认识自我

父亲眼中的我	
母亲眼中的我	
好朋友眼中的我	
自己眼中的我	
理想的我	

3.全班同学每10人分为一组,每组中的同学独立填写下列句子。

(1)假如我是一种花,我希望是_____,因为_____。

(2)假如我是一种动物,我希望是_____,因为_____。

(3)假如我是一种乐器,我希望是_____,因为_____。

(4)假如我是一种水果,我希望是_____,因为_____。

(5)假如我是一种颜色,我希望是_____,因为_____。

(6)假如我是一种交通工具,我希望是_____,因为_____。

(7)假如我是一种树,我希望是_____,因为_____。

填写完之后,请在小组内进行下列互动。

(1)每位同学念出 7 个"假如"。

(2)分享这个过程的感受和感悟,避免对他人进行评价。

(3)邀请部分同学进行全班分享。鼓励大家进行分享,对所分享的内容不做好与坏的评价,也不做类型的判断,重点在于引导同学与自己内心联结,分享内心的感受和感悟。

智慧起航……

认识自己

1.从失败中认识自己。如果你不爱反思,容易抱怨和指责,那就多从失败中认识自己。因为人有一套自我防御机制,所以遭遇失败可能逼迫我们深刻地反思,从失败中领悟,从失败中成长。

2.从成功中认识自己。如果你过度反思,过度自卑,就要多从成功体验中认识自己,看到自己的不同层面。

3.尝试摘掉身上的标签。把内向、外向、孤僻、不喜欢学习等标签全摘掉,体验一下没有这些标签,自己会有什么不一样的感受。

第三节　自我调适与完善

当我们借助各种渠道对自己有一个较为清晰的认识时，在这个基础上会产生相应的自我体验，如感觉自己还不错，或感觉自己不如人，或感觉自己没有优点等。面对自身的优缺点，我们是该接纳还是改变呢？这要视情况而定。人的自我意识是一个主观的过程，就像照镜子一样，如果照的是哈哈镜，那么个人的自我一定会产生偏差。不恰当的认识定位会让我们在实践活动、与人相处过程中不断碰壁，难受不已。比如自命清高的人总觉得自己比别人更重要，自卑的人总是错失很多机会，自我意识模糊的人在生活中总是盲目从众等。

自己那些不能改变的特质要接纳，可以做得更好的地方要见贤思齐，对于自我认知的偏差要调整，在此基础上去追求更好的自己，实现自我的理想目标。

知识直通车

一、自我意识的偏差调适

（一）自卑的调适

自卑指个人因自我评价偏低、自愧无能而丧失自信，并伴有自怨自艾、悲观失望等情绪体验的消极心理倾向。自卑的人常表现出以下特点：过分地夸大自己的缺陷，甚至毫无根据地臆造许多弱点；喜欢用自己的短处和别人的长处相比；不能客观地分析自己所受的挫折，总将这些挫折归因于自己的无能；不能客观地看待别人对自己的评价，认为自己一无是处；对那些稍作努力就能完成的任务也轻易放弃；等等。

自卑是个体在社会比较过程中由于认知片面、歪曲所形成的对自我价值的消极评价。一般来说，大学生自卑感主要表现在三个方面：一是过低地评价自己的智力，如成绩不好，就认为自己不是读书的料；二是过低地评价自己的意志力，不相信自己能克服弱点，如胆怯、敏感、多疑等；三是不能悦纳生理自我，认为自己太矮或者太胖，不够漂亮或英俊等。自卑严重的大学生往往缺乏稳定的自我形象，他们把自己封闭起来以掩饰自己的弱点，缺乏竞争意识。例如有的大学生认为自己表达能力差，怕表达得不好被人笑话，看到口若悬河的人便自叹不如，因此在众人面前不敢发言。有的大学生对一些事物特别敏感，听到同学评价某个同学不好时就很容易认为是在说自己。有的大学生时常陷入幻想世界，缺乏社会活动的积极性，有严重的孤独感。

自卑影响大学生对自己的能力和现实自我的全面认识和正确的自我评价，因此促进大学生的健康成长要克服自卑。大学生要克服自卑，应做到以下几点：

微课

告别自卑，
绽放生命力量

1. 调整认知

改变不合理信念,克服"我应该""我必须"等绝对化倾向,纠正有一点不足便全盘否定自己的以偏概全的方式和过分概括化倾向。建立理性的认知,如我也会失败、失败是正常的、失败是这件事的失败、不是我个人的失败等。

2. 接受不完美的自己,不苛求自己

俗话说得好:"金无足赤,人无完人。"不完美是必然的,所以重要的不是一个人是否完美,而是正确认识自己,接受不完美自我与不完美的生活,不苛求自己,一步一个脚印地做力所能及的事,从一点一滴的进步中获得越来越多的自信,更好地发展自我,享受生活。

3. 立足于自己的长处

无论是人的自尊还是自卑,都是在社会中与其他人比较、评价形成的。因此,大学生走出自卑的阴影,确立合理的评价参照系和立足点,寻找适合自己的评价标准就显得很重要。首先应多立足于自己的长处,这样很容易建立起信心。其次应该明白自己的不足,但不能用放大镜看自己的不足,不能总是拿自己的不足与别人的长处相比较,避免越比越泄气,越比越自卑。

4. 多与人交往

心理学研究发现,社交孤独和自卑有着显著的正相关,若来自别人的支持较少,则自尊水平就可能较低。为此,大学生应积极主动地与人交往,建立良好的人际关系,争取获得较多的社会支持,获得较多的正性评价,这将有助于消除自卑,提高自尊。

5. 补偿与超越自我

著名的心理学家阿尔弗雷德·阿德勒认为,自卑是天生的,因为我们生下来就弱小、无力,完全依赖成人,由此产生自卑。但是,正是自卑促使人们去努力克服自卑,追求成功。自卑成为人格发展的动力,阿德勒自身就是一个很好的例证。

心灵疗愈坊

小说《自卑与超越》是个体心理学创始人阿德勒的代表作。阿德勒告诉我们,理解一个人,就要从他的过去入手,而一个人的生活风格,则是与他对过去经验的认识和理解相一致的。自卑并不可怕,关键在于怎样认识自己的自卑,克服困难,超越自我。

阿德勒很小的时候就患有佝偻病,总是驼着背。为了治疗佝偻病,他被长时间绑在椅子上,看着哥哥在自己的眼前活蹦乱跳,心里很不是滋味。心里难受的不只阿德勒,还有他的父母。看着阿德勒病殃殃的样子,父母无意识地把他们的爱和关注投注在了阿德勒的哥哥身上。失去了父母的关注和爱,阿德勒感到非常难过却又无能为力。自己当然也想要像哥哥一样身强力壮、上蹿下跳,至此,自卑感在年幼的阿德勒心中留下了深深的痕迹。上小学的时候,阿德勒再次受挫。他发现自己怎么也学不好数学,这好像不是什么努力不努力的问题,自己就是学不好。他是如何超越自卑成为一位非常有名的心理学家的呢?可以去看他的那本《自卑与超越》,可能你也会找到成长的力量!

(二)自负的调适

自负是个体在社会比较的过程中,由于认知歪曲形成对自我价值的过高评价,并由此产生过度自我接受的态度及与之相应的自以为是、骄傲自大的情感体验。自负者的"投射自我"高于"现实自我",导致自我评价过高、过度自信,不善于向他人学习,常常孤注一掷,盲目蛮干,常以失败而告终。自负者对自己的肯定评价往往有过之而无不及,仿佛是通过放大镜看自己的长处甚至视缺点为优点,一方面他们看不起别人、不喜欢别人,另一方面拿放大镜去看别人的短处。自负者往往由于自我评价过高而产生焦虑,对自己提出过高的要求,却无法完成任务,容易导致失败。自负者追求自我成就的心理,却与自身能力、外界环境等造成不能达成目标的现实发生冲突,因而会引起严重的情感冲突和内心情感伤害,从而损害心理健康。自负者因为总是瞧不起别人,所以难以建立良好的人际关系,缺少人际支持。而且自负者对自我缺乏理性认识,缺乏适当的自我评价体系,所以一旦遇到重大的失败,容易转而自卑。

大学生要避免自负,可以从以下几个方面入手:

(1)纠正认知,不能歪曲、客观评价自己和他人,应认识到我有所长、有所短,别人也有优点、长处,一时的成败不能决定一生的成败。

(2)确立合理的评价参照系和立足点。心理学家费斯汀格认为,在某些特定领域对自己的认知感到不确定,或在没有客观参照标准时,我们会将自己与有相同特征和背景的他人作比较。若以弱者为参照,则有利于保护自己的自尊心不受打击,但也可能导致自大;若以强者为参照,则可以发现自己的不足,以便于确定自我发展的目标。这两者比较才能使我们正确认识到自己在整个参考系中所处的位置。

(3)与人平等相处。自负的人无论在观念上还是行动上都无理地要求别人服从自己。与人平等相处就是要求自负的人以一个普通社会成员的身份与别人平等交往。

(三)自我中心的调适

在生活中我们不难发现有这样一些人,他们存在过强的自我中心观念,凡事都希望别人满足自己的需求,按照自己的期望来,要求人人为己,却不考虑别人的感受。比如在宿舍相处中,自己要睡觉了就不许别人出声,但自己玩游戏、放音乐的时候从来不考虑别人是否在睡觉,是否打扰到别人。自己爱抽烟却不顾烟熏得别人咳嗽不止。这样的行为会引起别人的反感,进而影响人际关系。所以要克服自我中心的问题。自我中心主要表现在以下三个方面:

(1)很少关心别人,与他人关系疏远。自我中心的人时时事事都从自己的利益出发,很少考虑别人的感受和需要。实际上,人类的交往是互惠的,"人人为我,我为人人",任何人都不愿与自我中心的人交往。

(2)固执己见,唯我独尊。自我中心的人在人群中总是以自己的态度作为别人态度的"向导",要求别人都必须与自己的态度一样。而他们在明知道别人正确时,也不愿改变自己的态度或接受别人的态度,因而他们难以从态度、价值观的层次上与别人进行交往。

(3)自尊心过强,过度防卫,有明显的嫉妒心。自我中心的人有很强的自尊心,不愿损伤自己的自尊,强烈地维护着自己。他们对别人的成绩、成功非常妒忌,对别人的失败幸灾乐祸,不向别人提供任何有益的信息。

我们如何改变自我中心呢?

(1)换位思考,经常想一想如果将自己换到对方的位置会是什么感受,自己希望被怎样对待?想到这些自己还会像之前那样做吗?不要总是希望别人能够"己所不欲,勿施于人",要常反思自己的行为是否让别人很不舒服。

(2)通过练习,学习倾听和关注他人。

(四)虚荣的调适

虚荣是指追求虚假荣誉的一种心理状态。这种人把荣誉或引起人们的羡慕、赞赏作为一种生活目标追求,因而常常不择手段地去猎取荣誉。这种人很注意别人对自己的评价,又嫉妒任何比自己强的人,把别人取得的荣誉视为对自己的竞争。因此这种人总是使自身处于较强的自束和更强的情感波动之间的矛盾之中,一旦目标、愿望不能达到,就会背上沉重的包袱,压得喘不过气来,造成精神过度紧张。

虚荣心是人类一种普通的心理状态,人人都有自尊心,都希望得到社会的承认,这是一种正常的心理需要,但虚荣心强的人不是通过实实在在的努力,而是利用撒谎、投机等不正常手段去渔猎名誉的。虚荣心是一种扭曲的自尊心,是自尊心的过分表现,是一种追求虚荣的性格缺陷,是人为了取得荣誉和引起普遍的注意而表现出来的一种不正常的社会情感。那么,如何对自己的虚荣心进行调整呢?

虚荣心理的表现是多方面的:对自己的能力、水平过高估计;处处炫耀自己的特长和成绩,喜欢听表扬,对批评恨之入骨;常在外人面前夸耀自己有点权势的亲友;对上级竭尽拍马奉承;不懂装懂,打肿脸充胖子,喜欢班门弄斧;家境贫寒却大手大脚,摆阔气赶时髦;处处争强好胜,觉得处处比人强,自命不凡;将生活中的失误归咎于他人,从不找自身的原因;有了缺点,也寻找各种借口极力掩饰;对别人的才能妒火中烧,说长道短,搬弄是非;等等。

随着人生理和心理上的成熟,人的社会认识能力与自我意识也逐步提高,开始了个体社会化。自尊心得以发展,虚荣心才开始介入人的情感领域。虚荣心实际上是一种扭曲的自尊心。自尊心强的人对自己的声誉、威望等比较关心。做了好事,心理高兴是荣誉感的表现;珍惜荣誉,顾全面子是维持自尊心的正常要求;而为了受表扬去做好事,甚至不惜弄虚作假,这就是虚荣心的表现了。自尊在谦虚、进取、真实的努力中获得。有自尊的人不掩盖缺点,而是取长补短;不会通过有权势的亲友来压低别人、抬高自己;不会不懂装懂,夸夸其谈;也不会把失败和不如意归咎于他人,而是可以进行深刻的批评与自我批评来改进自己。

哲学家罗素认为,虚荣心的根源就是自信心的缺乏,可以通过对客观事物的兴趣,激发一连串的成功行动来培养扎实的自尊。这是培养自信、自尊最根本的办法。无论别人说你好还是不好,没有现实行动的证明,你都会怀疑。相反,基于自己的实践证明的自己是最能够踏实接纳的。自我价值的实现不能脱离社会现实的需要,必须把对自身价值的认识建立在社会责任感上,正确理解权力、地位、荣誉的内涵和人格自尊的真实意义。

心灵疗愈坊

一个少年上山学武功,18岁时学艺完成下了山。他来到一家酒楼,大大咧咧地坐下,把宝剑"啪"的一声横放在身前的桌子上。

他这个动作有两个信息要告诉其他人:

第一,我是懂武功的,你们要小心啊!

第二,我的剑就在手旁,你们不要乱来!

其实真正的大侠,什么武器都不需要随身携带,因为他能运用身边的任何东西作战,然而在平日里他可能跟普通人一样地温和,碰见他的人,还以为他不懂武功呢!而像这位少年,提醒别人自己是有力量的,其实是力量不足的表现。

当一个人拥有足够的力量时,无论什么事,无论是否突发,他都能够轻松应对,所以无须把力量显露出来。因此,真正有力量的人坐在你旁边,如果他不开口说话或者有所行动,你甚至察觉不到他的存在。反之,要不断用言语、行为来炫耀本人力量的人,他们的内心实在是欠缺力量的。

二、悦纳自我、见贤思齐

1.悦纳自我

悦纳自我不是说认为自己各方面都很好,而是客观地看到自己的优点、短处,不因优点而自大,也不因短处而自惭形秽、否定、自责。每个人都是独一无二的,正是自己的优点、缺点成就了这个独一无二的自己,这句话不是说让别人对自己的缺点大加赞赏,而不去纠正。

悦纳自我就是去接受生命馈赠给我们的不能改变却又独一无二的特质,接纳自己,坚定自己,无论好的坏的,这样才能真正地接纳别人。

在这里要区分一下缺点和短处。

缺点指的是性格上的不恰当的部分,如撒谎、自私、自大、轻浮、粗心大意,这些是我们需要纠正的不足,因为这些特质会影响到我们的生活、工作与学习,是通过努力可以纠正的特质。缺点是我们要主动改正的。不属于自我悦纳的部分。

短处是什么呢,举个例子来说,身高、相貌等,这些是我们无法改变的生理事实,如果硬要把这些当成缺点来改正,会使自己非常痛苦。虽然现在医疗技术水平高,整容已稀松平常,社会似乎也对美貌格外开绿灯,使得很多青少年将精力与期待放在容貌上,殊不知,美貌可能是敲门砖,但更重要的、更为长久的是个人的素质能力水平,这些是决定我们能走多远的根本原因。一个面对自己的身高、相貌不自信的人,谁会相信他是一个内心坚定、自信且强大的人呢?内心的坚定、自信与强大才是立足社会最为重要的品质,姣好的容貌、挺拔的身高第一眼确实会给人一表人才的感觉,但如果空有好看的皮囊,那也只是"胸中无墨腹中空,绣花枕头表面光"。所以充实内在是我们该做的长期投资。

> 心晴加油站

你是什么生物就朝着这个生物最好的模样去努力

你是大象就努力让自己做一头最好的大象,身体棒棒、力量满满、能吃能干、开心快乐的大象。不必去羡慕鱼儿能游、鸟儿会飞,不必羡慕老虎威猛、小兔轻盈,不必要求自己学会羚羊的奔跑、狐狸的狡猾、猫头鹰的敏锐,通通不用,因为你就是你,你有长鼻助力,有大耳扇凉,身体浑圆虽笨拙却更稳重,四肢缓慢却更踏实,弯弯白牙,不必青面獠牙却温和从容,任谁也不敢轻待了你,所以做自己就好,努力地做最好的自己就是人生的成功!

如果你是大树,就努力向上生长,直冲云霄;如果你是小草,就努力扩展你的地盘,铺满整个花园,充满韧性与不屈,如果你是花朵,就负责开出鲜艳芬芳,点缀这个世界。我们不必相互羡慕,不必自惭形秽,花草树木都是这个世界独特的存在,谁都无法被替代。

不过在此之前,你得先认清自己到底是什么,是大象、老虎还是羚羊、狐狸、猫头鹰,是大树还是小草、花朵?这很关键!

2.见贤思齐

所谓见贤思齐就是指德行上向优秀人的看齐,以他们为榜样,让自己也慢慢养成良好的品德、高尚的道德情操。

子曰:"见贤思齐焉,见不贤而内自省也。"

贤:形容词用作名词,贤者,有贤德、有才华的人。齐:与……看齐。内:方位名词作状语,在心里。思:思考,心里想。见贤思齐焉:见到有才华的人就向他学习,希望和他看齐。

以他人为镜,这是一个很重要的个人修养的提升方法。见贤思齐,以别人的长处和优点为鉴,来补己之短、提升自己;见不贤而内省,以别人的过失为鉴,避免自己犯错。这种方法可以应用于个人学习、生活、工作的各个方面。要用好这一方法,首先要谦虚,其次要好学,再次要消除偏见,最后要善于沟通。

记住别人的好,可以培养自己谦虚的品质。人无完人,对人宽容就是对己宽容,善待别人就是善待自己。专挑别人的缺点不能容纳他人的人,总是自我感觉良好,看不到自己身上的缺点,从而丧失了改进提高的机会。记住他人滴水之恩的人,则能见贤思齐,虚心向他人学习,无形中拥有了更多的精神财富。

三、做一个自尊、自信、自爱的人

1.自尊

自尊顾名思义,就是尊重自己、自我尊重。什么是尊重呢?古语是指将对方视为比自己地位高而必须予以重视的态度和言行,现在已逐渐引申为平等相待。自尊,是既不向别人卑躬屈膝,也不允许别人歧视侮辱,是一种健康良好的心理状态。

自尊是指"自我能力和自我喜爱程度",即自我肯定,自我感觉良好,并认同自我。在心理学上,自尊感可以是个体对自我形象的主观感觉,可以是过分的或不合理的。一般来说,心理健康的人自尊感比较高,认为自己是一个有价值的人,并感到自己值得别人尊重,也较能够接受个人不足之处。形成自尊感的要素有安全感、个人感、归属感、使命感、成功感,这些因素都与个体所处的外在环境有关。自尊是个体由肯定的自我评价引起的自爱、自重、自信及期望受到他人、集体、社会尊重与爱护的心理。

作为人格特质的一部分,自尊这一特质表现出人们喜爱或不喜爱自己的程度各有不同。

(1)自尊始于知耻,有了羞耻心,人们才能节制自己的行为,不做庸俗卑贱的事情,有尊严地生活。

(2)有了羞耻心,人们会为自己的不当行为而难为情。

(3)有了羞耻心,人们做错了事会感到惭愧。

(4)有了羞耻心,一个人辜负了他人的期望会觉得内疚。

总有人把"面子和自尊"混为一谈,容易被伤的是面子而不是自尊,自尊是用来自强的,而不是用来小心翼翼呵护的。

生活中,最可怕的是"自己不尊重自己"。当一个人缺乏自尊时,他就会感到自卑、无望。人只有自我尊重,才会赢得别人尊重。自尊心,是一种巨大的动力。个人有个人的自尊,民族有民族的自尊。丧失了自尊心的个人,就是一个没有出息的人;丧失了自尊心的民族,则是一个无望的民族。

那么,健康的自尊到底是什么样的呢?一位英国精神科医生这样定义健康的自尊:"拥有健康自尊的人不需要收入、身份或名誉等外部因素来支撑自己的价值,也不需要依赖酒精、毒品或性行为来麻痹自己的无价值感。相反,他们尊重自己,照顾自己的健康、社区和环境。他们能够完全投入生活中,因为他们并不会害怕失败或者拒绝。当然,他们一定会受到伤害和拒绝,但是这些挫折既不会损害也不会消灭他们的自我价值。所以,这些人愿意获取新的成长经验、愿意组建有意义的人际关系。他们也可以允许自己在生活中经历些风险,因为他们很容易感到快乐和愉悦,并且善于接纳和宽恕自己与他人。"

2.自信

自信在心理学中指的是相信自己有能力,特别是相信自己有能力可以胜任,或者至少可以完成生活中的任务。然而,怎么才能知道自己是不是有能力的呢?通常,可以通过两方面来知晓:一是从过往的成功经验中来了解自己的能力;二是从和他人的比较中来定位自己的能力。自然而然地,我们就会发现,自己在某些方面非常有自信。

自信是需要培养的,不是一两天就能实现的。先从一些小事上培养自己的自信,小事完成了,多给自己些鼓励,坚持去做。

具有学习能力的人通常都是非常自信的,对自我控制都是很强的。面对困难,面对挑战,他们不会退缩、逃避。他们会想尽一切办法去解决困难,克服挑战。不会的东西他们会自己去学习,去寻找处理问题的方法。他们认为一件事情不会做不要紧,要紧的是不会做还不去学习。每天坚持学习新的东西,自己会的多了,自信就提高了。

树立自信的外部形象。一个人保持整洁、得体的仪表,有利于增强自信心。举止洒脱,行为端庄,助人为乐,会有发自内心的自信。加强锻炼,保持健美的体形,对增强自信也很有帮助。

心晴加油站

亮出你自己

作为学生,我最害怕在课堂上回答问题,而且我发现同学们也和我一样。每当教授提问时,我总是会把头低下去,生怕教授的眼光扫到自己。

一次外语课上,一位来自商业银行的专家演讲。做演讲的人总是希望有人配合自己,总是要提问,教室内有很多学经济专业的同学,没有一个人响应。专家苦笑了下说:"我先暂停一下,讲个故事给你们听。"他接着说:"我刚到美国读书的时候,在大学里经常有讲座,每次都是请华尔街或跨国公司的高级管理人员来演讲。每次开讲前,都有一个有趣的现象,我周围的同学总是拿一张硬纸,中间对折一下,用极其醒目的颜色大大地写上自己的名字,然后放在座位上,当演讲者需要听者响应时,就可以直接看纸片上的名字叫人。我不解,便问前面的同学。他笑着告诉我,演讲的人都是一流的人物,他们就意味着机会。当你的回答令他满意或者吃惊时,很可能就预示着他会给你提供更多的机会。这是一个很简单的道理。事实也如此,我确实看到我周围的几个同学因为出色的见解得以到一流的公司供职。"

"这件事对我影响很大。机会不会自动找到你,你必须不断地、醒目地亮出你自己,吸引别人的关注才有可能寻找到机会。我发现很多学生在这方面实在令人不太满意,他们太过含蓄或者说是怯懦,不习惯看到更大的成功。我想你们中的不少人都有凌云斗志,但是你的第一步必须是找到赏识你的人,这对沉默的人来说是非常困难的……"

教授的话结束后,有人笑了,有人不屑一顾,但是我明显看到有更多的同学举起了手或做一些暗示:"我可以回答!"

3.自爱

老子曰:"是以圣人自知不自见,自爱不自贵。"

自爱就是在你感受到自己的不足、缺陷、失败和痛苦后,还能够对自己充满善意、关爱、同情和理解的能力。哪怕是在你缺乏信心的领域,你也能给予自己耐心、认可和宽恕。

自爱不是自私,两者虽都是为自身之利,但前者建立在与他人和社会和谐共生的基础上,结局往往是共赢;后者注重利而无视义,注重我而无视人,往往损人利己,取小利而失大利,结局往往是两败。

自爱者绝不妄自尊大、自夸自傲和妄自菲薄、自暴自弃。孟子说:"自暴者,不可与有言也;自弃者,不可与有为也。"自暴自弃是自招祸端的根由。一个懂得自爱的人无论如何不会以成绩高低为自己树敌,也不会因为没有成绩而看扁自己,放弃努力。

四、自我实现

1.有效控制"自我"

自我控制是人主动改善自己的心理品质、特征及行为的心理过程,是大学生健全意识、完善自我的根本途径。很多大学生对自我抱有很高的期望,但因为没有足够的自控能力和意志,经受不住挫折和打击,无法实现自我理想。而那些自卑自怨、自暴自弃的学生更是因为无法控制自我的不良情绪使自己偏离了健全自我意识的轨道。大学生应根据自己的实际情况和社会需要,确立合适的抱负水平,通过自我奋斗,最终得以自我实现和自我成功。人本主义心理学家亚伯拉罕·马斯洛在研究人的自我实现时,有针对性地提出了调控自我的建议:

(1)把自己的感情出口放宽,莫使心胸像个瓶颈。在任何情境中,都尝试从积极乐观的角度看问题,从长远的利害出发做决定。

(2)对生活环境中的一切多欣赏少抱怨,有不如意之处设法改善,键盘侠再厉害都不如踏踏实实地去行动。

(3)设定积极可行的生活目标,全力以赴求其实现,但不期望结果一定不会失败。对是非之争辩只要自己认清真理正义之所在,纵使违反众议,也会坚持到底。

(4)与人坦率相处,让他人看见自己的长处和缺点,也让他人分享自己的快乐与痛苦。

(5)莫使自己的生活僵化,为自己在思想与行动上留出弹性和空间。偶尔放松一下身心,将有助于自己潜力的发挥。

2.不断超越"自我"

在大学阶段,要不断地提升自我、塑造自我。青年早期的我们犹如一棵树,虽已成型,但并没有定型。在认识自我的基础上,我们看见自己的优缺点,有意识地扬长避短。对自己进行有效的自我控制:加强自我修养,不断进行自我塑造,达到完善自我、超越自我的境界是健全自我意识的终极目标。健全自我的过程也是一个塑造自我、超越自我的过程。经验告诉我们,自我认识已是不易,自我控制亦很难,若欲再期望自我开拓、提升、超越更是难上加难。但人的一生,唯求成为自己。对大学生而言,塑造自我、实现自我是终身努力的目标。古人说得好,"齐家、治国、平天下"须从"修身"开始,即从点滴小事开始,从积极行动开始,知行并重。要想运动健身,就天天进行体育锻炼;要想开阔思路,多读书、多听讲座不失为有效的方法。在行动时,无论对人对事,均全力以赴,使自己的能力、品性得到最大限度的发挥。行动之后再反省得失原因,再度投入行动吸取教训作经验,一旦有所成果,便再反省总结。如此往复进行,自我便一步一步得到扩展和深化,也就自然而然得到开拓与提升。

心灵疗愈坊

我是我自己

作者:维吉尼亚·萨提亚

在这个世界上,
没有一个人完全如我。
某些人有某个部分像我,
但,没有一个人完完全全地像我。
因此,从我身上散发出来的每一点、每一滴,
都那么真实地代表着我自己。
因为,这是"我"选择的。
我拥有我的一切——
我的身体,和它所做的事情;
我的大脑,和它的所想、所思;
我的眼睛,和它所看到的;
我的感觉,愤怒、喜悦、受伤、爱、失望、兴奋——不管它有没有流露出来;
我的嘴,和它所说的话,礼貌的,甜蜜的或粗鲁的,正确的或不正确的;
我的声音,大声的或小声的;
以及我所有的行动,不管是对别人的或对自己的。
我拥有我的幻想、梦想、希望和畏惧。
我拥有关于我的一切胜利和成功,
一切失败和错误。
因为我拥有全部的我,
我能够和我自己更熟悉、更亲密。
由于我有了这些,
我能够爱自己并且友善地对待自己的每一个部分。
于是,我能够做我最感兴趣的工作,
我知道某些困惑我的部分,

和一些我不了解的部分,

但,只要我友善地去爱我自己,

我就能够有勇气、有希望来解除这些困惑,

并发现更好的自己。

然而,任何时刻,我看、我听、我说、我做、我想或我感觉到的,都是我的。

它如此真实地表现了那个时刻的我。

等时间流过,我再回头看,曾经我所看的、听的、说的、做的、想的或感觉到的,

有些可能已经改变了。

我能够丢掉一些不再适合我的,保留仍然适合我的,再创造一些新的。

我能看、能听、能感觉、能思考、能说,并去做。

我有办法使自己活得更有意义,更亲近他人,使自己更丰富,更有创意。

我拥有我自己,

因此,我能驾驭我自己。

我是我自己,

而且,我完全可以做到。

实训中心

自我中心的人最常见的表现就是唯我独尊,把自己看成焦点,很难听进别人讲的话。下面这个练习可以帮助自我中心的人学习倾听和关注他人。

对身边的一些同学或朋友进行访谈,请他们聊聊对最近发生的一些事情的看法和感受,或者询问一些他们的近况。例如下面的问句:

(1)你最近怎么样?暑假去哪里玩了?旅行的过程中你遇到了哪些好玩的事情?

(2)今天中午去哪个食堂吃的饭?你觉得那个食堂的饭菜怎么样?有什么好吃的菜可推荐?

(3)你喜欢什么体育运动?你是怎么安排这些体育活动的?是自学的还是跟着教练学的?

总之,访谈原则在于询问和了解对方,你在整个访谈过程中不对对方所讲的话发表任何意见,只是简单地复述对方的话,以确认对方是不是讲的这个意思,如可以采用下面的句式。

(1)你刚刚讲的意思是……

(2)你是说……

(3)我听到的是……

智慧起航……

结合本章的内容,说一说你是什么样的人,你想成为什么样的人?

知识小铺……

(1)自我意识是对自己身心活动的觉察,即自己对自己的认识。当人对自己有更全面的认识时,可以更好地为自己做决定。

(2)自我意识的内容包含心理自我、生理自我和社会自我三个方面。

(3)自我意识的结构包含自我认知、自我体验和自我调控,健全自我意识的标准是有正确的自我认知、良好的自我体验和有效的自我控制。

(4)高职大学生自我认识发展的主要特点有自我认识的矛盾性、自我体验的情绪化、自我调节的中心化和自我认识发展的阶段性。

(5)个人要想获得良好的自我体验,需要学习如何积极悦纳自我。

(6)自我调控的核心是建立自我效能感。

(7)自卑指个人因自我评价偏低、自愧无能而丧失自信,并伴有自怨自艾、悲观失望等情绪体验的消极心理倾向。改变认识自己的模式可以改变自卑。

(8)自负就是过高地评价自己。正确认识和评价自己是改变自负的关键。

(9)自我中心的人凡事以自己为中心。学会倾听和关注他人是改变自我中心的关键。

遇见更好的自己
——认识自己

第五章 人格塑造

人格是一个人带有倾向性的、本质的、比较稳定的心理特征(兴趣、爱好、能力、气质、性格等)的总和。人格对人的一生有至关重要的影响,甚至可以决定一个人的命运。习近平总书记在十九大报告里指出,"青年兴则国家兴,青年强则国家强。"大学生正处于人生的黄金时期,这也是其世界观、人生观、价值观形成的关键时期。在这一时期,因为外界环境变化及不良媒体的影响等因素,一部分青年学生出现了很多心理困扰,进而对人格产生了不良的影响。

大学生该如何培养健全的人格呢?现在让我们一起走进本章的学习,希望同学们在这一章的学习中能认识人格,学会塑造健全人格的方法,实现自我的提升。

学习目标

1. 了解人格的含义。
2. 了解常见的人格测试。
3. 学习常见的人格缺陷及障碍。
4. 学会塑造健全人格的方法。

第一节 认识人格

烦恼杂货铺

王某,男,19岁,某高职学生,从小脾气急躁,遇事不合心意就容易发火。他在家里常因一些小事对父母或弟弟发脾气,使得家里气氛经常很紧张,在学校也因脾气不好而与同学们日渐疏远。他也慢慢知晓了自己的个性有缺陷,很想改一改,但又担心无法改变,因此很苦恼。

都说"江山易改,禀性难移",个性真的就不能改变吗?你的个性特点有哪些呢?

知识直通车

一、人格的含义

(一)什么是人格

千人千面,世界上没有完全相同的两片叶子,也没有两个完全相同的人。我们每个人都是独一无二的存在,使我们独特的重要因素之一就是我们的人格。曹雪芹在《红楼梦》中塑造了众多个性分明的女性角色,如多愁善感的林黛玉、精明能干的王熙凤、知书达理的薛宝钗等。每个人物角色都有着显著的个性特点,这种个性特点就是人格特征的反映。那么人格是什么呢?

人格,也称为个性,它的英文单词为"Personality",最早源于古希腊语"Persona",是指戏剧演员表演时所戴的面具,不同的面具反映角色不同的人物特点,演员根据面具来扮演人物形象,就像天使就要表现出慈爱善良,而恶魔就要表现得阴险狠毒,与我国京剧中的脸谱一样,红脸象征着忠义耿直,黑脸象征着严肃正直,白脸象征着奸诈多疑,等等。心理学中沿用了面具的含义,并转化为人格。这里的人格包含了两层含义:一是指一个人在人生舞台上所表现的种种言行,是人遵循社会文化习俗的要求而做出的反应,即人格所具有的"外壳",就像舞台表演时演员根据角色要求所戴的面具,可反映出一个人的外在表现;二是指一个人由于某种原因不愿展现的人格成分,也就是面具背后的真实自我,这是人格的内在特征。在心理学中,人格的概念内涵丰富、广阔,对于人格的定义,不同心理学家、不同流派都有自己的答案,到目前为止,也没有取得一致的意见。比如:米歇尔认为人格是人心理特征的统一;莱尔德认为人格是一个人的生活方式;卡尔恩认为人格是个人不同于他人的所有主要的心路历程等。综合了各家的看法之后,我们可以将人格的概念表述为:是构成一个人的思想、情感及行为的独特模式,这个独特模式包含了一个人区别于另一个人的稳定而统一的典型心理品质。也就是说,人格是指每个人在自己长期的生活道路上形成的一种独特的个性心理特征和固定的行为模式。

人格有其丰富的内涵,是人的兴趣、爱好、能力、气质、性格等心理特征的总和。一般来说,人格的本质特征有四个方面:

1.独特性

一个人的人格是在遗传、环境、教育等因素的交互作用下形成的。不同的遗传、生存及教育环境,形成了各式各样的心理特点。所谓"人心不同,各如其面",就说明了人格千差万别的特点。每个人的人格特点都不尽相同,比如"固执"在不同环境中有其不同的含义,在不同的人身上也有其不同的含义,有些人的固执带有一点执着,有些人的固执带有一点刻板,有些人的固执带有一点反抗。但是,人格的独特性并不意味着人与人的个性没有一点相似的地方。在人格的形成与发展中,既有生物因素的制约作用,也有社会因素的作用,比如同一民族的人也会有共同的性格特点。

2. 统合性

人格是由多种成分构成的一个有机整体，具有内在统一的一致性，受自我意识的调控。人格统合性是心理健康的重要指标。当一个人的人格结构在各方面彼此和谐统一时，他的人格就是健康的。否则，可能会出现适应困难，甚至出现人格障碍。

3. 功能性

人格能够决定一个人的生活方式，甚至可以决定一个人的命运，因而是人生成败的根源之一。当面对挫折与失败时，坚强的人能愈挫愈勇，奋发拼搏，懦弱的人会一蹶不振，放弃努力，这就是人格功能的表现。健康的人格有利于人的身心发展，有助于人们走向成功，而不良的人格可能会阻碍人的身心发展，阻止人前进的步伐。

4. 稳定性

人格具有稳定性。个体在行为中偶然表现出来的心理倾向和心理特征并不能表征他的人格。俗话说："江山易改，禀性难移。"这里的"秉性"就是指人格。一般来说，从我们出生开始，到我们成长的过程中，人格一旦形成，很难发生大的改变，这就是人格的稳定性。虽然人格不易发生变化，但是不代表它一生都是一成不变的。随着我们生理的不断成熟和环境的不断变化，人格也有可能发生或多或少的变化，这是人格可塑性的一面，正因为人格具有可塑性，才能培养和发展人格。人格是稳定性与可塑性的统一。

总之，人格能同时反映出人的自然属性和社会属性。一方面，人格是在一定的社会环境中形成的，因此，一个人的人格必然反映出这个人生活在其中的社会文化的特点和他受到教育的影响，这就是人格的社会制约性。另一方面，人格是人的心理现象，而人的心理是人脑对客观现实的主观反映，是大脑的机能，人格的形成自然要以神经系统的成熟为基础。两者是相互联系、不可分割的，它们共同决定了一个人的人格特点。所以，人格又体现出人的自然性和社会性的统一。

（二）人格的基本结构

人格是一个复杂的结构系统，它包括许多成分，其中最主要的有气质、性格、自我调控系统等。

1. 气质

气质是表现在心理活动的强度、速度、灵活性与指向性等方面的一种稳定的心理特征，也就是我们平时所说的脾气、秉性。人的气质差异是先天形成的，受神经系统活动过程的特性所制约。孩子刚一出生时，最先表现出来的差异就是气质差异，比如有的孩子活泼好动，有的孩子平稳安静。气质是人的天性，无好坏之分。它只给人的言行涂上某种色彩，但不能决定人的社会价值，也不直接具有社会道德评价意义。一个人的活泼与稳重不能决定他为人处世的方向，任何一种气质类型的人既可以成为品德高尚、为社会做出杰出贡献的人，也可以成为道德败坏、对社会产生危害的人。气质不能决定一个人的成就，任何气质的人只要经过自己的不懈努力都可能在不同实践领域取得成就，也可能由于自己的懒惰散漫成为平庸无为的人。

古希腊医生希波克拉底通过自己的观察发现人体含有四种基本的体液，每种体液与一种特有的情绪和行为的模式相对应。个体的人格是由体内何种体液占主导所决定的。

这四种体液分别为血液、黏液、黄胆汁和黑胆汁。希波克拉底根据人体内的这四种体液的不同配合比例,将人的气质划分为四种不同类型,分别是多血质、黏液质、胆汁质和抑郁质。每种气质类型特点具体描述如下:

(1) 多血质

多血质的人神经过程的特点是强、平衡且灵活。与这种神经特点相适应,多血质的人感受性高而耐受性低。这类人情感丰富、外露但是不稳定,思维敏捷但是不求甚解,活泼好动、热情大方,语言具有表达力和感染力,善于交往但是交情浅薄,容易适应新的环境,行动敏捷,适应力强;他们的弱点是缺乏耐心和毅力,容易见异思迁。这种气质的典型代表人物有性情乖张、多情却又痴情的贾宝玉,善解人意、喜欢交往的猪八戒等。

(2) 黏液质

黏液质的人神经过程的特点是强、平衡但不灵活。与这种神经特点相适应,黏液质的人感受性低而耐受性高。这类人情绪平稳、不易外露,不动声色,表情平淡,思维灵活性略差,但比较细致,喜欢沉思;考虑问题比较周到,安静稳重,做事踏踏实实,平时沉默寡言,自制力较强,内刚外柔,与人交往适度,但是交情深厚。但是这类人行动迟缓、缺乏生气。这种气质的典型代表人物有敦厚老实、任劳任怨的沙僧,沉着老练、忍辱负重的林冲等。

(3) 胆汁质

胆汁质的人神经过程的特点是强而不平衡。与这种神经特点相适应,胆汁质的人感受性低而耐受性高,能忍受强的刺激。这类人情绪体验强烈,精力旺盛,勇敢果断,为人热情直率,朴实真诚,表里如一,行动敏捷,生机勃勃,刚毅顽强,但处理问题粗枝大叶,遇事常欠思量,鲁莽冒失,易感情用事,刚愎自用。这种气质的典型代表人物有耿直、急躁的李逵,心粗、胆大的张飞等。

(4) 抑郁质

抑郁质的人神经过程的特点是弱,而且兴奋过程更弱。与这种神经特点相适应,抑郁质的人的感受性高而耐受性低。这类人情感体验丰富且相当深刻,隐晦而不外露,易多愁善感,富于想象力,聪明且观察力敏锐,善于观察他人观察不到的细微事物,敏感性高,思维深刻,但是优柔寡断,受到挫折后常心神不安,不善交往,行为孤僻,具有明显的内向倾向。这种气质的典型代表人物有敏感细心、多愁善感、才华横溢的林黛玉,内向偏执的梵高等。

2. 性格

性格是一个人对现实的稳定的态度,以及与这种态度相应的、习惯化了的行为方式中表现出来的人格特征。

性格与气质不同,它受社会历史文化的影响,有明显的社会道德评价的意义。性格表现了人们对现实和周围世界的态度,并表现在这个人的言行举止中。比如在国家利益受到损害的时候,有的人宁愿付出生命的代价去保卫国家,有的人则退缩自保,而有的人却趁火打劫。所以,性格表现了一个人的品德,受人的价值观、人生观、世界观的影响。性格是人最核心的人格差异,有好坏之分,能最直接地反映出一个人的道德风貌。性格是在社会生活实践中逐渐形成的,同时也受生物学因素的影响。性格一经形成便比较稳定,它会在不同的时间和不同的地点表现出来。比如热情开朗的人不管是对朋友还是对家人都会表现得很热情。但是,性格具有稳定性并不代表性格就永远不会发生改变。实际上,性格是可塑的。如果一个人的生活环境发生重大变化,这个人的性格也可能随之发生显著的改变。

3. 自我调控系统

自我调控系统是人格中的内控系统或自控系统,包含了自我认识、自我体验、自我控制三个部分,其作用是对人格的各种成分进行调控,保证人格的完整、和谐与统一。

自我是通过自我认识、自我体验和自我控制三个方面来对个体进行调控的,使个体心理的各个方面和谐统一,使人格达到统合与完善。在自我认识的基础上,我们会产生相应的自我体验,比如从生理自我的视角来看,自己的身高相对于同龄人比较矮,可能有的人会产生自卑的自我体验,同时也可能因为自己的社会自我中的好人缘而体验到还不错的感受。显然,这个自我体验是在自我评价的基础上产生的,所以,并不是每个皮肤黑的人都觉得自己需要美白,不是每个高个子都会觉得自己很不错。根据自我体验,相应的会产生各种思想倾向性和行为倾向性,比如,身材不好感觉自卑的人可能会健身,或者对穿着打扮加以研究,用衣物给自己加分,也可能在学习上倍加努力让自己得以补偿。这便是自我调控。

(三)人格的影响因素

人格的形成受多种因素的影响,主要的影响因素有遗传、社会文化、家庭环境、学校教育、同辈群体以及自然物理环境等。

1. 遗传

心理学家采用同卵双生子研究遗传对于人格的影响,结果发现同卵双生子被分开抚养后,他们之间的相似性还是会大于异卵双生子,可见遗传在人格的形成中具有一定的作用。所以说,如果父母有焦虑、紧张的特点,孩子也可能表现得焦虑、紧张;如果父母外向、开朗,孩子也可能外向、开朗。"虎父无犬子""种瓜得瓜,种豆得豆"就体现了遗传的作用。

2. 社会文化

社会文化是影响人格的第二大因素,具有塑造人格的功能。不同的地域有不同的文化传统,不同文化传统的民族也有其固有的民族性格,比如西方人在人际互动中情感表达更直接坦率,而东方人则会比较含蓄委婉。中华民族有自己的民族性格,比如勤劳勇敢、自强不息等。如果想要让自己的人格更健康、更完善,平时可以多阅读一些名人传记,学习伟人身上优秀的品格,有助于塑造良好的人格品质。

3. 家庭环境

家庭是"制造人类人格的工厂"。家是一个人最早接受教育的场所,许多精神分析学家认为,一个人从出生到五六岁,是人格形成的关键阶段,在这一阶段,父母的教养方式对其人格的形成和今后的发展起着重要作用。父母的教养方式可分为专制型、放纵型、民主型和忽视型四种类型。专制型教养方式的父母,在教育子女中,会表现得过于支配和控制孩子的一切,在这种教养方式下儿童做事容易缺乏主动性,过于依赖、服从和懦弱。放纵型教养方式的父母,对孩子溺爱娇惯,任孩子随心所欲,不给孩子制定规则,在这种教养方式下成长的孩子容易表现出蛮横无理、自私胡闹、不遵守纪律、任性等特点,因此,父母不要一味地纵容孩子,这不利于孩子的成长。民主型教养方式的父母,与孩子在家里处于一种平等和谐的氛围,父母尊重孩子,给孩子一定的自主权和积极正确的指导,父母会满足孩子的合理需求,同时也会给孩子制定一些规则和纪律。民主型教养方式下的孩子是成熟的,他们大多会形成一些积极的性格,如活泼、自立、彬彬有礼、善于交往、富于合作精神、思想活跃等。忽视型教养方式的父母对孩子往往不做任何要求,也不关心和监管孩子,在这种教养方式下长大的孩子很容易出现攻击性较强、低自尊、爱冲动、与父母关系较冷淡等问题。当然,家庭的影响也不是根深蒂固的,随着年龄的增长,心理的成熟和阅历的丰富,每个人的性格特点都可以改变。

4.学校教育

学校教育是教育者依据一定的社会要求,依据受教育者的身心发展规律,有目的、有计划、有组织地对受教育者施加影响,促使其朝着所期望的方向发展变化的活动,因而对学生人格发展的方向和基本质量起着重要的作用。学校教育在学生社会化中的作用主要是通过教师与学生的相互影响来实现的。教师对学生人格的发展具有定向指导的作用。教师既是学校宗旨的执行者,又是学生言行的榜样。教师的言传身教对学生有巨大的影响。学高为师,身正为范。如果教师以身作则,事事为学生做出表率,师生间和谐相处,教师关爱学生,学生尊敬老师,对于学生的人格发展非常有帮助。

5.同辈群体

同辈群体对个体自身人格的发展也起着一定的作用,良好的同辈群体会对个人的人格发展有着积极的影响。在这种群体中,大家会互相帮助,共同成长,就像革命时期的青年革命者,以及当代奔赴前线的抗疫志愿者,因为同伴的力量会使群体中每个成员更加坚定自己的信仰,勇往直前。反之,不良同辈群体对人格的发展会有消极的影响,可能会让个人迷失自我,失去前进的动力。

6.自然物理环境

生态环境、气候条件、空间拥挤程度等这些物理因素都会影响到人格的形成和发展。比如爱斯基摩人以渔猎为生,他们夏天在船上打鱼,冬天在冰上打猎,主食为肉,没有蔬菜,过着流浪的生活,以帐篷遮风避雨。这个民族以家庭为单元,男女平等,社会结构比较松散,除了家庭约束外,很少有持久、集中的政治与宗教权威。在这种生存环境下,父母对孩子的教养原则是能够适应成人的独立生存能力。男孩由父亲在外面教打猎,女孩由母亲在家里教家务。儿女教育比较宽松、自由、不受打骂,鼓励孩子自立,使孩子逐渐形成了坚定、独立、冒险的人格特征。

另外,气温也会提高人的某些人格特征的出现频率。如热天会使人烦躁不安,而对他人采取负面的反应,发生反社会行为。世界上炎热的地方,也是攻击行为较多的地方。总体说来,在不同的物理环境中人可以表现出不同的行为特点,但自然环境对人格不起决定性的作用。

(四)人格的相关理论

不同流派的心理学家一直热衷于探究人格产生的根源,每一流派的不同心理学家也都有自己的解释。这里给大家介绍几种较有代表性的人格理论。

1.弗洛伊德的精神分析理论

精神分析流派认为潜意识是人类行为的主宰,研究人格必须探索人格外在表现背后的东西。精神分析学流派的创始人弗洛伊德认为人格是由本我、自我和超我三个部分构成。

本我是人格结构中最原始的部分,构成本我的成分是与生俱有的冲动、欲望或能量,如饥、渴、性等。本我遵循的是快乐原则。例如婴儿感到饥饿时会用大哭的方式表达要求立刻喂奶,绝不考虑母亲当下是否有困难。

自我介于本我和外部世界之间,是通过后天的学习和环境的接触发展起来的,遵循现实原则,它既要满足本我需要,又要制止违反社会规范、道德准则和法律条例的行为。比如一个大学生想要赚些生活费为家里减轻负担,就会勤工俭学,在业余时间做些兼职,并会认真学习争取拿到奖学金,而不会通过盗窃或诈骗等触碰法律底线的方式来赚钱。

超我是"道德化的自我",由"良心"和"自我理想"组成。超我的力量是指导自我、限制本我,遵循"理想原则"。

弗洛伊德认为人格结构中的三个层次相互交织,形成一个有机的整体。它们各行其责,分别代表着人格的某一方面:本我是人格的生物面,反映出人的原始本能;自我是人格的心理面,是人格的执行者,反映出人的现实特点;超我是人格的社会面,反映出人追求完美的特点。在通常情况下,三者处于协调和平衡的状态,从而保证了人格的正常发展。如果三者失调乃至破坏,就会产生心理障碍,进而阻碍人格的发展,甚至出现人格障碍。

2.奥尔波特的人格特质理论

奥尔波特把人格特质分为两类:一类是共同特质,指在某一社会文化形态下,大多数人或一个群体所共有的、相同的特质。另一类是个人特质,指个体身上所具有的独特特质。个人特质依其在生活中的作用又可分为三种:①首要特质,是指一个人最典型、最有概括性的特质,它影响到一个人各方面的行为。例如,多愁善感可以说是林黛玉的首要特质。②中心特质,是指构成个体独特性的几个重要的特质,每个人身上大概有5~10个。比如林黛玉的清高、聪慧、孤僻、内向、敏感、率真等都属于她的中心特质。③次要特质,是指个体的一些不太重要的特质,往往只有在特殊的情况下才会表现出来。这些次要的特质除了亲近他的人外,其他人很少知道。比如一个人在外面很暴躁,而在自己的爱人面前却很温柔,这里的温柔就是他的次要特质。

3.卡特尔的人格特质理论

卡特尔受化学元素周期表的启发,用因素分析法对人格特质进行了分析,提出了人格特质的网络结构模型。模型分成四层：个别特质和共同特质；表面特质和根源特质；体质特质和环境特质；动力特质、能力特质和气质特质。其中共同特质是指在某一社会文化形态下，大多数人或一个群体所共有的、相同的特质，在研究人格的文化差异时，可以比较不同文化中的共同特质；个人特质是一个人相对稳定的思想和情绪方式，是其内部的和外部的可以测量的特质。表面特质是指从外部行为能直接观察到的特质；根源特质是指那些相互联系而以相同原因为基础的行为特质，是人格的内在因素。体质特质是由先天的生物因素决定的，如兴奋性、稳定性；而环境特质则由后天的环境决定，如忧虑性、有恒性等。动力特质是指具有动力特征的特质，它使人趋向某一目标；能力特质是表现在知觉和运动方面的差异特质，包括流体智力和晶体智力；气质特质是决定一个人情绪反应速度与强度的特质。

科普知识 ······

1949年，卡特尔用因素分析法将人格的根源特质分为16种，并编制了《卡特尔16种人格因素测验》(16PF)（表5-1）。这16种根源特质分别为：乐群性、聪慧性、稳定性、恃强性、兴奋性、有恒性、敢为性、敏感性、怀疑性、幻想性、世故性、忧虑性、实验性、独立性、自律性和紧张性。

表5-1　　卡特尔16PF量表中人格的16种根源特质

人格因素		低分者特征	高分者特征
因素A	乐群性	孤独、缄默、对人冷漠	外向、乐群、热情
因素B	聪慧性	思维迟钝、学识浅薄	聪明、有才识、思维敏捷
因素C	稳定性	情绪激动、急躁不安	情绪稳定、沉着
因素E	恃强性	谦逊、顺从、通融	固执、好强、支配
因素F	兴奋性	严肃、审慎、冷静	活跃、兴奋
因素G	有恒性	权宜敷衍、不顾规则	认真负责、做事尽职
因素H	敢为性	畏怯退缩、缺乏自信心	冒险敢为、少有顾忌
因素I	敏感性	理智、坚强、着重实际	敏感、感情用事
因素L	怀疑性	信赖、随和、易相处	多疑、刚愎、不信任别人
因素M	幻想性	现实、合乎常规	爱幻想、狂放不羁
因素N	世故性	直率、坦白、天真	精明能干、处事老练
因素O	忧虑性	安详、沉着、有自信心	忧虑、抑郁、好担忧
因素Q1	实验性	保守、服从传统	自由、批评激进
因素Q2	独立性	依赖性强、附随群众	自立自强、当机立断
因素Q3	自律性	矛盾冲突、不拘小节	知己知彼、自律严谨
因素Q4	紧张性	心平气和、知足常乐	紧张困扰、激动挣扎

人格的16种根源特质是各自独立的,相互之间的相关度极小,每一种因素的测量都能使被试者某一方面的人格特征有清晰而独特的认识,更能对被试人格的16种不同因素的组合做出综合性的了解,从而全面评价其人格。

4.现代的五因素模型

塔佩斯等人运用词汇学的方法对卡特尔的特质变量进行了再分析,发现了五种相对稳定的因素。之后很多学者进一步验证了"五种特征"的模型,众多研究者在人格究竟有多少种特质上逐渐达成了共识,形成了著名的五因素模型,又称为"大五模型"。这五个因素分别为开放性、尽责性、外倾性、宜人性和神经质,这五个因素的单词首字母连起来正好是 OCEAN 一词,这也代表了人格的海洋。

1989年麦克雷和科斯塔根据这一理论模型编制了"大五人格因素测定量表"。这五种因素具体解释如下:

开放性(Openness):这一因素得分高的人具有想象力丰富、高审美、情感丰富、爱求异、创造力强、富有智慧等特质。

尽责性(Conscientiousness):这一因素得分高的人具有易胜任、公正、条理、尽职、有成就、自律、谨慎、克制等特质。

外倾性(Extraversion):这一因素得分高的人热情、喜欢社交、果断、活跃、冒险、乐观等特质。

宜人性(Agreeableness):这一因素得分高的人具有信任他人、利他、直率、依从、谦虚、移情等特质。

神经质(Neuroticism):这一因素得分高的人具有难以平衡焦虑、爱敌对、压抑自我意识、易冲动、脆弱等情绪的特质,即不具有保持情绪稳定的能力。

5.A-B型人格理论

弗里德曼和罗森曼描述了 A-B 型人格理论,近年来,人们在研究人格与工作压力的关系时,常用到这种人格类型。

A 型人格的主要特征是:性情急躁、缺乏耐性、有强烈的进取心和事业心、有苦干精神、工作投入、做事认真负责、时间紧迫感强、富有竞争意识、外向、动作敏捷、说话快、生活常处于紧张状态,但办事匆忙、社会适应性差、属于不安定型人格。具有这种人格特征的人易患冠心病。

B 型人格的主要特征是:性情不瘟不火、举止稳当、随遇而安、不会赶时间去做事、很顺从、安宁、喜欢慢节奏的生活工作、与世无争、很放松安逸、把生活当作是一种享受,而不是战斗。

实际上,除了 A 型人格和 B 型人格之外,有其他研究者发现还有一种 C 型人格。这类人格特征的人表现为过分忍让和依从、回避矛盾。面对负性事件,比如让自己不愉快或者压力大的事,会压抑自己的情绪,怕因表达情绪伤害别人而选择委屈自己,表面上风平浪静,内心十分痛苦。研究发现,C 型人格特点的人罹患癌症的概率比普通人高很多,因此也被称为"癌症人格"。

6.儒学论人格的类型

儒家思想文化是中国传统文化的主流思想,集中体现着中国文化的基本精神,它博大精深的思想精髓及其所表征的价值理念,深刻影响着一代又一代中国人的思想和行为,是中华民族精神追求的重要思想资源。儒家思想对于人格也有着相关的表达,比如在儒家经典中经常出现的圣人、圣贤、君子、成人、醇儒、豪杰、大丈夫等字眼,这些实际上都是伦理学意义上的理想人格。

黄玉顺在《孔子之精神境界论》一文中谈道,孔子已经形成了一套很系统的关于精神境界的思想。孔子对精神境界的分析,采取了两个维度的划分标准:一是按人格境界,把人分为三类(三境):小人,君子,圣人;二是按心理范畴,把以上三类人各自分为三种(三界):智者,勇者,仁者。除小人这个层次外,不论君子还是圣人,智者、勇者和仁者有一个共同的点,就是一以贯之的"仁"。但三者与"仁"的关系,又有心理层次的不同:智者又叫"知之者",知仁而求仁;勇者又叫"好之者",好仁而行仁;仁者又叫"乐之者",乐仁而安仁。他说:"知之者不如好之者,好之者不如乐之者。"(《论语·雍也》)孔子认为这是三种高低不同的境界:智者不如勇者(知不如行),勇者不如仁者(意不如情)。这样一来,孔子实际划分了由低到高的九种精神境界:小人之智者(小智),小人之勇者(小勇),小人之仁者(小德);君子之智者(大智),君子之勇者(大勇),君子之仁者(大德);圣人之智者(圣智),圣人之勇者(圣勇),圣人之仁者(圣德)。

二、常见的人格测试

一提到心理学,可能大部分同学最感兴趣的就是网络上各种各样的人格测试。同学们渴望通过五花八门的人格测试来探索自己的人格特点,以了解真实的自己。但实际上,网络上的人格测试并不一定都是专业的心理测试,很多都没有科学依据,大家在选择人格测试的时候,要学会区分专业与非专业,选取专业的、科学的心理测试对自己进行探索。

(一)非专业的人格测试

市面上有很多受人喜爱的心理测试,比如星座、运势的、一眼看到你内心的秘密、根据你喜欢的食物揭示你的性格、一幅图看出你的内心世界,等等,这些测试极具吸引力,但这些测试并不是专业的人格测试,不具有科学依据,我们姑且称它们为"坊间人格测验"。人们之所以觉得很准,是因为这些测试利用了人们一种普遍的心理现象,我们称之为巴纳姆效应。巴纳姆效应是指人们很容易相信笼统的一般性的人格描述,并认为它特别适合自己。

科学实验室

在一项研究中,研究者给大学生做了明尼苏达多相人格测验。几天后研究者交给他们每人一份打印好的结果报告,然后让他们评价报告的准确性,结果绝大多数的学生都说报告上的描述与自己的情况非常贴切,而事实上他们看到的都是同一份精心伪造的报告。

(二)专业的人格测试

实际上,心理学中有很多专业的人格测试,这里给大家介绍几种具有代表性的人格测验。

1.自陈量表

自陈量表是让被试按照自己的意见,对自己的人格特质进行评价的一种方法,也被称为人格量表。人格量表中的每一道题目都是经过筛选的,具有较高的信度和效度,能够相对准确地评估参加者的人格情况。明尼苏达多相人格测验、艾森克人格问卷以及之前提到的16PF人格测验和大五人格测验都属于人格量表。

(1)明尼苏达多相人格测验

明尼苏达多相人格测验(简称MMPI),是现今国外最流行的人格测验方法之一,此量表是由美国明尼苏达大学教授哈瑟韦和麦金力于1942年所编制的,该量表内容包括健康状态、情绪反应、社会态度、心身性症状、家庭婚姻问题等26类题目,可鉴别强迫症、偏执狂、精神分裂症、抑郁性精神病等。该测验在心理咨询中心、心身医学门诊、精神病院、人才市场、职业介绍所、大中专学校等都有广泛的运用,对人才心理素质、个人心理健康水平、心理障碍程度的评价都能有较高的使用价值。明尼苏达多相人格测验包括10个临床量表:疑病(Hs)、抑郁(D)、癔症(Hy)、精神变态(Pd)、男性化/女性化(Mf)、偏执(Pa)、精神衰弱(Pt)、精神分裂症(So)、轻躁狂(Ma)、社会内向(Si)。另外还有4个效度量表:说谎分数(L)、诈病分数(F)、校正分数(K)、疑问分数(Q)。所有题目均采用是、否来回答,题目举例如下:

①我相信有人反对我。　　　是[ ]　否[ ]

②我相当缺乏自信。　　　　是[ ]　否[ ]

(2)艾森克人格问卷

艾森克人格问卷(EPQ)是由英国心理学家H. J. 艾森克编制的一种自陈量表,是在《艾森克人格调查表》(EH)基础上发展而成的,有成人问卷和儿童问卷两种格式,包括四个分量表:N量表(神经质)、E量表(内外向)、L量表(效度量表)、P量表(精神质)。P分高的人,个性特征为独身主义,对人冷漠,具进攻性,残忍,对人抱敌意,感觉迟钝。E分高的人外向,E分低的人内向。N分极高代表情绪不稳定,N分极低代表情绪过于稳定。L分高表明回答多掩饰,结果不太可靠。该量表具有良好的信度和效度。

2. 投射测验

投射测验是以弗洛伊德精神分析的人格理论为依据的。精神分析理论强调人的行为是由无意识的内驱力所推动的。这些内驱力受到压抑不为人们觉察,但却影响着人们的行为。根据这种理解,人们难以通过问卷直接了解一个人的情感和欲望,进而对他的人格做出评定。但是,如果给被试模棱两可的问题,那么他的无意识欲望有可能通过这些问题投射出来。所谓投射测验,就是根据这种想法设计出来的。

投射测验一般由若干个意义模糊的刺激所组成,被试可任加解释,使自己的动机、态度、感情以及性格等在不知不觉中反映出来,然后由主试将其反应加以分析,就可以推论出若干人格特性。罗夏墨迹测试就是历史最悠久、使用最广泛的投射测验之一。图 5-1 所示是一张罗夏墨迹测试图。心理学家会通过分析参加者对这些模棱两可的图片的解释,探索参加者的若干人格特征。还有一种主题统觉测验,也是一种知名的投射测验,由美国心理学家莫瑞编创。该测验由一系列模糊的图片组成,如图 5-2 所示,让参加者根据情境讲故事,故事的差异是参加者内在人格的线索。主题统觉测验常用来测查一个人在支配需要上的差异,以及在人际关系中的情感问题。目前流行的"房树人""绘画测试"等也属于投射测验的范畴,这种测试因为无结构也无固定答案,来访者更容易讲出那些困扰他们的问题,临床心理学家通过分析来访者的主要心理冲突,开展有针对性的咨询。投射测验也有明显的缺陷,就是效度不高,不同心理学家对于测验结果评分的客观性不高,所以这种测验必须由经过培训的专业人士来使用和分析、解释。

图 5-1 罗夏墨迹测试

图 5-2 主题统觉测验

3. 情境测验

情境测验是主试在某种情境下观察被试的行为反应,进而了解其人格特点。实验者将参加实验的人置于某种情境中,如挫折、压力、诱惑等,观察他们在这种情境下的行为反应,据此分析他们的人格特点。这种观察带有较多的目的性,评分也更为规范。情境测验可用于教育评价、人事甄选上,比如职业心理学家会在招聘过程中使用压力测试的方法,观察压力情境下应聘者的反应,由此推断一个人的人格特点是否与职业要求相匹配。

4.自我概念测验

在人格理论中,"自我概念"是"自我论"的中心。在测量自我概念时,不仅要了解个人对自己的看法,还要了解个人的"自我接受"和"自尊"的程度,比较"现实我""社会我"及"理想我"三者之间的关系。常用的有 WAI 方法,所谓 WAI 指英文"Who Am I"的首字母缩写。该方法操作很简单,即让被试对"我是谁"的问题进行自问自答,自由书写 20 种回答,此方法在自我概念测验中广为使用。除此之外,还有形容词列表法和 Q 分类法。

第二节 如何塑造健全的人格

烦恼杂货铺

小强(化名)是一名大二学生,他平日里懒懒散散,得过且过。不管是上课还是交作业,他都拖拉到最后一刻,经常临时抱佛脚。他平时也不出去运动或参加集体活动,有时间就在床上躺着。他也不知道自己将来要做什么,很苦恼但是又不愿动起来去做事。

小强存在懒惰的人格缺陷,缺乏进取精神,是意志活动无力的表现。后来,小强去咨询了心理医生。心理医生告诉小强,想要克服懒惰,首先要认识懒惰的危害,给自己确立一个正确而坚定的理想,然后振作精神去奋斗,从小事做起,给自己制定目标和计划,严格督促自己,唤醒内在动力,不断前行,同时可以在自己完成一个目标的时候,进行自我激励。此外,还要和人多交往,关心外面的世界,多参加集体活动。

你是否也存在拖延、懒惰的习惯呢?如果自己存在人格缺陷,该如何解决呢?

知识直通车……

一、大学生常见的人格缺陷

人们常说:态度决定行为,行为决定习惯,习惯决定性格,性格决定命运。如果把人比作一栋大楼,人格就是这栋楼的内在结构,如果内在结构长时间存在缺陷,这栋大楼可能也会毁坏。如果大学生的人格长期存在缺陷,却不加以调整,严重者可能会发展成为人格障碍,影响到在大学的学习与生活,阻碍自我的发展。

人格发展缺陷是指介于健康人格与人格障碍之间的一种人格状态,表现为人格发展的不良倾向。如果不加以调整,很可能会引起心理危机,不利于身心健康的发展。大学生常见的人格缺陷有羞怯、懒惰、猜疑、狭隘等。

1. 羞怯

羞怯在大学生中并不少见。比如不敢在大众场合发表意见,害怕与陌生人打交道,与异性说话会手足无措,目光躲闪,跟老师交流会紧张害怕等。羞怯是一种处于回避和抑郁状态的人格倾向,对大学生心理健康水平和生活质量有着广泛的影响。羞怯的人常常表现为胆小被动,谨小慎微,自信心不足,过于在意自己在别人心中的形象。

实际上很多羞怯的人在外貌和学识方面并不比其他人差,反而有可能比他人更加优秀,因此要正确评价自己,多给自己点信心,敢于肯定,发现自己的优点,也要尝试锻炼自己,多鼓励自己在人前发言,上课时多往前排坐。要学会放下自己的思想负担,不要过于在意别人的评价与议论。每个人都可能会有出错或是尴尬的时候,这没有什么大不了,不要被其他人的言语左右自己的思想,要学会走自己的路,这会让自己变得洒脱和自信。

2. 懒惰

大学生正处于人生的黄金时期,本应是朝气蓬勃,充满活力,积极向上的群体,但事实并不总是如此。大学校园里流传着一句话:及格万岁,多一分浪费。有的同学本着做一天和尚撞一天钟的态度上大学,得过且过,懒懒散散,缺乏上进心。

懒惰是部分大学生感到苦恼但又难以克服的一种人格发展缺陷,是影响大学生积极拼搏、张扬青春活力的天敌。对此有的大学生也会感到内疚和后悔,但是又没有动力去改变,这是缺乏毅力的表现。要克服懒惰心理,就要下定决心改变,充分认识到懒惰对自己的危害,学会为自己负责,从小事做起,时刻监督自己,不为自己的懒惰找借口,力争今日事今日毕,不做拖延的人。

3. 猜疑

爱猜疑的大学生往往对人、对事敏感多疑,比如看到同学说悄悄话,就会怀疑他们是在说自己的坏话,看到有人没和自己打招呼或没及时回自己的消息,便疑心对方是对自己有意见。猜疑是一种人格缺陷,会导致人际关系紧张,伤害彼此间的感情,对自己也会造成负面影响,是一种不健康的人格品质。

当意识到自己习惯猜疑别人时,要进行调整。当产生猜疑时,先不要表露出来,可用心观察所猜疑的人和事。若猜疑得到证实,也不会因此感到震惊,反而可坦然接受结果;当猜疑不成立时,应打消疑心。由于不曾表露猜疑心,也不会伤害其他人。接下来,要做到加强沟通。猜疑常常是由于误会或他人搬弄口舌引起的,因此碰到这种情况时,要主动地和被猜疑者沟通交流,这有助于消除误会,改善彼此的关系,增进彼此的信任感。此外,我们还要抛弃固有的成见,学会全面、客观地看待人和事,转变原有的思维模式。

4. 狭隘

受功利主义影响,有的大学生形成了狭隘的个性特点。他们凡事斤斤计较、耿耿于怀、易嫉妒、爱挑别、容不得其他人比自己好,这些都是心胸狭隘的表现。心胸狭隘会给自己带来烦恼和忧愁,也会影响人际关系,是一种不良的个性特点。

克服狭隘,首先要做到胸怀宽广,心胸坦荡,宽以待人,一切向前看。正如雨果所言:"比海洋更广阔的是天空,比天空更广阔的是心灵。"其次要做到开阔自己的视野,一个人视野越开阔,格局越大,就越不会陷入狭隘之中,这就是所谓的"站得高,看得远"。

二、常见的人格障碍

人格障碍是指明显偏离正常且根深蒂固的行为方式,导致自己对于周围的环境、人际关系等表现出明显的适应不良,自己和周边的人往往都较为痛苦,甚至可能给社会带来不良影响。人格的异常妨碍了他们的情感和意志活动,破坏了其行为的目的性和统一性,给人与众不同的特异感觉,在待人接物方面表现得尤为突出。人格障碍通常开始于童年、青少年或成年早期,并一直持续到成年乃至终生。部分人格障碍患者在成年后有所缓和。大学生常见的人格障碍有以下几种:

1.偏执型人格障碍

这类人的特点有:会对挫折与拒绝特别敏感;表现固执,容易长久地记仇,即不肯原谅受过的侮辱、伤害或轻视;会把他人无意的或友好的行为误解为敌意或轻蔑;极易猜疑;表现出与现实环境不相称的好斗;顽固地维护个人的权利;会毫无根据地怀疑伴侣的忠诚;过分警觉;心胸狭隘;将自己看得过分重要;拒绝接受批评。

例如,电视剧《不要和陌生人说话》中的安嘉和就是这样的特点,他极易猜疑自己的妻子,甚至因为担心妻子背叛自己而对妻子进行家暴。

2.分裂(样)型人格障碍

这类人的特点有:脱离社交关系;人际交往中情绪表达范围受限;他们似乎对发展亲密关系的机会漠不关心;不能从家庭或社交互动中得到任何快乐;很难有正性情绪体验和表达(尤其是对与他人发生性行为的兴趣非常有限);情感冷漠或平淡;独来独往;没有幽默感;经常对他人的赞扬或批评无动于衷;几乎没有什么活动能引起他们的兴趣;他们倾向于认为和其他人的关系是无价值的、麻烦的和侵入性的;过分沉溺于幻想和内省中;有古怪和反常的行为。

例如,电影《海蒂与爷爷》中的爷爷就是分裂型人格障碍的患者,他是一个性格古怪的老头儿,孤僻,敏感,多疑,不愿与他人交往,只喜欢生活在自己的世界里,大家都觉得和这个脾气古怪的老头儿打交道非常困难。

3.边缘型人格障碍

边缘型人格障碍一般起始于成年早期。这类人的特点有:难以控制的情绪;强烈又极不稳定的人际关系模式;身份或同一性混乱(明显的持续而不稳定的自我形象或自我感觉);冲动及自毁、自杀行为;时常伴随抑郁、焦虑或愤怒;会担心被抛弃;会伴随着应激性的精神病性症状。

例如,电影《移魂女郎》中的女主角苏珊娜,性格孤僻,不和其他女孩一起玩;与周围的人格格不入,在大家积极规划未来的时候,她却说不想读大学;与他人发生性关系,却没有深层的情感交流;在情感中时而十分投入,时而又异常冷漠;她时间感错乱,甚至出现幻觉,比如认为自己的手没有骨头。一开始,她的父母只是把这些问题当作青春期叛逆。直到有一天,苏珊娜吃了一瓶阿司匹林,又喝了一瓶伏特加,险些丧命后,父母才意识到问题的严重性。在朋友的建议下,父母把苏珊娜送到精神治疗医院休养,并最终被确诊为"边缘型人格障碍"。

4.表演型人格障碍

这类人的特点有:在任何情境下都想成为人们注意的焦点;想要赞美式关怀和引人注目;可能过度信任别人或被他人影响(尤其是强大的权威人士);会以戏剧化、舞台化的方式显示自我;与别人交往时常有不适当的诱惑或挑逗行为;言语风格过分地为了给人留下印象而缺乏具体细节;情绪表达夸张,并变换迅速而肤浅;过分强调自己外表的吸引力。

例如,我们常说的"戏精",他们常常浑身是戏,通过各种方式吸引别人的注意。他们会在聚会上最晚出现,穿着打扮最精致,会在人群中永远大声叫着"OMG",每当大家的注意力被他们所不感兴趣或不擅长的事情所吸引的时候,他们总会想办法将人们的目光拉回来。这种人有可能患有表演型人格障碍。

在影视作品里,也不乏这样的人物角色。电影《乱世佳人》的斯佳丽,就是一个患有表演型人格障碍的人物。她渴望成为人群中的焦点,她要所有人都看到她。为此,她一直掌握着选择话题的主动权。除了对成为焦点的渴望,斯佳丽还一直幻想着自己的暗恋对象阿什礼也深爱着自己,哪怕对方已经结婚了,她依然执迷不悟。此外,斯佳丽的情绪还很不稳定,常常上一秒笑嘻嘻,下一秒就生气翻脸了。

5.自恋型人格障碍

这类人的特点有:很难接受他人的批评;喜欢指使他人,要他人为自己服务;过分自高自大;对自己的才能夸大其词;希望受人特别关注;坚信他关注的问题是世上独有的,只有某些特殊的人物才能了解;对无限的成功、权力、荣誉、美丽或理想爱情有非分的幻想;认为自己应享有他人没有的特权;渴望持久的关注与赞美并有很强的嫉妒心;缺少同情心;亲密关系很难建立与维持。

例如,生活中有一些男人明明很普通,却莫名地认为女性都以被自己喜欢为荣,认为自己的一句"我会对你负责的,我会娶你的"就是自己给女性最大的褒奖,也就是网络用语中的"普信男",这类人可能就属于自恋型人格倾向,严重者可能是自恋型人格障碍患者。

6.反社会型人格障碍

这是对社会影响最为严重的人格类型,这类人的特点有:行为与整个社会规范相背离;对他人的感受漠不关心;缺乏责任感和同情心;情感肤浅而冷酷;行为受本能欲望、偶然动机和情感冲动所驱使;具有高度的冲动性和攻击性;对外认识能力完好,但对自己的人格缺陷缺乏觉知;自私自利;自我评价过高;缺乏悔恨感与羞愧感;做事不计后果,也不能从经验中吸取教训;法律意识较差。

例如,甘肃白银连环杀人案的罪犯高承勇,就是反社会人格者,他从1988年至2002年的14年间,前后共杀害了11名受害者。他专挑年轻女性下手,作案手段残忍,极具隐蔽性。在审判过程中,他也丝毫没有向受害者家属道歉的举动。2019年1月,高承勇被执行死刑。

7.依赖型人格障碍

这类人的特点有:请求或同意他人为自己生活中大多数重要事情做决定;将自己的需求附属于所依赖的人,过分顺从他人的意愿;不愿意对所依赖的人提出即使是合理的要求;极度地依附于他人,害怕失去人际关系的支持;由于过分害怕不能照顾自己,在独处时感到不舒服或无聊;常沉陷于被关系密切的人所抛弃的恐惧中,害怕只剩下自己来照顾自己。

例如,我们常说的"妈宝男",有这样一段对话形容"妈宝男":

男:"什么是妈宝男?"

女:"就是没主见,什么都听妈妈的。"

男:"哦,那我去问一下我妈我是不是。"

女:"问吧,我知道了。"

电视剧《流金岁月》里的谢宏祖就是这类人的典型代表。这类人与真正的孝顺不一样,孝顺的前提是共情与感恩,核心是尊重、关爱和理解自己的父母,并且承担应尽的义务和责任。孝顺不是不加区分、一味地顺从甚至盲从父母,也不是一味地坚持"我妈说的都对,啥都要听我妈的",而是在平等且相互尊重的基础上对父母物质与精神世界进行最大程度的关照。相反,"妈宝男"的无条件顺从和无主见依从不完全是孝顺,其中很大程度上是因为过度依赖自己的家长,是独立人格的缺陷或缺失。这类人内心并不一定真正对以母亲为代表的长辈有深刻的理解和认同,而是因为缺乏独立性和坚定的意志品质,总以父母的言语作为人际交往和问题解决的保护伞。

8.回避型人格障碍

这类人的特点有:因为害怕批评、否定或排斥而回避涉及人际接触较多的职业活动;不愿与人打交道(除非确定能被喜欢);因害怕被嘲弄而在亲密关系中表现拘谨;总觉得会在社交场合被批评和拒绝;认为自己在社交方面笨拙;觉得自己缺乏个人吸引力或低人一等;想得到他人的关心和体贴又不敢接近;会因担心遇到困窘的情况,非常不愿意冒风险或参加任何新的活动。

例如,喜欢待在家里的"宅男""宅女",他们在家看电影也好,打游戏也好,无所事事也好,就是喜欢一个人的生活,不喜欢去外面世界与人接触,不太喜欢社交场合,相比面对面的社交活动,他们更喜欢通过各种媒介和他人建立联系。他们也会担心或反感在社会交往中要花费心思和精力。这种长期宅在家里的人,可能会使自己人际关系不良,缺少朋友;也可能会变得自卑。

9.强迫型人格障碍

这类人的特点有:过分疑虑及谨慎;对细节、规则、条目、秩序、组织或表格过分关注;过于追求完美;教条,道德感过强,谨小慎微,过分看重工作成效而不顾乐趣和人际关系;过分迂腐,拘泥于社会习俗;刻板和固执;常不合情理地坚持让他人必须严格按自己的方式行事或即使允许他人按他本人的意愿行事也极不情愿;会有强加的、令人讨厌的思想或冲动闯入。

值得注意的是,很多人可能会存在上述一些人格特点,但不代表有特点就是人格障碍。实际上,存在人格障碍的大学生很少见,大家不要根据人格障碍的特点去轻易给自己或他人贴标签,每种人格障碍都是需要专业的评估才能确定的。当然,如果你发现自己的人格确实存在一定缺陷,让自己产生不适,也要及时求助专业的人士进行帮助。

小阅读

大一新生晓琳，无论在学校还是在家里，每次都要反复确认自己的东西是否摆放整齐。比如她有四支笔，它们每次的位置、方向、顺序都有要求，不能有任何偏差。在晓琳的认知中，如果摆放不整齐的话就无法做别的事情。她绝不允许同学碰自己的东西，经常独来独往，人际关系也处理得很差，在同学眼中她就是个"怪人"。有一次，晓琳生病住院了，在医生查房的时候，她要求医生必须站她左边，且不允许医生过于靠近她的床边，否则她就觉得床单会被污染，就要求换床单，并表现出痛苦、悲伤的情绪，哭闹不止。晓琳属于典型的强迫型人格障碍，应该求助专业的心理医生治疗。

三、塑造健全人格的途径

人物风采

钱学森的人格魅力

钱学森是科学界的一位巨擘，是我国航天事业的奠基人。他灿烂的科学人生和感人的人格魅力是留给我们的宝贵精神财富。

实事求是，严格要求自己

1929年，钱学森以入学考试第三名的成绩从北师大附中考入铁道部交通大学上海学校（今上海交通大学）。在高中时，钱学森接受的是以启发学生兴趣和智力为目标的教育，他从不在临考时加班突击，所以平时的考试成绩并不突出。而大学对考试要求很严格，每门课要考90分以上才算优秀。一开始，钱学森还像中学时一样对分数并不在意，成绩平平。但是，学校有不少来自北师大附中和江苏扬州中学的学生，自发形成了竞争之势，钱学森为给北师大附中争光，全力以赴对待学习，结果学习成绩直线上升。他对自己要求极严，每次考试总是书写工整、干净漂亮，连等号都像用直尺画的一样，各科老师都非常欣赏他，说批改钱学森的试卷简直是一种享受。

1933年6月24日，一次水力学考试后，任课老师金悫教授把试卷发下来讲评，第一名又是钱学森，而且得的是满分。金教授从讲台上拿起第一份考卷笑眯眯地递给钱学森，周围的同学很是羡慕。而钱学森却满腹狐疑，因为考完试后他就发现自己有一处笔误，将一串公式中的"Ns"写成了"N"。他拿到试卷一看，果然那道题错了，于是他举手报告："老师，我不是满分。"钱学森指出了自己的笔误，金教授于是把试卷改成了96分，但立刻宣布：尽管钱学森同学被扣掉4分，但他实事求是、严格要求自己的学习态度，在我的心目中就是满分。全班同学都为钱学森热烈鼓掌。

细心严谨,勇于探索

1941年,钱学森在美国《航空科学学报》发表科研成果《柱壳轴压屈曲》一文,攻克了困扰航空界多年的难题。这篇文章仅有寥寥10页,极为简明,而钱学森在研究过程中仅编有页码的推导演算手稿就达800多页,其中有些计算数字精确到了小数点后8位。论文完成后,钱学森把手稿存放到纸袋里,并在纸袋外面写下了"Final"(定稿)字样。但他立刻想到,科学家对真理的探索永无止境。于是,他又写上"Nothing is final"(永无止境)。

信仰坚定,以身报国

1949年10月1日,中华人民共和国在北京宣告成立。远在美国的钱学森,对夫人蒋英说道:"祖国已经解放,我们该准备回去了。"然而回国并没有那么顺利,得知钱学森执意回国后,美国方面曾将他拘留在警卫森严的太平洋特米罗小岛上。在获准保释后,却完全丧失人身自由,钱学森被软禁在家,不允许离开洛杉矶。每月还要随时接受移民局的传唤。这样的日子,持续了5年……面对美国官员的质询,钱学森的回答掷地有声:"我必将效忠中国人民!"

在多方不懈的努力之下,经过长达5年的等待,1955年9月17日,钱学森及家人乘坐的"克利夫兰总统号",从太平洋彼岸起程,驶向遥远的东方。回国后,钱学森被安排在中国科学院工作,筹备建立力学研究所。一本《工程控制论》就是他报效祖国的底气,是智慧和汗水的结晶;一纸《建立我国国防航空工业的意见书》就是他报效祖国的决心,是对中国航空事业的长期规范和发展;一句"外国人能干的,我们为什么不能干"就是他报效祖国的动力,这是信仰的力量,更是必胜的信念。

淡泊名利,为国为民

钱学森一生中多次捐赠稿费、讲课费和奖金,最大的一笔为100万元。在中国科学技术大学力学系任教时,钱学森为培养祖国的国防科技人才而悉心授教。二十世纪的50年代末、60年代初,计算尺是力学系的同学上课时应该人手一把的工具,但因为价格比较贵,许多同学买不起。钱学森拿出他获得中科院科学奖金一等奖的一万多元钱,让学校教务人员给每位学生配一把计算尺。

在荣誉面前,他不居功、不自傲,始终坚持这样的信念:"导弹航天是成千上万人的事业,不是一两个人能搞成功的。一切成就应归于党,归于集体,而我只是党领导下的这个集体中的千分之一,万分之一。"

这就是钱学森,一个立体真实、有血有肉、无比爱国的钱学森。

(资料来源:共青团中央)

习近平总书记曾说:"青年是国家的未来和民族的希望。希望同学们肩负时代责任,高扬理想风帆,静下心来刻苦学习,努力练好人生和事业的基本功,做有理想、有追求的大学生,做有担当、有作为的大学生,做有品质、有修养的大学生。"大学生作为青年中的优秀群体,要不断提升自我修养,改正自身的不足,学会打造健全的人格,争做新时代的四有好青年。健全人格,可以简单地理解为人格正常和谐的发展。心理学对于健全人格的相关特征有学术角度的定义,认为可以从五个维度来定义一个人的人格是否健全:①心理是否健康;②人格品质是善还是恶;③是否具有责任感;④情绪稳定性如何;⑤思维开放性如何。

大学生如何塑造健全的人格呢?这里给大家提供几种可以参考的方法:

1.学会正确认识自己并悦纳自己

大学生能够正确认识自己并对自己有积极的评价,这对于人格的健全起着极其重要的作用。良好的自我意识不仅是大学生人格独立的体现,还是维持人格发展连续性与稳定性的重要因素之一。知人者智,自知者明。我们要对自己有正确的定位,不自高自大,也不妄自菲薄。接受自己的优点与缺点,并且改正自己的缺点,发扬自己的优点,这有益于人格的发展与完善。

2.树立正确的人生观和价值观

万事之始源于心,万事之治归于心。树立正确的人生观与价值观是大学生塑造健全人格的关键一步。有了正确的、科学的人生观和价值观,我们能更加坚定自己的理想信念,辩证地思考问题,养成积极乐观的心态去面对困难与挫折,不会在困境面前轻易放弃。也唯有在正确的人生观和价值观的引领下,我们才能积极拼搏,胜不骄,败不馁,才能使身心健康发展,使人格得以健全。

3.善于调节情绪,提高情商

要学会管理和调节自己的情绪,使自己的心境在大部分时间内都是积极愉快的,对学习和生活保持积极向上的态度,遇到挫折时迅速调整自己的状态,尽快走出来。习近平总书记告诫我们:"要正确对待一时的成败得失,处优而不养尊,受挫而不短志,使顺境逆境都成为人生的财富而不是人生的包袱。"我们既要正确面对成功带来的喜悦情绪,又要学会应对在挫折面前的消极情绪反应,始终保持勇往直前的精神和勇气迎接人生的不同挑战。大学生要学习情商智慧,对自己的情绪进行管理和控制,不要被情绪冲昏了头脑而做出失去理智的事情,要学会去感受他人的情绪,理解他人,这有助于自我的发展。

4.培养社会责任感

大学生是接受国家高等教育并拥有较多科学文化知识的专业人才,是未来国家建设和社会发展的主要力量,肩负着新时代国家富强、民族复兴、人民幸福的历史使命,是国家的未来和民族的希望。社会责任感作为大学生首要的基本素质,是大学生立足于社会的基础和前提,也是人格健康发展的重要因素。如果一个人缺乏社会责任感,就会变得麻木冷漠,对任何人和事都不关心,甚至可能破坏和践踏法律和道德的底线,这对于个人的成长是极其不利的。如果大学生这一群体都缺乏社会责任感,这会对整个国家和社会的发展都有严重的影响。所以,大学生要培养社会责任感,遵守各种法律和地方、学校、单位的规章制度,学会助人为乐,恪守流传几千年的中华传统美德。

5.富有爱心和同理心

大学生要学会尊重他人,不以自我为中心,而要有宜人性。大学生在成长的过程中必然会经历一个自我中心的阶段,然而随着人格不断完善,要逐渐去自我中心化,提升社会适应能力。大学生正处在这样一个阶段,要培养同理心,学习理解他人的需要和感受,有爱心,去关爱和善待周围的人。

6.保持和谐的人际关系

人格的发展、塑造是个体实现社会化的过程,是个体与他人、集体、社会相互作用的过程,健康的人格只有在与人交往中才能体现出来。正如马克思所说,只有在集体中,个人才能获得全面发展其才能的手段,也就是说,只有在集体中才能有个体的自由。集体是塑造健康人格的土壤,是锻炼人格品质的熔炉。所以,我们在日常生活中要学会与他人交往并乐于与他人交往,与家人、同学、室友、老师等友好相处,使自己在良好的人际关系里获得自我价值感,通过与人交往找到归属感,使自己不再孤单。

7.养成良好的行为习惯

查尔斯·里德说:"播下一种思想,收获一种行为;播下一种行为,收获一种习惯;播下一种习惯,收获一种性格;播下一种性格,收获一种命运。"行为是一个人生活态度、生活方式的具体体现,是人在主客观因素的影响下而产生的外部活动。健康行为是指有助于个体在生理、心理和社会上保持良好状态的行为,如不吸烟、不酗酒、适度合理的运动、安全的性行为、平衡饮食等。大学时期是身心发展的黄金时期,是大学生身体和心理较快发展且具有巨大潜力的时期。在这一时期,青年大学生要养成良好的行为习惯,比如每天坚持锻炼、生活作息规律、不熬夜、不抽烟、不酗酒、不赌博,为健全人格的养成提供可能性。

8.学会修身养性

大学生要学会修身养性。面对纷杂的利益世界,面对各种诱惑和矛盾,面对利益和功名的取舍抉择,大学生要努力提升自我修养,拥有心平气和、神闲气定、坐怀不乱、荣辱不惊的气度和心态,从容不迫,举重若轻,恰到好处地处理好一切。待修养达到一定高度之后,遇事就不会惊慌失措,也不会斤斤计较、自私狭隘,人的境界也会提升。

心晴加油站

古之欲明明德于天下者,先治其国;欲治其国者,先齐其家;欲齐其家者,先修其身;欲修其身者,先正其心;欲正其心者,先诚其意;欲诚其意者,先致其知,致知在格物。物格而后知至,知至而后意诚,意诚而后心正,心正而后身修,身修而后家齐,家齐而后国治,国治而后天下平。

——出自《礼记·大学》

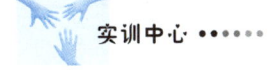

实训中心

下面是有关气质的60道问答题,没有对错之分,回答时,不要猜测什么是正确答案,请根据你的实际情况与真实想法作答。每题设有五个选项,在回答下面的问题时,你认为很符合自己情况的,计2分(+2);比较符合的,计1分(+1);介于符合与不符合之间的,计 0 分(0);比较不符合的;计负 1 分(-1);完全不符合的;计负 2 分(-2)。

(1)做事力求稳妥,不做无把握的事。
(2)遇到可气的事就怒不可遏,把心里话说出来才痛快。
(3)宁可一个人做事,不愿很多人在一起。
(4)到一个新环境很快就能适应。
(5)厌恶那些强烈的刺激,如尖叫、噪声、危险镜头等。
(6)和人争吵时,总是先发制人,喜欢挑衅。
(7)喜欢安静的环境。
(8)喜欢和人交往。
(9)羡慕那些善于克制自己感情的人。
(10)生活有规律,很少违反作息时间。
(11)在多数情况下,情绪是乐观的。
(12)碰到陌生人觉得很拘束。
(13)遇到令人气愤的事,能很好地自我克制。
(14)做事总是有旺盛的精力。
(15)遇到问题常常举棋不定,优柔寡断。
(16)在人群中从不觉得过分拘束。
(17)情绪高昂时,觉得做什么都有趣;情绪低落时,觉得做什么都没有意思。
(18)当注意力集中于一件事物时,别的事物就很难使我分心。
(19)理解问题总比别人快。
(20)遇到不顺心的事从不向他人说。
(21)记忆能力强。
(22)能够长时间做枯燥、单调的事。
(23)符合兴趣的事,做起来劲头十足,否则就不想做。
(24)一点小事就能引起情绪波动。
(25)讨厌做那种需要耐心、细致的工作。
(26)与人交往不卑不亢。
(27)喜欢参加热烈的活动。
(28)爱看感情细腻、描写人物内心活动的文学作品。
(29)工作学习时间长了,常感到厌倦。
(30)不喜欢长时间谈论一个话题,愿意实际动手做。
(31)宁愿侃侃而谈,不愿窃窃私语。
(32)别人说我总是闷闷不乐。
(33)理解问题时,常比别人慢些。
(34)疲倦时,只要短暂的休息就能精神抖擞,重新投入工作。
(35)心里有事,宁愿自己想,不愿说出来。
(36)认准一个目标就希望尽快实现,不达目的誓不罢休。
(37)学习、工作一段时间后,常比别人更易疲倦。

(38)做事有些莽撞,常常不考虑后果。
(39)别人讲授新知识、新技术时,总是希望他讲慢些,多重复几遍。
(40)能够很快忘记那些不愉快的事情。
(41)做作业或完成一件工作时,总比别人花费的时间多。
(42)喜欢参加运动量大的剧烈活动或各种文体活动。
(43)不能很快地把注意力从一件事转移到另一件事上去。
(44)接受一个任务后,就希望把它迅速解决。
(45)认为墨守成规要比冒风险强些。
(46)能够同时注意几件事物。
(47)当我烦闷的时候,别人很难使我高兴。
(48)爱看情节起伏跌宕、激动人心的小说。
(49)对工作抱认真谨慎、始终如一的态度。
(50)和周围人们的关系总是相处不好。
(51)喜欢复习学过的知识,重复做已经掌握的工作。
(52)喜欢做变化大、花样多的工作。
(53)小时候会背的诗歌,我似乎比别人记得清楚。
(54)别人说我"出语伤人",可我并不这样觉得。
(55)在学习生活中,常因反应慢而落后。
(56)反应敏捷,大脑机智。
(57)喜欢有条理而不甚麻烦的工作。
(58)兴奋的事情,常使我失眠。
(59)别人讲新概念,我常常听不懂,但是弄懂以后就很难忘记。
(60)假如工作枯燥无味,马上就会情绪低落。

结果分析:

请对照各类气质类型的题号分别算总分(表5-2)。

表5-2　　　　　　　　　　　　气质类型测试

气质类型	题号														总分
胆汁质	2	6	9	14	17	21	27	31	36	38	42	48	50	54	58	
多血质	4	8	11	16	19	23	25	29	34	40	44	46	52	56	60	
黏液质	1	7	10	13	18	22	26	30	33	39	43	45	49	55	57	
抑郁质	3	5	12	15	20	24	28	32	35	37	41	47	51	53	59	

　　如果其中一种气质得分明显高出其他三种,均高出4分以上,则可认定为你属于该类气质型。此外,如果该类气质得分超过20分,则为典型;如果该类得分在10～20分,则为一般型。两种气质类型得分接近,相差低于3分,而且又明显高于其他两种,高出4分以上,则可认定为这两种气质的混合型。三种气质得分均高于第四种,而且接近,则为三种气质的混合型,如多血质-胆汁质-黏液质混合型或黏液质-多血质-抑郁质混合型。

智慧起航……

1.想一想目前自己的人格存在哪一方面的问题。结合本章所学的知识和自身实际情况,思考一下怎样使自己的人格健康发展。

2.如果你身边有一位同学非常敏感、羞怯,不敢跟其他同学说话,也不敢参加活动,你怎样去帮助他克服这种心理呢?

知识小铺……

1.人格是构成一个人的思想、情感及行为的独特模式,这个独特模式包含了一个人区别于另一个人的稳定而统一的典型心理品质。也就是说,人格就是指每个人在自己长期的生活道路上形成的一种独特的个性心理特征和固定的行为模式。

2.人格的本质特征有独特性、统合性、功能性和稳定性。

3.人格是一个复杂的结构系统,它包括许多成分,其中最主要的有气质、性格、自我调控系统等。

4.人格的形成会受到多种因素的影响,主要的影响因素有遗传、社会文化、家庭环境、学校教育、同辈群体以及自然物理环境等。

5.巴纳姆效应是指人们很容易相信笼统的一般性的人格描述,并认为它特别适合自己。

6.心理学中常见的专业人格测试有自陈量表、投射测验、情境测验法和自我概念测验。

7.大学生常见的人格缺陷有羞怯、懒惰、猜疑、狭隘等。

8.人格障碍是指明显偏离正常且根深蒂固的行为方式,具有适应不良的性质,其人格在内容上、本质上或整个人格方面异常,由于这个原因,患者本人会感到痛苦或使他人感到痛苦,也可能给自己或社会带来不良影响。

9.常见的人格障碍有偏执型人格障碍、分裂(样)型人格障碍、边缘型人格障碍、表演型人格障碍、自恋型人格障碍、反社会型人格障碍、依赖型人格障碍、回避型人格障碍和强迫型人格障碍。

10.塑造健全人格的途径:①学会正确认识自己并悦纳自己;②树立正确的人生观和价值观;③善于调节情绪,提高情商;④培养社会责任感;⑤富有爱心和同理心;⑥保持和谐的人际关系;⑦养成良好的行为习惯;⑧学会修身养性。

第六章

生涯规划

生涯规划对于我们每个人来说都很重要,它可以发掘大学生的自我潜能,引导大学生不断实现自己各阶段的目标和终极目标。职业生涯活动将伴随我们大半生,拥有成功的职业规划才能实现完美的人生。

大学生该如何做一份生涯规划,才能最大限度地发挥各方面的优势,形成合力呢?现在让我们一起走进本章的学习。

学习目标

1. 了解生涯规划的意义与作用。
2. 掌握生涯规划的步骤。
3. 能结合自己的现状做一份生涯规划。

第一节 生涯规划概述

烦恼杂货铺

小南是一名大一的新生。刚来到大学,一切都是新鲜、陌生的,她每天热衷于交朋友、逛社团、了解学校和专业。可一段时间后,新鲜感没了,取而代之的是迷茫。看着周围的同学每天追剧、打游戏,上课睡觉,下课吃饭,看不到青年人该有的激情与奋斗,她也不知道该怎么度过自己的大学时光了。索性她有时也跟着舍友打游戏,但她的内心是慌乱、焦虑的,她自己也知道不能这样下去,但是她没有方向,没有目标,不知道该往哪里走。

说起来没有方向,没有目标,主要是因为小南不喜欢自己学的专业,这个专业是父母未经自己的同意给报的,自己完全不了解这个专业将来是干什么的。来学校之后老师做过专业介绍,但小南听得云里雾里,完全提不起兴趣,对未来也没有了什么期待。

你的专业是自己选择的吗?你对这个专业感兴趣吗?

当初小南父母选专业的时候一味地考虑好就业,没有考虑小南的兴趣、能力、特长,认为自己的人脉可以帮孩子找一个好的工作单位。这样的选择看似可以帮孩子少走弯路,但却忽略了职业规划中最重要的主观能动性。没有个体的主观意志参与其中,光靠外力推着、拽着往前走是走不远的。这种情况会导致学生学习缺乏动力,人生没有规划,对未来没有期望。

父母期望自己能在孩子的人生路上多一些帮助,让他们少走一些弯路的想法没有错,但要用正确的帮助方式,而不是只考虑人脉资源,不考虑孩子的意愿。

知识直通车

一、生涯规划

(一)生涯规划的定义

生涯规划也叫人生规划,就是一个人根据社会发展的需要和个人发展的志向,对自身的有限资源进行合理的配置,对自己未来的发展道路做出一种预先的策划和设计。

美国职业管理学家萨柏把职业与其他生活,如休闲、退休等发展相统一,将生涯定义为"生活中各种事件的演变方向和历程,包括人一生中的各种职业和生活角色,以及由此表现出个人独特的自我发展类型。"从生涯的角度看自己的职业发展,职业生涯是有意义的相关工作经验的系列组合,指职业职位的变动及工作理想实现的整个过程。由此可见,生涯更像是人一生的发展过程,正是因为工作占了我们大部分的时间,所以职业生涯是生涯的重要组成部分。

黄天中教授认为,生涯规划是指有目的、有计划地设计不同的人生阶段,在考虑个人的智力、性格、价值观,以及阻力和助力的前提下,做出合理安排,并且借此调整和摆正自己在人生中的位置,以期自己能适得其所,获得最佳的发展和自我实现。由此可见,生涯规划不是简单地制订计划,按日程表行事的机械过程,而是包含对自己、对职业的理解和探索,有能力做出决策、执行决策的灵活行动过程。

(二)生涯规划的内容

人生规划涵盖了人生教育中的三大主题:生命、生活和生涯,贯穿人的一生。生涯规划主要有以下几个方面:

1.学习规划

对自己学习的规划包括:需要什么知识;需要哪些专业知识和通识教育;学习的途径、目标和实现目标的方式是什么。例如,在大学阶段,一个大学生想要学习哪些专业知识,生活中需要什么常识,是通过自学还是正规的学校教育来学习,是否参加专升本、考研等进行更深层次的学习,接受什么级别的教育,怎么学,学习上的目标有什么,如何实现这些目标等。这些都是学习规划的内容。

2. 职业规划

职业规划包括未来想从事什么职业;在职业中期望有哪些成就、回报;如何找到自己心仪的、愿意为之奋斗一生的事业;职场需要哪些能力、素质,想要成功需要怎样的素质,如何让自己具备这样的能力和素质;等等。

3. 生活规划

生活规划包括未来期待过怎样的生活;希望自己的时间如何分配;自己在日常怎样生活;等等。

4. 家庭婚姻规划

家庭婚姻规划包括:找什么样的人恋爱结婚;希望自己的婚姻生活是什么样的;与另一半的关系是怎样的模式;如何平衡小家与原生家庭的关系;希望有几个孩子,做什么样的父母;子女的教育;等等。不要觉得这些事对一个学生来说太遥远,不加思考与规划就走进婚姻生活,而往往在两人出现矛盾时后悔不已,恨自己当初没有擦亮眼睛,却又因为婚后的责任难以改变,蹉跎了岁月,对不起自己的感情。

5. 财务规划

财务规划包括:学会管好自己的钱包,学会个人理财;通过哪些方式赚钱;赚到的钱如何管理,如何消费;哪些是必要消费;等等。

回答以上问题,你会知道自己想要什么,需要做什么。根据这些规划,大学生就知道大学期间需要补充哪些专业知识和生活知识,如何合理、恰当地安排时间能让自己在有限的时间里获得想要的东西。希望年轻人在走进社会前,认识、了解人生,有思想准备和行动准备,以使自己将来有所成就,过上有品质的生活。

(三)生涯规划的维度

"生涯"(career)一词,在古希腊语中原意为两轮马车,引申为道路,主要指个体一生的道路或路径。生涯发展,顾名思义,指的是一个人一生的发展过程。生涯发展由时间、广度、深度三个层面构成。

生涯发展的时间是指生涯发展的阶段或时期,包括生长、探索、建立、维持及衰退五个发展阶段。

生涯发展的广度是指一个人一生所要扮演的各种不同角色,如孩子、丈夫、妻子、父亲、母亲、学生、员工、老板等。

生涯发展的深度是指个体扮演每一个角色所投入的程度。比如这一生的每个角色自己打算花费的时间、精力是多少;自己的时间、精力和金钱更愿意放在哪个角色上。这反映的是自己在这个角色上的投入程度。

(四)生涯规划的阶段

有的人苦读若干年,却无法学以致用,找到适合自己的工作。甚至有个别人"家里蹲",声称找不到工作,逃避就业,不知不觉中已成为"啃老"一族,大学几年学习的知识就此付诸东流,对自己、家庭、社会没有任何贡献。

为什么有的人在高考时取得高分,毕业后仍面临就业困境?现如今,大学应届毕业生就业问题已成为一个社会性问题。这其中固然有很多社会因素,但无法忽视的一个原因是个体缺乏生涯规划。

萨柏的生涯发展理论将人们的生涯分为五个阶段:

成长期:4～14岁,发展态度、能力、兴趣、需求等。

探索期:15～24岁,发展范围缩小,尚未做决定。

建立期:25～44岁,在工作经验中尝试,设法安定下来。

维持期:45～64岁,调试过程,以改善工作地位、情境。

衰退期:65岁以后,做退休前考虑,工作输出,最后退出。

二、大学期间生涯规划和个人成长任务

人自从有了自我意识后就开始走上漫漫的自我认识、自我探索之路,从兴趣、爱好到能力、态度逐渐对自己有了一些认识,并慢慢地形成了自己的人生观、价值观。在这个过程中个体需要完成三个生涯规划任务:形成生涯理念,建立正确的生涯态度,掌握生涯发展的方法和途径;提前规划生涯发展的进程,在自我体验的过程中开发自我潜能,树立积极向上的价值观和正确的人生观;制定符合自身实际情况的生涯规划,积极做好知识、技能、思想方面的准备。

与这三个生涯规划任务相对应,大学阶段的生涯规划可以分为三个时期。

(一)生涯适应期

大学一年级是生涯适应期。大学生在这个阶段的主要任务是"适应",注重培养对大学的认识和对未来职业的设想。具体任务包括以下两方面:

1.学习方面的任务

(1)了解专业发展,包括如何利用资源去查找有关专业的信息。

(2)改变学习策略,制订学习计划。

(3)学习使用学校资源。

(4)社团工作,发展与人交往和团队合作的能力。

2.个人成长任务

(1)制订生活计划。

(2)探索个人兴趣和价值观,发现自己的兴趣,避免在众多兴趣中迷茫。

(3)自我适应,包括适应现在的生活,克服自卑情绪,正确定位、培养自理能力。

(二)生涯探索期

大学二年级是生涯探索期。大学生对自己的专业和兴趣的了解有所增加,开始实习,对未来的职业进行更实际的探索,经历从学生到上班族的尝试过程。大学生在这个阶段

的主要任务是"尝试",注重职业生涯的实践。具体任务包括以下两方面:

1.专业发展方面的任务

(1)进行专业学习,着重基本技能的训练。

(2)了解职业,了解职业发展需要什么样的能力。

(3)辅修、选修、转专业,衡量自己的兴趣和能力并做出选择。

(4)职业目标确定与规划,探索工作或进修的实际要求,并与自己的兴趣特点相匹配。

(5)缩小与职业目标的差距,展开与职业发展相关的实践。

(6)进行兼职或实习,注重选择的质量与金钱管理。

2.个人成长任务

(1)进一步了解自我兴趣和价值观。

(2)发展与职业生涯相关的能力,注重在活动或兼职中提升自己的能力,特别是发展责任心、团队合作、实践规划等能力。

(3)培养创新意识和同理心,在工作中发现自己的独特价值,自我关照并能从他人的角度考虑问题,发展对他人的信任以及亲密关系。

(三)生涯决定期

高职高专大学生的学制一般是三年制,所以三年级就是生涯决定期。大学生不管是工作、继续升学、当兵入伍还是创业都要在这一阶段做出决策。大学生经过前面的生涯探索期,在这个阶段要走过从尝试到实战的历程,因此这个阶段的主要任务就是"理性决策"。大学生要根据自己的特长以及社会形势做出适合自己的生涯决定,同时理解这次生涯决定是人生中众多决定中的一次,重要但不唯一。具体任务包括以下两方面:

1.生涯决定方面的任务

(1)求职技巧:收集、使用信息,写简历,学习着装礼仪、面试准备、面试后的行动。

(2)了解行业相关信息,如相关的求职、升学或出国等信息。

(3)不同地方、行业、专业可能的发展前景和利弊。

(4)职业选择,理性选择并对选择负责。

(5)升学的准备,包括知识、心理和考试的准备。

2.个人成长任务

(1)理解工作或者深造对恋爱关系和生活的影响,学习处理事业与爱情的关系,考虑到自己多种生涯角色的平衡。

(2)适应工作,提高工作能力。

(3)规划以后的发展,分析此次生涯决定对下次规划的影响,再次进行自我探索和自我分析,为下一次生涯选择做准备。

这些具体的生涯发展任务,以职业为核心,涵盖大学生活中的各个方面,大学生可以在具体的发展任务中找到自己的生涯愿景结合点,并以此为参照规划自己的生涯。

三、生涯规划的意义

小阅读

我在故宫修文物——择一事,终一生

2016年,《我在故宫修文物》节目让无数年轻人了解了在神秘的紫禁城中有这样一群匠人,他们用三年的时间磨一把刀,用18年的时间修复一幅画,一群身怀绝技、妙手回春的文物修复师,默默日复一日打理着价值连城的国宝。

一辈子只够爱一个人。
一生只能做一件事。
大历史,小工匠。
择一事,终一生。

王津师傅说:"你要是坐不住,就只能改行呗。越干越没兴趣,这活儿就越转不了,越着急它越不转。"

王师傅说自己就是喜欢这个行业,所以坚持了十几年,还准备继续坚持下去,干一辈子!

未来不一定会按照规划发展,那我们为什么还要做人生规划呢?

研究者让一组大学生花4~6个小时设置未来一学年内三阶段的目标计划,目标可以是任何类型的(比如学习、生活、理想),另一组则不用设定目标。结果发现:设置目标组的成绩比没有目标组的成绩平均高22%。另外一个有趣的发现是,即使学生设定的目标不是关于学业的,而是有关个人任何领域的人生目标,也有助于提高他的学习成绩。这是为什么呢?研究者给出了以下解释:当我们去规划人生的时候,我们能够因此意识到当下最重要的任务有哪些。真正起作用的,其实是做人生规划的过程,而不是你选择的目标本身。以往我们会认为,计划需要有针对性的目标才会有效,既然要提高学习成绩,显然要制订与学习相关的计划。然而,研究者指出,在书写一个任何类型、领域的目标的过程中,我们的认知资源都会更清晰地制定策略,从而增强其他领域的自我调节。那么,生涯规划具有什么意义呢?

(一)生涯规划帮助个人实现远大理想

一个人的成长离不开对未来的展望和梦想。哈佛大学曾经做过一个主题为"人生目标"的研究项目,调查发现,只有3%的人有清晰而长远的目标,10%的人有清晰但比较短期的目标,60%的人目标模糊,27%的人根本没有目标。25年后的追踪调查结果发现,没有目标的人大都生活在社会的最底层;目标模糊的人大都生活在社会底层,每日为生计奔波;有清晰的短期目标的人大都生活在社会的中上层;而有清晰的长远目标的人则大都成为社会的

微课

踏入社会前要
做好哪些准备?

精英人士,因为他们总是朝着一个方向坚定地前进。生涯规划能为个人发展提供一张最清晰、最有远见的蓝图,指导个人开创最辉煌的人生。

进行生涯规划,就是要全面地认识自己,以自己追求的目标为出发点,建立长远的价值观,规划未来的职业发展方向,取得自我肯定和对未来职业认定后,有效激活内动力,寻找发挥平台,找到适合自己的位置,完善自我,实现目标。

(二)生涯规划有利于提升个人综合素质

萨柏认为,每个人都有独特的生涯形态,而良好的生涯形态容易使事业获得成功,不良的生涯状态将使事业一事无成。面对竞争激烈的就业环境,如何在其中找到有利位置,创建良好的生涯形态,找到适合自己发展的职业平台,是一个需要认真思考、规划的事情。职业生涯规划可以帮助大学生将竞争压力转变为学习动力,使其充分运用各种机会不断学习并提升自己,努力提高自己的综合素质、职业能力和就业竞争力,不断完善自我,从而提升自己的核心竞争力。

生涯规划为大学生的学习、工作和生活设立一个明确的目标,引导大学生正确认识自身的个性特质、现有与潜在的资源优势,引导大学生评估个人目标与现实之间的差距,使我们学会如何运用科学的方法采取可行的步骤与措施,不断增强竞争力,实现自己的目标与理想,同时也能让他们进一步了解社会。

(三)生涯规划有效促进个体的心理健康

职业是自我的延伸,做好职业生涯规划不仅会促进个体的心理健康,也会影响个体生涯的发展。生涯规划追求的最高目标是自我实现。自我实现是一种理想的心理健康状态,它不仅包括具有较高的自我价值感、内心和谐、人际和睦、活出真实的自己以及绽放生命的状态,还包括不断完善自己、在最大程度上实现自我价值。通过生涯规划,大学生可以学习如何客观地认识自己、接纳自己、欣赏自己,学会如何运用优势弥补自己的不足,提升自己的能力。大学生可以将自己的职业兴趣、能力、个性及客观环境进行综合分析与权衡,从而确定自己的职业方向和目标,并制定行动策略,不断发掘自己的潜能,让职业和事业发展到达自己力所能及的高度,实现个体的全面发展。

第二节 为了什么而工作

烦恼杂货铺

小雨工作三年了,从毕业到现在他已经换了三份工作,最近在为要不要跳槽一事而烦恼。他第一份工作做得时间稍微长点,做了快两年,后来他觉得自己已经很熟悉当前的工作,没有什么挑战性,也没有成就感,工资一般,唯一的好处就是朝九晚五,生活规律。再看看曾经的同学,薪水已经涨了好几次,都比自己的高。小雨坐不住了,他换了第二份工作。但入职一个多月,小雨又感觉这个工作不是自己想要做的,便很快辞职,换了现在这份工作。按说这次该踏实好好做工作了,但是不到一年,他就觉得难以忍受。这份工作的工资是比前两份都高很多,但是加班的时间太长,每天都要到九点半左右才能回到家,几乎完全没有了自己的时间,而且上班时间需要不停地和各种人沟通协调。小雨每天都感觉很疲惫,一到周末就想在家里休息,连谈恋爱的时间都没有了。于是他又动了换工作的念头,可是这一次,他自己也不知道要找什么样的工作了……

先后做了三份工作,都觉得不是自己想要做的工作,小雨现在迷茫了,他不知道自己到底想要什么样的工作,到底是为什么而工作,工作的意义是什么。

作为大学生,需要提前为毕业工作做哪些准备,才不至于择业后不停地换工作呢?

知识直通车……

一、工作的意义

贝克说:"为工作而工作,才是工作的真义。希望借工作而获得报酬的人,只是在为报酬效劳而已。"工作能为我们提供温饱的生活,这无可厚非。但赚钱不是我们工作的唯一目的,如果将赚钱看作工作的目的和意义,你会觉得这个工作累,无意义,无价值。日本著名的实业家稻盛和夫认为,赚钱不应该是工作的全部意义。在他看来,人工作的目的是提升自己的心志。工作能够锻炼人性、磨砺心志,是人生最尊贵、最重要、最有价值的行为。这个道理很好理解,因为日复一日的勤劳工作不论对一个人的耐性还是毅力来说,都是巨大的挑战。通过每一天认真踏实的工作,我们能够逐步铸成自己独立的、优秀的人格。看看古今中外的名人传记我们就能发现,凡是功成名就的人,他们的成功无一例外都是通过不懈努力,历尽艰辛换来的。而在成就伟大功绩的同时,他们自己的人格也得以锤炼。

工作是实现个体价值感与意义感的途径。我们需要为自己的生命赋予某个积极的意义和价值,在具体的工作中,我们实现着自我价值,体验着无法替代的意义。一个找到自己喜欢的工作的人,会感觉生活具有意义与价值,这种感觉是幸福感的来源之一。工作在不同层面满足着人们的需要。具体来说,工作有以下四个方面意义:

1.物质满足

物质满足是生存需要的基础。也许有人认为没有意义,但不得不承认这是工作的一个很重要的社会功能,得先保障人的生存问题。

2.兴趣满足

兴趣满足即从事的工作是自己感兴趣的,非常愿意做的事情,甚至不给钱也干,千金难买我愿意,把自己的想法付诸实际,体验意志的实现是件让人感觉幸福的事情。

3.价值满足

价值满足即通过从事的工作实现自身的价值,帮助别人或者让这个世界因为自己的努力变得更好,也可以理解为个人成就感,也就是马克思所说的社会价值。价值感的实现,让我们觉得自己是重要的,不可或缺的。

4.体验满足

体验满足,即享受获得体验之后的满足感。世界如此美妙,我们所见识的非常有限,通过工作可以认识不同的人,去不同的地方,旁观别人的生活,也更容易看清自己,体验着生活中不同的事情。

《易经》有云,"举而措之天下之民,谓之事业"。真正的事业,是为"天下之民"的利益干的,否则只是职业而已,职业为的永远只是生活,我们要追求的并不只是为了生活,而要追求生命更深层次的东西。

科学实验室

德西效应

心理学家爱德华·德西曾进行过一次著名的实验,他随机抽调一些学生去单独解一些有趣的智力难题。

在实验的第一阶段,抽调的全部学生在解题时都没有奖励;进入第二阶段,所有实验组的学生每完成一个难题后,就得到1美元的奖励,而无奖励组的学生仍像原来那样解题;第三阶段,在自由休息时间,研究人员观察学生是否仍在做题,以此作为判断学生对解题兴趣的指标。

结果发现,无奖励组的学生比奖励组的学生花更多的休息时间去解题。这说明:奖励组对解题的兴趣衰减得快,而无奖励组在进入第三阶段后,仍对解题保持了较大的兴趣。

实验证明:当一个人进行一项愉快的活动时,给他提供奖励反而会减少这项活动对他内在的吸引力。这就是所谓的"德西效应"。

"德西效应"告诉我们:在生活中,教学中,培养个人积极主动、持之以恒的兴趣和坚韧不拔的意志,仅靠物质的刺激远远不够。虽然"重赏之下,必有勇夫",但由物质刺激所激发的兴趣,在一定程度上是淡薄的,也是短暂的。

人物风采

稻盛和夫的坎坷经历

大学时成绩优异的稻盛和夫毕业后进入当时濒临倒闭的松风工业就职。当同期进入公司的同事纷纷离职时,稻盛和夫也产生过另谋高就的想法。他曾与一位京都大学毕业的同事共同参加一所单位的考试,但阴差阳错未能如愿。最后,公司的新人竟然走得只剩下他一人。

稻盛和夫暗下决心,就算要离职,也必须找到一个正当理由,在那之前,必须十分努力地工作。于是他以实验室为家,昼夜不分地投入研究工作。一年多以后,他开发的"U字形绝缘体"为公司拿下松下的大量订单,这件事也成功地改变了他的一生。

稻盛和夫坚定地认为,即使在苦难之中,只要拼命工作,也能带来不可思议的好运。

二、工作幸福感

烦恼杂货铺

小蓝大专毕业后,一直从事着跟汽车检测与维修相关的行业。到现在他已经有十一年的从业经验了,也算是这个行业的老师傅了。年近三十的他,最近感觉到很迷茫,想要转行,才发现自己一无是处,内心很是惆怅和焦虑……

阿俊是学设计的,他跟小蓝走了完全不一样的职场之路。刚毕业的时候他意气风发,到处换工作,从第一份工作在电商行业做美工,到第二份工作在地产行业做销售,再到后来进入IT行业做设计师。十几年了,他依然在不断地换工作中度过,始终找不到一个适合自己的方向。

小山哥今年已经31岁了,对他来说比选错行业更痛苦的是选错了城市。大学毕业后,他去过很多城市,现在在深漂中,平日里很少回老家,只有放假才回家一趟。这么多年来,每换一个城市就等于重新开始,之前积累的资源和人脉都随着换城市而浪费了,并且每次换城市都带来很大的经济压力。虽然工作这么多年了,但是他依然没有积蓄。现在他很后悔当初第一份工作没坚持下去,要是坚持在一个城市长待下去,也不至于像现在这么惨。

你思考过将来要从事什么工作吗?怎样才能避免不停地换工作?

到底什么才是正确的选择,什么样的工作我们才会满意?老话讲,"男怕入错行"。在当今这个时代,这句话对每一个人依旧适用。什么样的工作满意度、幸福感最高?是那些赚钱多的工作吗?工作的满意度、幸福感是由薪酬多少决定的吗?影响工作满意度、幸福感的因素有哪些?就这一话题,有人做了一份调查。调查显示,有十二大因素影响职场幸福感,它们分别是:

(1)认为自己所在单位的管理制度与流程不合理。

(2)对薪酬不满意。

(3)对直接上级不满。

(4)对自身的发展前途缺乏信心。

(5)不喜欢自己的工作。

(6)对工作环境和工作关系不满意。

(7)工作量不合理。

(8)工作与生活之间经常发生冲突。

(9)工作职责不明确。

微课

我可以——以积极的心态促进就业

(10)与同事的关系不融洽。

(11)工作得不到家人和朋友的支持。

(12)对工作力不从心。

美国学者罗伯特·莱恩提出"员工工作幸福感"理论。他在对资本主义市场经济、民主制度与幸福的关系进行了深入研究之后,指出员工在工作过程中所表现出来的心理倾向和情感。例如工作满意度、情感承诺、工作投入程度和内心的荣辱倾向共同构成的感情就是员工工作幸福感。

我们想要有高满意度的、有幸福感的工作,可以从以下三个方面考虑:

1.拥有梦想

梦想为我们导航,给我们力量,让我们绽放生命的精彩!新中国成立初期我国老一辈科研工作者的工作条件、环境、薪酬福利都非常有限,但就是在这样的条件下,我国的原子弹、氢弹相继问世,极大地增强了我国的国际影响力,提高了我国的国际地位。2017年10月18日,习近平同志在十九大报告中指出,实现中华民族伟大复兴是近代以来中华民族最伟大的梦想。"中国梦"关乎着中国未来的发展方向,凝聚了中国人民对中华民族伟大复兴的憧憬和期待;它是整个中华民族不断追求的梦想,是亿万人民世代相传的夙愿,每个中国人都是中国梦的参与者、创造者。

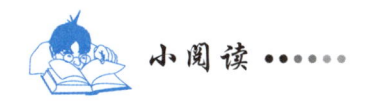

小阅读

"禾下乘凉"的梦

禾下乘凉梦是"杂交水稻之父"袁隆平对杂交水稻高产的一个理想追求。"梦到禾下乘凉,梦里水稻长得有高粱那么高、籽粒有花生米那么大"。生命尽头的数年里,袁隆平的"禾下乘凉梦"依然通过他的身体力行延续着。

亲历过抗日战争及解放战争,目睹过遍地饿殍,"吃饭"问题成为袁隆平下决心解决的问题。"禾下乘凉梦"这个梦想从他1949年考取西南农学院(现西南大学)时就已萌芽。"饥荒的时候饿死人,我都亲眼见过。吃饭是天下第一桩大事,没有饭吃,人类怎么生存?"袁隆平认为,养活世界人口,最经济有效的办法就是使用优良的高产品种。那时起,袁隆平把自己比作种子,不管撒在哪里都会生根发芽。

1953年,袁隆平从西南农学院毕业,到湖南省怀化地区的安江农校任教,并在1960年发现天然杂交稻株表现出明显的杂交优势,便和杂交水稻结下了"不解之缘"。他提出"要利用水稻的杂种优势,首推利用水稻的雄性不孕性"的设想,并设计出整套培育杂交水稻的方案,即培育出不育系、保持系和恢复系,然后通过"三系"配套,完成杂交水稻生产。

按照这个思路,1964年,袁隆平和助手找到了天然雄性不育株。从选种、试验、失败,到再选种、再播种、再观察……耗时将近十年的探索,袁隆平和团队于1973年攻克了"三系"配套难关,并于同年10月正式宣告中国籼型杂交水稻"三系"已经配套。

但这一路并非坦途。"三系"配套的努力,前八年都失败了。袁隆平记得,一直到 1972 年,也就是被视为研究突破口的"野败"发现两年后,还有人质疑甚至反对他的杂交水稻培育方案。"三系"法成功后,袁隆平带领团队,开启两系法杂交育种技术研究。没想到启动不到两年,就遭遇当头棒喝。一场异常低温导致全国两系育种大面积失败。一时间,科研界不少人"唱衰"甚至放弃两系育种相关研究。

水稻研究生涯中,袁隆平遇上的失败、质疑和受挫,数不胜数。试验田被自然和人为恶意的因素毁坏过,科研成果被质疑过。但这些困顿从未将袁隆平的热情击垮。"爬起来再干就是了。"袁隆平说。

年过 90 岁的他曾依然保持着"泥腿子科学家"的作风,长期走到农地观看稻田的长势。退休对袁隆平而言是不存在的。他说,退休后没事做反而会有失落感。袁隆平从参加工作开始,便有下田观看稻苗的习惯,身边时常备着下田的雨靴。随着年岁渐长,行动日益不便,他便将住宅安置到了试验田旁边,力求"躺在床上侧个身子就能看到(农田)"。

"三系"法杂交稻可以吃一辈子,为什么还要领衔后面的研究?面对这样的提问,袁隆平回答道:"我总是感到不满足。搞科学研究,不断地想攀高峰。"

除了"禾下乘凉梦",袁隆平还有另一个梦想——"杂交水稻覆盖全球梦"。"全世界有 1.6 亿公顷的稻田,如果其中一半种上了杂交稻,每公顷增产 2 吨,每年增产的粮食可以多养活 5 亿人口。"袁隆平说。

喜看稻菽千重浪,最是风流袁隆平。"2004 年感动中国"节目中关于袁隆平的颁奖词是这样写的:"当他名满天下的时候,却仍然只是专注于田畴,淡泊名利,一介农夫,播撒智慧,收获富足"。我们都在袁隆平的"稻穗下乘凉",今天,我辈当传承他的精神、力量与成果,一往无前。

2.热爱工作

以热爱的态度工作,激情投入,才能享受到其中的益处,并有所收获。当工作只是为了挣工资而不是提升自己、实现自身价值时,自己会觉得身心疲惫不堪。对此,我们有两种选择,一种是选择从事自己喜欢干的工作,另一种是选择让自己喜欢上工作。

小阅读

拎着帆布袋子的院士

2021 年 11 月 4 日,复旦大学师生的朋友圈被一张"院士领奖归来"的图片刷屏了!

从北京人民大会堂领奖回来的中国科学院院士、复旦大学化学系教授赵东元手拎一个帆布包,出现在了复旦大学的校园内。

国家自然科学一等奖是中国自然科学领域的最高奖项。由于该奖项评选的严格性,在历史上多次空缺。赵东元院士获奖的背后,蕴含了他对科研的热爱与超人的勤勉。

1963年,赵东元生于沈阳的一个普通工人家庭。没有接受过什么特别的训练,但他从小就喜欢刨根问底,梦想长大后成为一名科学家。"我真的愿意做科研,因为科研面对的全是新鲜事物,可以创造出世界上原本没有的东西。"说起科研,赵东元总是神采奕奕。赵东元是出了名的"工作狂",对科研的认真和勤奋超乎常人。刚回国时,他几乎每周工作80小时,常连续十几个小时泡在实验室。他的学生、复旦大学化学系教授李伟说,中午大家一起吃饭的碎片时间,赵老师也常常讨论学术的问题。除了带研究生之外,赵东元还坚持为本科生上"普通化学"课17年。一周两次课,他几乎从未缺席,即使前一天还在外地开会,他也一定连夜飞回来。"我喜欢跟学生们打成一片,也希望通过这种方式不断加强自己的基础知识。"赵东元说。

很多学生发邮件请教他:到底具备什么条件,才能进您的实验室工作?赵东元回复:没有别的,我唯一的条件就是你要爱科学,要有志于成为一名科学工作者。

3.选择符合个人价值观的工作

价值观是一种总的看法和评价,是一个人对周围客观事物以及对自己行为结果的意义、作用、效果和重要性的总评价、总看法,它指导着人们的行动,是世界观的重要组成部分。对一个人来说,他认为最有意义和最重要的行为结果,就是最有价值的东西。

价值观是人们思想认识的深层基础,它源于家庭、他人熏陶、社会影响和后天的学习、教育,并以人的经济地位为基础,自幼形成,一旦形成便相对稳定,不易轻易改变。

正确的人生观是形成正确价值观的基础。个人要树立正确的人生观和远大的理想,处理好个人和集体、自己和他人的关系,有高尚的道德情操,使自己成为一个真正的社会人。

那些符合个人价值观的工作更能激发个体的奉献精神并有更高的工作满意度。

心晴加油站

奥斯特洛夫斯基的《钢铁是怎样炼成的》经常被人们提到:当他回首往事的时候,不因虚度年华而悔恨,也不因碌碌无为而羞愧;这样在临死的时候,他就能够说:"我的整个生命和全部精力,都献给了世界上最壮丽的事业——为人类的解放而斗争。"这是保尔眼中的人生意义。

季羡林先生在《人生的意义与价值》中说:在人类社会发展的长河中,我们每一代人都有自己的任务,而且是绝非可有可无的。人生的意义与价值在于对人类发展的承上启下,承前启后的责任感。

在我看来,人生的意义就是为了追求幸福,为自己,为别人。

德国哲学家尼采说:"一个人知道自己为什么而活,就可以忍受任何一种生活。"

第三节　制定属于自己的生涯规划

知识直通车

一、社会角色

每个人在一生中都会扮演很多角色,从出生到死亡依次是子女、学生、休闲者、工作者、伴侣、父母等。各个角色之间是相互影响的,一个角色的成功,特别是如果早期角色发展得较好,将会为其他角色提供良好的基础,但是,如果在某个角色上投入过多的精力,没有平衡好各个角色之间的关系,则会导致其他角色失败。生命阶段与社会角色的关系如图 6-1 所示。彩虹图中的颜色表示在每一个阶段对每一个角色的投入程度,颜色面积越大表示投入得越多,空白越多表示角色投入越少。每个人在每个角色上花费不同的时间和精力,成为每个人独特的一生。对未来各个阶段的不同角色有一个合理的规划和调配,做出各种角色的计划和安排,有助于我们在人生的舞台上更好地扮演每一个阶段的角色。

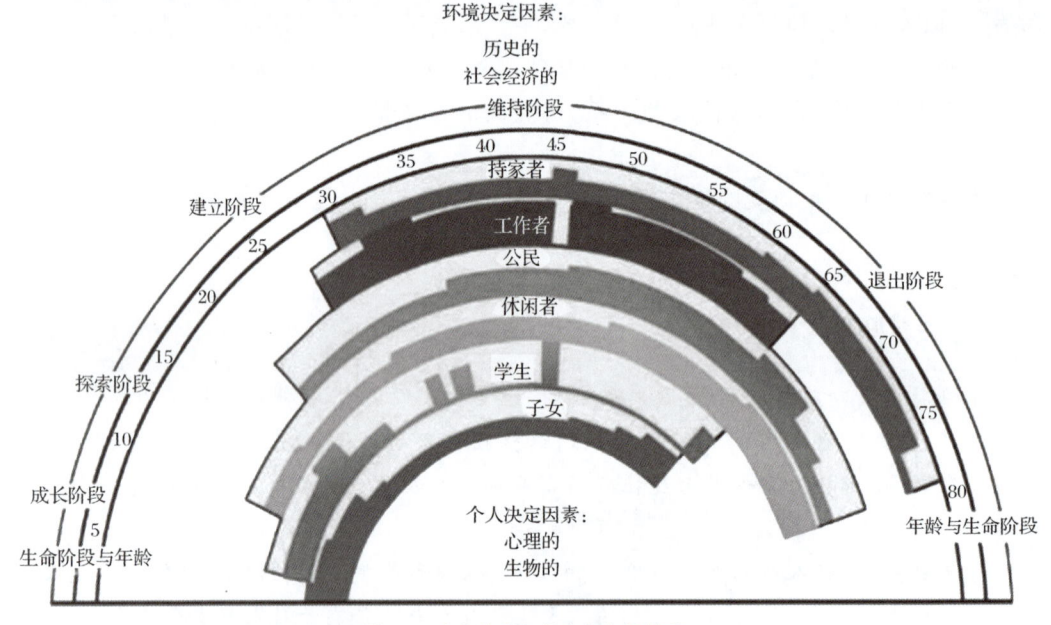

图 6-1　生命阶段与社会角色的关系

二、人生规划的步骤

精神科医生 William Glasser 认为,人生就是为了满足自己的各种需求而去做出选择的行动过程。人要为自己的行动负责,在适应现实的同时获得需求的满足。在这里,我们会从他的现实治疗（Reality therapy）取向出发，运用 Robert E. Wubbolding 提出的 WDEP 四步骤技术，一起来做一场不一样的人生规划。

第一步，需要梳理自己的需求。Glasser 提出人类有五大不分先后等级的需求——生存、爱与归属、权力、自由、乐趣。

第二步，方向与行动。即你现在正在做什么来获得你想要的东西。在这一步，你需要探索自己当前的所作所为会将你带往何处。比如，你可以问问自己：你现在正在做什么？上周，你做了些什么？明天，你要做些什么？问题不仅限于你的工作或学习，而应该包括你生活的全部方向。例如，你暗恋一个人，你在做什么能让你们建立联系的事吗？要注意不去评价事情的好坏，也不讨论你的态度和感觉，仅仅着重于你目前的行为。

第三步，评估。目前的行为可以让你得到你想要的吗？如果你不能对自己进行一个恰当的评估，一切就很难有改变的机会。可以帮助你自我评估的问题有：你现在正做的事情，对你是有利的还是有弊的？你现在所做的正是你想做的吗？你的行为对你有帮助吗？你想得到的是否切合实际？你能够获得吗？

第四步，计划。你觉得你可以怎么做来满足你的需求？到这一步，你可能已经决定改变，想要去探索很多可能性。一个良好的计划能给予你一个起点与生活的立足点。这份计划是可以在生活中实践的，而且可以随时做调整和修改，使其更贴近你的状态。

三、职业生涯规划的步骤

一个系统的职业生涯规划应当包括自我觉知与承诺、自我探索、探索工作世界、决策、行动和再评估六个步骤，如图 6-2 所示。

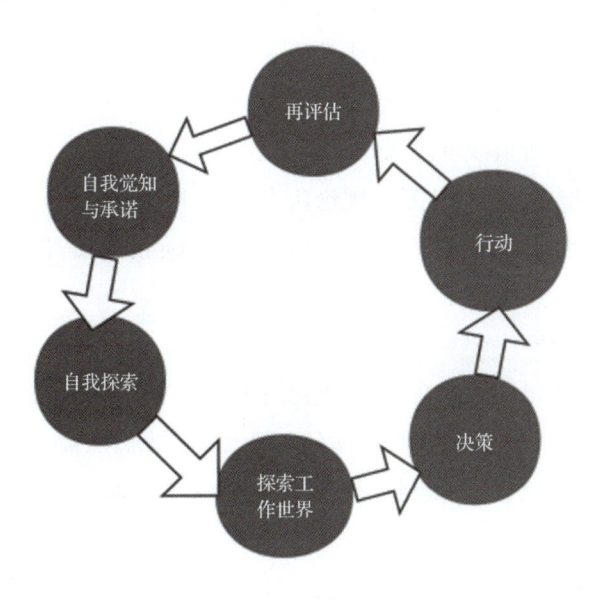

图 6-2　系统的职业生涯规划

(一)自我觉知与承诺

弗兰克尔曾经说过,人类不需要一个没有挑战的世界,需要有一个值得为之奋斗的目标。生涯规划就像是用心播下的一颗种子,这颗种子未必能马上发芽,但贴心照顾、耐心等待后其结果定会差强人意。

生涯规划的第一阶段是感悟生活的意义,意识到生涯规划对于个人发展的重要性,确定未来的目标。树立"我的人生我做主"的自主意识,寻找人生理想。对未来的美好生活充满憧憬,相信自己有能力改变世界,绽放属于自己的光芒。

(二)自我探索

自我探索阶段主要探索独特的自我心灵世界,发现自己的能力与特长、优势与不足,不断提高自我认知的能力。自我探索的目的不仅在于思考自己是谁,会做什么,喜欢做什么,想做什么,适合做什么,更要用发展的眼光看待自己,挖掘自己的潜力,明晰自己的目标,为自己的未来发展奠定良好的基础。自我探索主要有价值观澄清、职业兴趣探索、能力分析、性格和优势分析四个方面。

1.价值观澄清

我们每个人的脑海中都有很多地图,基本可以分成两大类:一类是依据世界本来面目绘制的地图,反映现实情况;另一类是依据思维模式绘制的地图,反映个人价值观。我们用这些依据思维模式绘制的地图诠释所有的经验,从来都不怀疑地图的正确性,甚至意识不到它们的存在。我们理所当然地假定自己的所见所闻就是真实的世界。个人的态度与行为皆源自这种假定,我们对事物的看法基于我们的价值观,决定着我们的思想与行为,进而塑造我们的习惯和性格,最终影响着我们的"命运"! 即

价值观→思想→行为→习惯→性格→命运

罗克奇于1973年提出的价值系统理论认为,各种价值观是按一定的逻辑意义联结在一起的,它们按一定的结构层次或价值系统而存在。价值系统是沿着价值观的重要性程度而形成的层次序列。他提出了两类价值系统:

(1)终极性价值系统

终极性价值系统用以表示存在的"理想化终极状态"或结果,包含的内容有:舒适的生活、振奋的生活、成就感、和平的世界、美丽的世界、平等、家庭保障、自由、幸福、内心平静、成熟的爱、国家安全、享乐、灵魂得到拯救、自尊、社会承认、真正的友谊、智慧。

(2)工具性价值系统

工具性价值系统是达到"理想化终极状态"所采用的行为方式或手段,包含的内容有:有抱负、心胸宽广、有才能、快活、整洁、勇敢、助人、诚实、富于想象、独立、有理智、有逻辑性、钟情、顺从、有教养、负责任、自控、仁慈。

2.职业兴趣探索

兴趣的发展一般经历有趣、乐趣、志趣三个阶段。对于职业活动,个体往往从有趣的选择逐渐产生工作乐趣,进而与奋斗目标和工作志向相结合,发展成为志趣,表现出方向性和意志性的特点,使人坚定地追求某种职业,并为之尽心尽力。

(1)有趣。有趣是职业兴趣的第一阶段,但是持续时间短暂。例如,有些人兴趣多变,今天想当医生,明天想当教师,后天又想成为作家等。

(2)乐趣。乐趣是职业兴趣的中级水平,指兴趣向专一、深入的方向发展。例如,某人对无线电有兴趣,他不但去学习相关知识,还会亲自装配和修理。

(3)志趣。当乐趣与社会责任感、理想、奋斗目标结合起来时,乐趣便转为志趣,成为职业兴趣发展的高级水平。志趣具有社会性、自觉性和方向性的特点,可以伴随个体的整个职业生涯。

结合上述分析,我们可以知道自己对一件事是处在有趣、乐趣还是志趣阶段,从而明确自己的职业兴趣在哪里。

除此之外,我们还可以通过一些职业测评量表来了解自己的职业兴趣领域,如霍兰德职业兴趣量表,或者通过参观、实习、实践等多种途径了解不同的职业,探索自己的职业兴趣。

3.能力分析

能力是人们顺利完成某种活动所必备的个性心理特征。任何一种活动都要求参与者具备一定的能力而且能力直接影响着活动的效率。职业能力是指人们从事某种职业活动必须具备的各种能力,一般分为通识能力和专业职业能力两种。职业能力分析如图6-3所示。

通识能力是从事职业活动应普遍具备的能力,包括学习能力、语言表达能力、计算机操作能力、人际沟通能力、社会适应能力、团队合作能力等;专业职业能力是指对某一专业领域的活动有特殊作用并在活动中表现出来的能力,是顺利完成该项工作的必备条件,包括专业知识、专业技能、专业资质等。在日常生活中要注重通识能力的培养,可以通过不断地与人沟通、参加生活实践、参与活动等方式有意识地模仿、学习、反思,不断提升自身的通识能力。

我们可以就上述能力给自己评分,也可以通过考取证书等形式证明自己的能力。一般来说专业职业能力都有相关的能力证书,比如全国计算机等级证书、普通话等级证书、钳工证、铣工证、教师资格证等。大学的专业学习可以为专业能力的培养打下坚实基础,在确定对某职业感兴趣之后,要通过各种途径努力学习,加强实践,提升自己的专业能力。

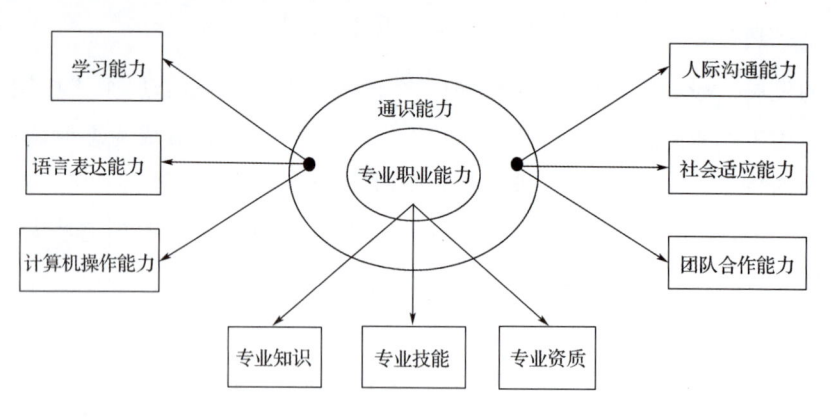

图 6-3 职业能力分析

大学生应具备的职业能力

1.职业认知能力是前提。职业认知指人们主动了解某个职业并形成对该职业的认识和评价。职业认知能力越强,对职业就会有越深刻的认识,越能准确、客观地结合个人实际,制定恰当的就业目标,找到适合自己的工作。

2.相关职业技能是基础。大学生作为技术型人才,应具备过硬的专业知识和熟练的职业技能。现在很多学生感慨就业难、就业机会少,究其原因主要是缺乏专业知识和专业技能。

3.职业品质是核心。职业品质指个体在职业活动中表现出来的思想、态度、认识等相对稳定的倾向和特征,包括职业道德、职业态度以及责任意识等。

4.职业适应能力是关键。职业适应能力包括环境适应能力、角色适应能力、技能适应能力和人际适应能力。大学生要培养环境适应能力,顺利完成学生角色到职业角色的转变,理顺职场中的各种人际关系,尽快熟悉并掌握职业要求的技能。

4.性格和优势分析

目前有许多的专项测试来帮助我们进一步地了解自己,比如 MBTI 性格测试、霍兰德职业兴趣测试、SWOT 分析。这些测试可以帮助我们明确自己是谁,自己想要做什么,自己能做什么,自己的优势与劣势是什么,从而对自己进行合理的自我评估。

SWOT 分析法是决策阶段常用的权衡方法,通过分析自己的优势(Strength)、劣势(Weakness)、机会(Opportunity)和威胁(Threat),设计职业生涯目标。其中,优势和劣势是对自身特点的分析,机会和威胁是对环境特点的分析。优势主要是自己最擅长的方面,特别是相对于其他人的优势(经历、技能等)。劣势主要是自己所欠缺的方面,尤其是那些落后于其他人的方面(性格、经验等)。机会主要是指有利于自我发展的因素和机遇。威胁主要是指外部环境所存在的危险和不利因素。

(三) 探索工作世界

在这个阶段,我们要广泛地搜集、了解工作的世界,更多地了解职业信息。首先要了解宏观的社会环境、经济环境、政治环境等,如社会各行业对人才的需求状况、社会各行业的人才供给情况、国家出台的相关政策等;其次,要了解目标职业的行业环境,包括行业发展的特点、行业发展状况、行业的人才需求、就业渠道、行业的发展前景等;最后,要了解目标企业的环境,包括企业的实力状况、领导人、企业文化与制度。工作任务:核心工作任务是什么;对工作的能力、技术要求有哪些;工作的场所、环境、强度是怎么样的;有什么晋升机会;薪酬、福利怎么样;等等。还要了解从事该工作的人大概过着怎样的生活,前人的职场经验是什么。从大一就开始关注就业信息,分析各种职业可能的利弊,帮助自己做出不后悔的决策。

在了解信息之后要学会做取舍,因为没有一种工作叫作离家近、工资高、任务少、没压力、福利好,准备就业的大学生要摒弃这种不切实际的想法。

职业生活是人生的重要组成部分,职业是实现人生理想的重要载体。除了要对自我有清晰的认识之外,对工作世界的探索也是生涯规划过程中信息探索的重要组成部分。探索工作世界阶段的主要目的是了解真实的工作世界,密切关注发展的职业世界,以前瞻性的视角审视行业发展趋势,避免被社会淘汰。

资源分析:在选择职业时考虑各方面可利用的资源能够帮我们更好地进入工作世界。其中家庭资源是很多大学生可以利用的主要资源,父母的受教育水平及职业对于大学生来说是了解职业及其职业生活最真实、方便的途径。父母在职场上的人脉对大学生来说也是带领我们在职场快速成长的指引和榜样。过来人的意见和建议能让我们在职场中少走很多弯路,有利于我们职业的发展。当然能给我们职场经验指导的并不仅限于父母亲友,网络发达的今天有很多线上资源、行业大咖的分享都可以成为我们成长的借鉴。我们要学会利用网络来获取更多的职业信息和经验。

(四) 决策

人生道路千万条,不同的道路代表不同的人生向度。生涯决策就是一个选择未来道路的过程,是生涯规划的关键环节。决策是一个选择的过程,也是一个不断推进问题解决的过程。从这个意义上讲,生涯决策更是一个循环的过程,贯穿整个职业生涯的始终。只有不断地理性分析、慎重权衡、小心取舍、果断决策才能选择最适合自己的生涯发展路径。

好的生涯决策既需要结合自我认知,充分发挥自己的特长和能力,又要兼顾各种家庭、社会等复杂因素。对三个维度的相关信息把握越准确,就更容易做出恰当的职业选择,找到更合适的发展方向。

(五)行动

行动阶段的主要任务是以决策阶段的职业为目标,制定切实可行的行动目标和计划方案,并将时间管理、学习计划、实践计划等落到实处。

每个学校都有实践基地。除此之外,各个办公室的勤工助学岗位、校外兼职、社团活动等都可以作为大学生实践想法、行动起来的地方。在校期间大学生可以通过参观实习等方式直接参与到现实工作中,也可以通过志愿者活动、研学旅行等实践活动,强化职业体验。

一般来说,兼职或实习是大学生进行职业探索、获得大量有关职业一手资料的有效方式。大学生寻找与自己职业规划相关的职位实习或兼职,不仅能提前了解职业具体情况,而且能获得"这个职业是否与我匹配"的重要经验,帮助自己做出选择。除此之外,实习还有一个重要的功能,就是获得了解职场环境的机会,锻炼能力,获得报酬,增长自信。

(六)再评估

生涯发展是一个动态的过程,个体必须根据情境变化和自身情况不断调整。在行动之后,个体能够认识到理想与现实之间的差距。他们会重新审视自己的生涯规划,并做出相应的调整。

CASVE 循环是罗伯特·里尔登提出的职业生涯决策技术,包括沟通、分析、综合、评估和执行五个阶段。沟通阶段重点在于发现理想职业与现实的差距;分析阶段重点在于了解产生差距的原因,并探索解决问题的可能途径;综合阶段通过对前一阶段的解决方案进行比较,确定能够解决问题的有效方法;评估阶段的重点在于衡量每一种选择对自己可能的影响,并对选择进行排序;执行阶段就是把计划转变为行动,解决问题。

实训中心 ······

1. 我的自画像

以铜为镜,可以正衣冠;以人为镜,可以明得失。自画像活动的目的在于帮助学生更好地认识自我,促进自我认知。

(1)在15分钟内画出自己的自画像。

(2)可以采用任何形式表现自己,并用四个词形容自己。

(3)向小组成员介绍自己的自画像。

活动结束后,思考自己是一个什么样的人。

2. 生活愿景探索

试着去填写表6-1,去问问你的内心,自己想过什么样的生活?

表 6-1　　　　　　　　　　　　人生目标规划表

人生目标规划	
有意义的人生使命： (1) (2) (3) (4) (5)	(1)愿景： (2)经验： (3)关系： (4)影响力： (5)财务：
价值观： (1) (2) (3)	
每天的理想生活方式： (1) (2) (3)	

3.无领导小组讨论：共建高楼

领导力是领导者的核心素养。开发学生的领导力，可以促进学生主动学习、主动思考、积极探索。正如美国青少年领导力开发的创新专家凯瑟琳·科所说，领导力和学生学习就像焊接在一起的一样，不可分割。"共建高楼"活动可以快速发现团队中的领导者和追随者，培养学生的领导力。

活动材料：报纸、胶带、剪刀、彩笔。

活动目的：建造尽可能高的不需要额外支撑、能自由耸立的大楼。

活动要求：限时20分钟，每组不得超过10人。在整个活动过程中所有学生都不能说话，只允许组内交流，只能使用手势和肢体语言，只能使用已有的工具和材料。

小组讨论：建造方案的确定过程，如何分工，如何实施，由谁来指挥，为什么大家都听他的指挥。如果在这个活动中能够说话，可以避免什么麻烦，可以建造更高的大楼吗？

该活动可以锻炼参与者的应变分析、组织协调、口头表达、辩论、团队合作等各方面的能力，以及培养自信、进取心、情绪稳定性、反应灵活性等个性特点。

4.职业采访

请同学们进行一次社会调查，既可以访谈自己的家人，也可以访谈其他的职业人群。

(1)确定采访提纲。采访主要涉及工作内容、工作性质、工作方式、薪酬待遇等方面。采访前要设计具体的采访问题，如您的工作内容是什么？就您而言，您最喜欢什么？您在工作中遇到的最大挑战是什么？

(2)分小组。分小组开展采访活动，每组3~5人。

(3)起草采访报告。对采访的结果进行统计分析，完成采访报告并得出结论。

(4)分享与交流。各小组汇报自己的采访报告，并进行交流讨论。

5.目标金字塔

目标对于每个人都至关重要。确定目标是第一步,分解目标是第二步。目标就是动力,就是方向。如果目标过于宏大、过于遥远,学生就会感到手足无措。因此,需要把长远目标分解为具体的短期目标,每一个短期目标的完成都是向终极目标迈进的一小步。目标金字塔是用来帮助学生分解目标的工具,如图 6-4 所示。请思考目标,分解目标,制定阶段目标,并监督落实。

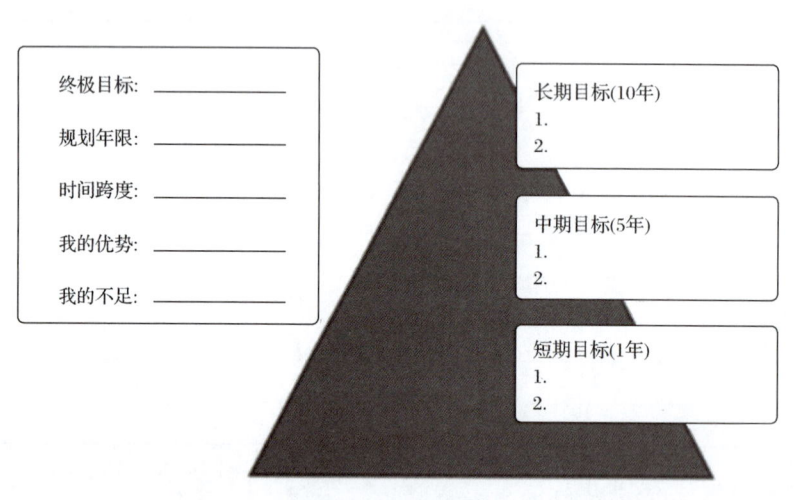

终极目标:_____
规划年限:_____
时间跨度:_____
我的优势:_____
我的不足:_____

长期目标(10年)
1.
2.

中期目标(5年)
1.
2.

短期目标(1年)
1.
2.

图 6-4　目标金字塔

6.制作生涯规划书

试着填写表 6-2 所示的生涯规划书。

表 6-2　　　　　　　　　　生涯规划书

生涯规划书			
姓　名		性　别	
出生日期		班　级	
入学时间		毕业时间	
兴趣特长			
一、引言			
二、自我分析	兴趣		
	性格		
	能力		
	价值观		
	优、劣势		
三、专业和职业分析	家庭环境分析		
	社会环境分析		
	地域分析		
	职业分析		

(续表)

生涯规划书

四、阶梯目标	短期目标	
	中期目标	
	长期目标	
五、规划实施	大一	
	大二	
	大三	
六、管理调整	目标管理	
	时间管理	
	情绪管理	
	挫折管理	
七、结束语		

知识小铺······

1.生涯指生活中各种事件的演变方向和历程,包括人一生中的各种职业和生活角色,以及由此表现出个人独特的自我发展类型。

2.生涯可以分为成长期(4～14岁)、探索期(15～24岁)、建立期(25～44岁)、维持期(45～64岁)和衰退期(65岁以上)五个阶段,每个阶段具有不同的发展任务。高职生正处于生涯的探索期。

3.生涯规划是有目的、有计划地设计不同的人生阶段,在考虑个人的智力、性格、价值观以及阻力和助力的前提下,做出合理安排,并且借此调整和摆正自己人生中的位置,以期自己能适得其所,获得最佳的发展和自我实现。

4.职业自我探索包括三个系统——职业导向系统、职业动力系统、职业功能系统,四个维度——兴趣、价值观、能力和性格。

5.自我探索具体可以通过自我觉察、寻求别人意见、进行专业的测评和咨询、参与社会活动以及回顾自己的成功等多种途径来实现。

6.可以从六个关键要素来了解职业:工作任务、要求和职能、工作酬劳、职业者兴趣、从业者生活、社会评价。

7.时间管理的原则是按照重要性和紧急性划分等级,确保要事第一。

第三篇
遇见更好的自己

第七章 情绪管理

大学生正处在人生观和世界观形成的关键时期，其复杂的情绪与其生活、学习、恋爱及交往，与其需要、动机、认知及行为都有着密切的联系。对当代大学生而言，敏锐地觉知情绪，了解情绪的特征、作用，能够平和地接纳情绪，学会调节自己的情绪，将成为自我发展和人格成长的必要条件。现在让我们一起走进本章的学习，学习做情绪的主人吧！

学习目标

1. 了解情绪的基本概念和理论。
2. 掌握情绪的类型及功能。
3. 掌握情绪调节的方法。

烦恼杂货铺

小美在某高校学习空中乘务专业。她形象好、气质佳，学习成绩也不错，但是脾气不太好，容易情绪化。当她心情好的时候，见了谁都热情洋溢地主动打招呼；而当她心情不好的时候，就很容易对别人发脾气。有一天，她和寝室同学莉莉大吵了一架。原因很简单，就是莉莉在晾衣服的时候不小心把她快晾干的衣服弄湿了。每次当她发脾气或者跟其他同学吵架时，谁都不敢惹她，否则她就会迁怒于人、暴跳如雷。其实，小美不发脾气时也十分乐于助人，但是就因为她的脾气太大，无法控制自己的情绪，导致同学们都不敢与她走得太近。

小美有很多优点，她气质佳，学习好，乐于助人，但是这些优点都被她的坏脾气掩盖了，没有人愿意与她交朋友。这次吵架她之所以无法控制自己的情绪，主要有三方面的原因：第一，不了解自己情绪变化的真正原因。例如，莉莉弄湿她衣服的时候，她觉得影响她穿衣服了。这个时候，她的愤怒其实并不完全来自莉莉，有一部分源于这打乱了她的穿衣计划。第二,不会察觉别人的情绪变化。交往是一个相互的过程,当对方的情绪发生变化时,如果无法及时把握,也很容易出现问题。小美将注意力主要放在了自己的衣服上,根本没有理会莉莉的道歉,也没有看到莉莉内疚的表情。第三,不会调节和控制自己的情绪。在情绪发生之前或者情绪发生之后,缺乏有效的调节策略,导致无法控制自己的情绪。

你也有情绪失控的时候吗?你认为应该怎样合理调控自己的情绪?

知识直通车……

第一节 情绪概述

一、情绪的含义与构成

什么是情绪?人的情绪是如何产生的?情绪又是由哪些因素构成的呢?

(一)情绪的含义

情绪是人对客观事物是否符合自己的需要而产生的主观态度的体验。情绪是由客观事物引起的,离开了具体的事物,人不可能自发地产生情绪,当客观事物或情境符合主体的需要和愿望时,就能引起积极的、肯定的情绪。例如,渴求知识的人看到一本好书会感到开心;人看到美景会感到高兴;工作得到他人的认可会感到满意;生活中遇到知己会感到幸福;看到见义勇为的行为会感到敬佩;找到志同道合的朋友会感到愉悦;等等。当客观事物或情境不符合主体的需要和愿望时,就会产生消极、否定的情绪。例如,期望落空会感到失望;被冤枉会感到委屈;预定好的航班由于天气原因取消会感到沮丧;工作受挫会感到苦恼;等等。由此可见,情绪是人脑对客观事物的反映,但它反映的不是客观事物本身,而是客观事物与人的需要之间的关系。

(二)情绪的构成

情绪是一种混合的心理现象。它是由个人独特的主观体验、外部表现和生理唤醒三种成分组成的。

主观体验是个体对不同情绪和情感状态的自我感受。每种情绪都有不同的主观体验,它代表了人的不同感受,如快乐或痛苦。情绪体验是一种主观感受,很难确定产生情绪体验的客观刺激是什么,而且不同人对同一刺激也可能产生不同的情绪。如在失去至爱的亲人时,人们感到无比悲痛;在突如其来的危险或灾难面前,人们感到惊恐万分;在通过努力赢得比赛时人们感到由衷的满足和自豪;等等。这些都是人们对情绪的主观体验。

情绪的外部表现通常称为表情。它是在情绪和情感状态发生时身体各部分的动作量化形式,包括面部姿态和语调等。人的主观体验总是表现出相应的表情模式,如高兴、快乐时,面颊上提、嘴角上翘、手舞足蹈、语调高昂、语速较快;悲哀时面容哀戚、痛哭流涕、语调低沉、语速缓慢；悔恨时捶胸顿足；惧怕时手足无措；等等。一般来说，在上述三种表情形式中，面部表情在情绪交流中起主导作用，姿态和语调表情起辅助作用。

生理唤醒是情绪的生理反应。它涉及广泛的神经结构，如中枢神经系统的脑干、中央灰质、丘脑、杏仁核、下丘脑、松果体、前额叶层及外周神经系统和内、外分泌腺等。生理唤醒是一种生理的激活水平。不同情绪的生理反应模式是不一样的，如满意、愉快时心跳节律正常；恐惧或暴怒时心跳加速，血压升高，呼吸频率增加，甚至出现间歇或停顿；痛苦时血管缩小，血压升高；等等。

二、情绪的状态及分类

(一)情绪的状态

情绪的状态是指在某种事件或情境的影响下，在一定时间内所产生的某种情绪，其中较典型的情绪状态有心境、激情和应激三种。

1.心境

心境是指人比较平静而持久的情绪状态。心境具有弥漫性，它不是关于某一事物的特定体验，而是以同样的态度体验对待一切事物。

心境持续时间有很大差别。某些心境可能持续几小时，另一些心境可能持续几周、几个月或更长的时间。一种心境的持续时间依赖于引起心境的客观刺激的性质，如失去亲人往往使人产生较长时间的抑郁心境。一个人取得重大的成就(如高考被录取、实验获得成功、作品初次问世等)，在一段时期内会处于积极、愉快的心境中。人格特征也能影响心境的持续时间，同一事件对某些人的心境影响较小，而对另一些人的影响则较大。性格开朗的人往往事过境迁，不再考虑，而性格内向的人则容易耿耿于怀。

心境产生的原因是多方面的。生活中的顺境和逆境、工作中的成功与失败、人际关系是否融洽、个人健康状况、自然环境的变化等，都可能成为引起某种心境的原因。

心境对人的生活、工作、学习、健康有很大的影响。积极向上、乐观开朗的心境，可以提高活动效率，增强信心，对未来充满希望，有益于健康；消极悲观的心境，会降低认知活动效率，使人丧失信心和希望。经常处于焦虑状态，有损于身体健康。人的世界观、理想和信念决定着心境的基本倾向，对心境有着重要的调节作用。

2.激情

激情是一种强烈的、爆发性的、短促的情绪状态。这种情绪状态通常是由对个人有重大意义的事件引起的。重大成功之后的狂喜、惨遭失败后的绝望、亲人突然死亡引起的极度悲伤、突如其来的危险所带来的异常恐惧等，都是激情状态。

激情往往伴随着生理变化和明显的外部行为表现，例如，盛怒时全身肌肉紧张、双目怒视、怒发冲冠、咬牙切齿、紧握双拳等；狂喜时眉开眼笑、手舞足蹈等；极度恐惧、悲伤和愤怒后，可能精神衰竭、晕倒、发呆，甚至出现精神休克现象，有时表现为过度兴奋、言语紊乱，动作失调。

激情状态下的人往往会出现"意识狭窄"现象,即认识活动的范围缩小。这时人的理性分析能力受到抑制,自我控制能力减弱,进而人的行为失去控制,甚至做出一些鲁莽的行为或动作。有人用激情爆发来原谅自己的错误,认为"激情时完全失去理智,自己无法控制",这种说法是不对的。人能够意识到自己的激情状态,也能有意识地调节和控制它。因此,任何人对在激情状态下的失控行为所造成的不良后果都是要负责任的。

人要善于控制自己的激情,做自己情绪的主人。培养坚强的意志品质、提高自我控制的能力可以达到这个目的。然而激情并不总是消极的。我国发射卫星成功时研制人员的兴高采烈、我国运动员在国际比赛中取得金牌时的欣喜若狂,在这些激情中包含着强烈的爱国主义情感,是激励人上进的强大动力。

3. 应激

应激是指人对某种意外的环境刺激所做出的适应性反应。例如,人们遇到某种危险或面临某种事变时,必须集中自己的智慧和经验,动员自己的全部力量,迅速做出选择,采取有效行动,此时人的身心处于高度紧张状态,就是应激状态。例如,飞机在飞行中,发动机突然发生故障时,驾驶员紧急与地面联系着陆;正常行驶的汽车遇到故障时,司机紧急刹车;战士排除定时炸弹时的紧张而又小心的行为;等等。在这些情况下人们所产生的特殊、紧张的情绪体验,就是应激状态。

应激状态的产生与人面临的情境及人对自己能力的估计有关。当情境对一个人提出了要求,而他意识到自己无力应付当前情境的过高要求时,就会体验到紧张而处于应激状态。

人在应激状态下,会引起机体的一系列生物性反应,如肌肉紧张度、血压、心率、呼吸频率以及腺体活动都会出现明显的变化。这些变化有助于适应急剧变化的环境刺激,维护机体功能的完整。加拿大学者汉斯·塞里把这种变化称为适应性综合征,并指出这种综合征包括动员、阻抗和衰竭三个阶段。动员阶段是指有机体在受到外界紧张刺激时,会通过自身的生理机能的变化和调节来进行适应性的防御。阻抗阶段是通过心率和呼吸加快、血压升高、血糖升高等变化,充分动员人体的潜能,以对付环境的突变。衰竭阶段是指引起紧张的刺激继续存在,阻抗持续下去,此时必需的适应能力已经用尽,机体就会被其自身的防御力量所损害,结果导致适应性疾病。可见,应激是在某些情况下导致疾病的机制之一。

(二)情绪的分类

人的情绪复杂多样,《礼记》中把人的情绪称为"七情":喜、怒、哀、惧、爱、恶、欲。美国心理学家普拉切克根据自己的研究提出了恐惧、惊讶、悲伤、厌恶、愤怒、期待、快乐和信任八种基本情绪,每一种基本情绪都可以根据强度上的变化而细分。例如,强度高的愤怒是狂怒,强度很低的愤怒可能是生气,一种基本情绪可与相邻情绪混合产生某种复合情绪,也可能与相距更远的情绪混合产生某种复合情绪。恐惧与期待混合在一起就会产生焦虑情绪。虽然种类很多,但一般认为人有四种基本情绪,即快乐、愤怒、恐惧和悲哀。

微课

什么在影响我们的情绪?

1.快乐

快乐是人最基本、最原始的情绪。快乐实际上是人在需求得到满足时的情绪体验,它使人轻松、愉悦,有益于身心健康。快乐有强度的差异,从快乐、兴奋到狂喜,这种差异和人所追求的目的对自身的意义以及实现的难易程度有关。引起快乐的最主要的情境条件是:一个人去追求某种事物并达到目的。如果目的是无足轻重的,那么,所引起的情绪只不过是轻微的满足;如果目的是非常重要的,则会引起异常的欢乐。在现实生活中,心理期望值高的人不容易得到满足,常常难以快乐,而易陷于焦虑;心理期望值低的人容易得到满足,因而常常拥有快乐的情绪。

2.愤怒

愤怒是指所追求的目的受到阻碍,愿望无法实现时产生的情绪体验。愤怒以强度的大小可分为轻微不满、气恼、微愠、激怒、大怒、暴怒、狂怒等。愤怒的强度越大,情绪爆发性就越强烈,也越容易使人失去理智的控制。以愤怒的反应时间分类,愤怒可以分为即时产生的愤怒和延缓产生的愤怒两种。前者表现为一受刺激就发怒,后者表现为渐进式的、慢慢发生的。

3.恐惧

恐惧是试图摆脱和逃避某种危险情境而又无力应对时产生的情绪体验。从强度上看,恐惧可以从轻度的担忧、忧虑到惧怕、恐慌、恐怖。恐惧的强度越大,产生的消极作用就越大。恐惧发生时常有退缩或逃避的动作,并伴随异常激动的表现,如心慌、毛发竖立、惊叫、惧怕危险的面部表情和姿态等。引起恐惧的刺激因素是多方面的,恐惧的产生不仅仅由于危险情境的存在,还与个人排除危险的能力和应对危险的手段有关。一个初次出海的人遇到惊涛骇浪或者鲸鱼袭击会感到恐惧无比,而一个经验丰富的水手对此可能已经司空见惯、泰然自若。

4.悲哀

悲哀也是人类的原始情绪之一。朱智贤主编的《心理学大词典》对"悲哀"的解释是:悲哀是指与喜欢、热爱的对象遗失、破裂或与所盼望的东西幻灭相联系的情绪体验。悲哀的程度取决于失去的事物对自己的重要性和价值。通常,深切的悲哀是由失去亲人或贵重的东西引起的。另外,主体的意识化倾向和个性特征对人的悲哀程度也有重要影响。悲哀根据其程度的不同,可分为遗憾、失望、难过、悲伤、极度悲痛等。悲哀有时伴随哭泣,使紧张释放、心理压力缓解。它是一种消极的情绪。在较强的悲哀中,常发生失眠、食欲消失、抑郁、失望、焦虑、急躁、孤僻等反应。在一定的思想和信念的支配下,化悲痛为力量,可把这种消极情绪转化为积极的情绪,有时能够成为前进的动力。

三、情绪的功能

1.适应功能

有机体在生存和发展的过程中,有多种适应方式,情绪是有机体适应生存和发展的一种重要方式。如动物遇到危险时产生的呼救,就是动物求生的一种手段。

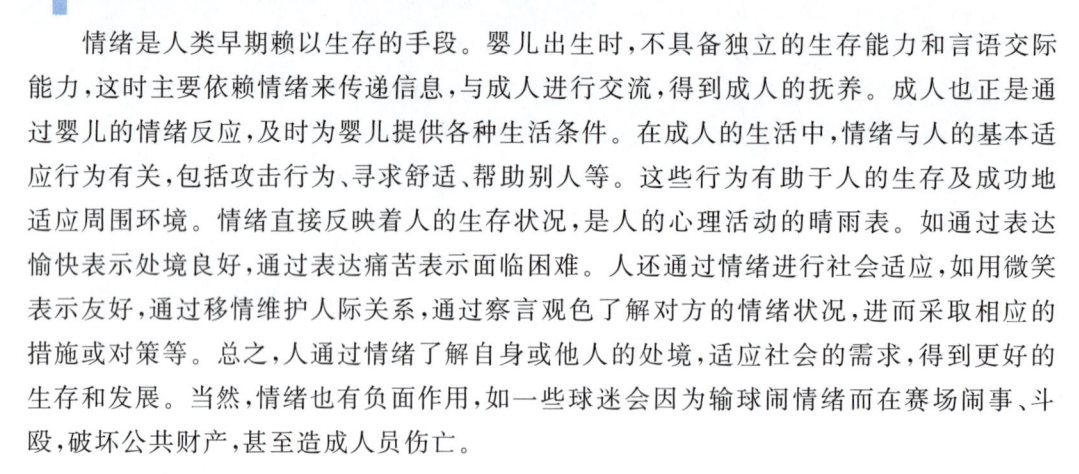

情绪是人类早期赖以生存的手段。婴儿出生时,不具备独立的生存能力和言语交际能力,这时主要依赖情绪来传递信息,与成人进行交流,得到成人的抚养。成人也正是通过婴儿的情绪反应,及时为婴儿提供各种生活条件。在成人的生活中,情绪与人的基本适应行为有关,包括攻击行为、寻求舒适、帮助别人等。这些行为有助于人的生存及成功地适应周围环境。情绪直接反映着人的生存状况,是人的心理活动的晴雨表。如通过表达愉快表示处境良好,通过表达痛苦表示面临困难。人还通过情绪进行社会适应,如用微笑表示友好,通过移情维护人际关系,通过察言观色了解对方的情绪状况,进而采取相应的措施或对策等。总之,人通过情绪了解自身或他人的处境,适应社会的需求,得到更好的生存和发展。当然,情绪也有负面作用,如一些球迷会因为输球闹情绪而在赛场闹事、斗殴,破坏公共财产,甚至造成人员伤亡。

2.动机功能

情绪是动机的源泉之一,是动机系统的一个基本成分。它能激励人的活动,提高人的活动效率。适度的情绪兴奋,可以使身心处于活动的最佳状态,推动人们有效地完成任务。研究表明,适度的紧张和焦虑能促使人积极地思考和解决问题。赫布认为情绪唤醒水平和绩效之间存在着倒 U 形曲线关系。换句话说,太低或太高的情绪唤醒水平都会损害工作效率。同时,情绪对于生理内驱力也具有放大信号的作用,成为驱使人的行为的强大动力。如人在缺氧的情况下,产生了补充氧气的需要,这种生理驱力可能没有足够力量去激励行为,但是,这时人的恐慌感和急迫感就会放大和增强内驱力,使之成为行为的强大动力。

3.组织功能

情绪的组织功能是指情绪对其他心理过程的影响。情绪心理学家认为,情绪作为脑内的一个检测系统,对其他心理活动具有组织的作用。这种作用表现为积极情绪的协调作用和消极情绪的破坏、瓦解作用。中等强度的愉快情绪有利于提高认知活动的效果,而消极情绪如恐惧、痛苦等会对认知活动产生负面影响。消极情绪的激活水平越高,操作效果越差。研究还表明,情绪状态可以影响学习、记忆、社会判断和创造力。

4.社会功能

情绪在人们之间具有传递信息、沟通思想的功能。这种功能是通过情绪的外部表现,即表情来实现的。表情是思想的信号,如用微笑表示赞赏,用点头表示默认等。表情也是言语交流的重要补充,如配合手势、语调等能使言语信息表达得更加明白或确定。

5.健康功能

情绪的健康功能是指情绪对一个人的身体健康有增进或损害的作用。"笑一笑,十年少;愁一愁,白了头",形象生动地说明了情绪与健康的关系。积极的情绪体验是保持身体健康的重要条件,而长期紧张和焦虑往往会降低人体抵抗力,而引发疾病,尤其是气愤和懊恼的情绪是引起许多身心疾病的主要原因。人的情绪活动剧烈、过度,超越人体能够承受的程度,并持久不得平静、没有得到合理的疏导,也会直接影响人的身体健康。现代医学也已经证明,不少疾病的发生并不是由于器质性的病变,而是由于精神状态不佳、情绪异常所致。大学生中常见的疾病,如紧张性头痛、神经衰弱、溃疡、哮喘、神经性皮炎、月经不调等均与情绪变化有关。因此,对不良情绪的调控,也是强身健体、防治身体疾病、提高生活质量的途径。

四、情绪的表达——外部表情

表情是情绪表达的一种方式,也是人们日常交往的一种手段。人们除了言语交往之外,还有非言语交往,如表情。在人类交往过程中,言语与表情经常是相互配合的。同是一句话,配以不同的表情,会使人产生完全不同的理解。所谓的"言外之意""弦外之音"就更多地依赖于表情的作用。而且,表情比言语更能显示情绪的真实性。有时人们能够运用言语来掩饰和否定其情绪体验,但表情则往往不能掩饰内心的体验。情绪作为一种内心体验,一旦产生,通常会伴随相应的非言语行为,如面部表情和身体姿态等。

表情可以分为三类:面部表情、身体姿态表情、语言声调表情。通过它们的相互配合,可以更加准确或复杂地表达不同的情绪。

1.面部表情

面部表情由眉、眼、鼻、嘴的不同组合构成,通过面部肌肉和腺体的变化来表现情绪,如眉开眼笑、怒目而视、愁眉苦脸、面红耳赤、泪流满面等。面部表情是情绪表达的基本方式,也是人类的基本沟通方式,具有泛文化性。同一种面部表情会被不同文化背景下的人们共同承认和使用,以表达相同的情绪体验。心理学家经过研究发现,有七种表情是世界上各民族人都能认出的,不同文化背景的人都能精确辨认这七种基本表情。它们是快乐、惊讶、生气、厌恶、害怕、悲伤和轻视。对面部表情识别的研究还发现,最容易辨认的表情是快乐、痛苦,较难辨认的是害怕、悲伤,最难辨认的是怀疑、怜悯。一般来说,情绪成分越复杂,表情也越难辨认。通过面部表情的线索可以帮助我们识别表现出来的情绪,见表7-1。

表 7-1　　　　　　　　　从面部表情识别情绪

情　绪	面部表情
感兴趣	眼眉朝下,眼睛追踪着看,倾听
愉快、笑	嘴唇朝外向上扩展,眼笑(环形皱纹)
惊奇	眼眉朝上,眨眼
悲痛、哭	眼眉拱起,嘴角朝下,有泪,有韵律地啜泣
恐惧	眼部发愣,脸色苍白,脸出汗,身体发抖,毛发竖立
羞愧、侮辱	眼朝下,头低垂
轻蔑、厌恶	冷笑,嘴角上扬
愤怒	皱眉,眼睛变狭窄,咬紧牙关,面部发红

心晴加油站

杜兴式微笑

早在1862年，法国神经病学家杜兴·德·布伦就提出："真心流露的喜悦所产生的面部表情是由颧骨主肌和眼部轮匝肌同时收缩形成的。"杜兴将眼圈肌收缩称为"内心甜蜜的活动"，并说："眼圈肌收缩产生的微笑是最真实的。"嘴部的微笑并不一定代表快乐，只有眼睛周围的肌肉收缩和嘴部的微笑同时出现才是真正的微笑。前一块肌肉受意识支配，而后者只有真有感而发时才会发生变化。"杜兴式微笑"在心理学领域已成为真笑的代名词。心理学家发现，虽然在拍毕业拍照的时候，每一个人都是笑容可掬，可是，有些笑容是真诚的"杜兴式微笑"、有些是做作的"泛美空姐式微笑"。有研究发现，真笑容与更多积极情绪或更大的成就有关。

2.身体姿态表情

身体姿态表情是通过人的四肢与躯体的变化来表现人的各种情绪状态，可分为身体表情和手势表情两种。身体表情是表达情绪的方式之一。人在不同的情绪状态下，身体姿态会发生相应的变化。手势常常也是表达情绪的另一种方式。手势通常和言语一起使用，表达赞成还是反对、接纳还是拒绝、喜欢还是厌恶等态度和思想。手势也可以单独用来表达情感、思想或指示。在无法用言语沟通的情况下，单凭手势可以表达开始或停止、前进或后退、同意或反对等思想情感。研究表明，手势表情是通过学习获得的。在不同的文化中，同一手势所代表的含义可能会截然不同。如竖起大拇指在许多文化中是表示夸奖的意思，但在希腊却有侮辱他人的意思。手势表情具有丰富的内涵，但隐蔽性也最小。日常生活中，会有一些普遍的、常见的姿态标签，如高兴时"捧腹大笑"，恐惧时"紧缩双肩"，紧张时"坐立不安"等。

3.语言声调表情

语言声调表情表现在说话的音调、速度和节奏上。语言声调表情作为一种辅助语言交际的工具，是一种副语言现象，如言语中语音的高低、强弱、抑扬顿挫以及语调、节奏和韵律等。例如，高兴时，语调激昂，节奏轻快；悲哀时，语调低沉，节奏缓慢，声音断续且高低差别很小；愤怒时，语言生硬，态度凶狠。当一个人面带真诚的微笑"骂"他的朋友是"傻瓜"时，他传达的是一种"愉快""亲切"的情感信息，善意的笑容改变了攻击性语言的意义。总的来说，我们在识别他人的情绪状态或情感时，不能仅仅从单一的维度去判断，如果能结合面部表情、姿态动作和言语，会帮助我们更准确地判断。

五、情绪对认知功能和行为及身心健康的影响

(一)情绪对认知功能和行为的影响

情绪对认知功能的影响表现在个体的注意力、个体对自我和他人的直觉以及个体解释和记忆各种生活情景的特征上。人们在知觉和记忆中进行着信息的选择和加工,情绪就好比一种侦查机构,监视着信息的流动,它能促进或阻碍工作记忆、推理操作和问题解决的过程。研究证明,情绪状态可以影响学习、记忆、社会判断和创造。不同的情绪种类对认知和行为会有不同的影响。

积极情绪通过扩建个体即时的思想或行为资源而帮助个体建立起持久的个人发展资源(包括身体资源、智力资源和社会性资源等),这些资源趋向于从长远的角度、用简洁的方式来给个体带来各种利益。它能促使个体充分发挥自己的主动性,从而产生多种思想和行为,特别是能产生一些创造性或创新性的思想和行为,并把这些思想和行为迁移到其他方面。

消极情绪会限制一个人在当时情景条件下瞬间的思想和行为指令系统,即促使个体在当时的情景条件下只产生由进化而形成的某些特定行为,如逃跑、攻击、躲避等,使人的思想和行为缩小在以保护自己的生存为核心的集中特定方式上。

(二)情绪对身心健康的影响

1. 正常情绪对身心健康的影响

什么是正常情绪?正常情绪需满足以下三个条件:首先,当前的情绪是由适当的原因引起的,并且该原因被当事者本人所觉知;其次,情绪反应的强度与造成情绪反应的环境相称;最后,当导致情绪的因素消失后,反应会根据情况逐渐平静下来。

正常的情绪反应,无论是积极的、愉快的,还是消极的、不愉快的,都会帮助个体适应自己的行为。

(1)愉快而稳定的情绪能使人脑处于最佳的活动状态,确保身体各器官及系统的活动协调一致,使食欲旺盛、睡眠稳定、能量充沛,充分发挥生物体的潜能,提高脑力和体力劳动的效率与耐力。

(2)愉快的情绪也能平衡身体的免疫系统和体内的化学物质,从而增强对疾病的抵抗力。据说,英国著名化学家法拉第在年轻时由于工作压力而导致神经失调,健康状况不佳,有位著名的医生给他做了详细的检查。医生没有开药方,只留下一句话:"小丑胜过十几个医生。"法拉第仔细考虑后认为这是有道理的。从那时起,他经常花时间去看滑稽剧、马戏和喜剧,密集的研究工作过后,他就到野外和海边放松自己,保持心情愉快。结果,他活到 76 岁,对科学事业做出了巨大贡献。人们发现,几乎所有长寿老人都非常快乐,都长期生活在一个家庭关系密切、感情和谐、没有精神压力的环境中。

（3）保持积极、乐观和幸福的情绪也会使别人喜欢亲近自己，从而有助于建立良好的人际关系。美国心理学家列文甚至认为："是否会笑，是衡量一个人是否能适应周围环境的一个标准。"虽然这种说法有些夸张，但真诚的笑容肯定能感染他人。来了陌生的客人，相视一笑，即可胜似老友；打扰、伤害了别人，歉然一笑，便能得到谅解；遇到异国朋友，投之一笑，彼此的心就通了。无怪乎莎士比亚说："如果你一天之中没有笑一笑，那你这一天就算是白活了。"

（4）适当的焦虑、忧愁、恐惧、愤怒等不愉快的情绪也是正常而有益的。在适度的焦虑情绪之下，个体的大脑和神经系统的张力增加，思考能力亢进，反应速度加快，因而能提高工作效率和学习效果。人们常说，"生于忧患，死于安乐"，革命者要忧国忧民，"先天下之忧而忧"，这说明忧也有好的一面。过分的恐惧固然反常，但对一切都不知惧怕也是不正常的。适度的惧怕可使人们提高警觉，避免危险，预防失败。恐惧使个体进入紧张、激动状态，由于交感神经兴奋，肾上腺素分泌增加，呼吸、心跳加快，血压、血糖和血中含氧量升高，血液循环加快，把大量营养输向大脑和肌肉组织，血小板比平时增加很多，因此血液较易凝固，而消化器官的活动将会减少，甚至完全停止，这种应激反应的作用，使身体有很多的能量来应对当前的危险。

2.不良情绪对身心健康的影响

不良情绪包括过度的情绪反应和持续性的消极情绪两种。过度的情绪反应主要是指因为一些重大的生活事件而使情绪反应过于强烈，或为一点小事而产生过强的情绪反应。持续性的消极情绪是指在引起忧、悲、恐、怒等消极情绪的因素消失后，仍数日、数周，甚至是数月沉溺在消极状态中不能自拔。目前，大量的实验研究和临床观察都已证明，不良情绪会危害人的身心健康。

（1）不良的情绪易导致心理障碍。在过度的尤其是过于强烈的情绪反应或持续的消极情绪的作用下，首先受到影响的是神经系统的功能，突然而强烈的紧张情绪的冲击会抑制大脑皮层的高级心智活动，破坏大脑皮层兴奋与抑制的平衡，使意识范围狭窄，正常判断力减弱，失去理智和自制力，甚至有可能使人精神错乱、行为失常，许多反应性精神病就是这样引起的，而持续的消极情绪的影响，则常常会使人的大脑功能严重失调，从而导致各种神经症或精神病。根据调查，大学生中常见的抑郁症、恐惧症、强迫症、神经衰弱等大多与持久的消极情绪密切相关。

（2）不良的情绪会引起生理疾病。不良的情绪在影响神经系统的功能之后，会进一步影响内脏器官的功能，从而损害生理健康。情绪对内脏器官影响很明显的是心血管系统和消化系统，人在恐惧或悲哀时胃黏膜变白、胃酸停止分泌，可引起消化不良。而在焦虑、愤怒、怨恨时胃黏膜充血，胃酸分泌增多，常常导致胃溃疡。据美国新奥尔良一家医院统计，500个求诊入院的肠胃病人中，因长期情绪不好而致病的占比为74%。大量研究发现，情绪冲突、压抑与高血压密切相关，情绪急躁、易激动、好争斗都与冠心病有十分明显的关系。

科学实验室

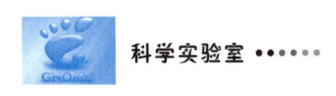

布雷迪的猴子电击实验

1958年布雷迪对猴子进行了一项实验。他把猴子固定坐在特制的椅子架里,让猴子四肢能自由活动,随意伸手取食,但躯体却被捆住,不能离开特制的椅子架。在实验的过程中,他把猴子分为实验组和对照组。实验组的猴子每隔20秒就在其脚上加以电击。然后训练这组猴子每隔20秒去按一个开关就能免受电击。也就是说,假如这组猴子能提高警觉,每隔一段时间记得去执行该做的任务——按开关,就能免遭电击。这样的实验进行了6小时,休息6小时后又恢复实验,持续进行20天,结果发现有些猴子发生胃溃疡而死。对照组的猴子以同样的方式进行实验,只是不能按开关来控制电击,结果没有猴子发生胃溃疡死亡的例子。

提示:这个实验是模仿现代人的生活方式制定的,即:必须时时提高自觉性,按时去执行该完成的课题。间接的提示、长期的紧张生活会造成胃溃疡等身心疾病的发生。

第二节 大学生常见的情绪问题及情绪调节方法

烦恼杂货铺

有一个大学生失恋了,他一直摆脱不了失恋的打击,情绪低落,影响到正常的生活。他没办法专心上课,因为无法集中精力。他头脑中想的全是前女友的薄情寡义。他认为自己在感情上付出了,却没有得到回报,于是他总是觉得自己很傻、很不幸。有时候他又觉得是因为自己很糟糕,所以女朋友才离自己而去。他内心痛苦不已,久久不能释怀。

你是否也有过相似的情绪感受?该怎么办呢?

知识直通车

一、大学生的情绪特点

大学阶段是个体非常关注自我、注重个性表达、情绪体验丰富、情绪波动起伏的时期,你喜欢这个时期的自己吗?当你了解了这个时期的情绪特点,了解了常见的情绪困扰及情绪健康的标准,平和接纳自己的情绪,你一定会喜欢现在的自己。

1. 情绪丰富与复杂

"青年人最富有朝气,最富有梦想。"青年时期是最有作为的时期,他们是"早晨八九点钟的太阳",是人一生的黄金时代。处于青年时期的大学生,身心发展已经成熟或接近成熟,能独立地处理个人的生活和周围的事物,精力充沛,思想敏锐,敢想,敢说,敢为,有激情和创造性,情绪情感日益丰富。他们渴求知识,兴趣广泛,追求友谊和爱情。总之,大学生会产生自尊、自信、自负和自卑等丰富而复杂的情绪体验。

2. 情绪有不稳定性,但又表现出心境化

大学生的情绪犹如疾风怒涛,表现出多变和不稳定的特点。他们容易兴奋、冲动,易于感情用事,情绪起伏较大。但大学生的情绪又不像儿童那样受制于外部刺激,儿童并没有情绪的积累。他们的情绪一旦被激起,即使刺激消失,也还会转化为心境,如由成功或满足带来的喜悦会持续一段时间,并扩散到其他事物上,有一种事事都称心如意的感觉;相反,一旦染上消极、忧愁的情绪,则可能闷闷不乐,即使对平时喜爱的活动也会失去兴趣。大学生情绪反应的发生,往往会表现为一定的延迟性,趋向于心境化。

3. 情绪的外显与内隐并存

大学生对外部刺激反应迅速、敏感,喜怒哀乐表现得充分而具体。由情绪引起的内心变化与外部表现是一致的,具有外显性特点。如取得了好的成绩、获得了好的评价,高兴之情会溢于言表。但大学生的外部表现与内心体验又并不完全一致,在某些状态下甚至会表现相反。他们有时会有意识地掩饰自己内心的真实感受,如对于一些事物的看法、内心存在的秘密,是说还是不说、是多说还是少说,都要依时间、地点、条件的不同而调整。尤其是在对异性的态度上,明明喜欢某个人,但却有意无意地表现出不关心和冷漠。不少大学生常会将自己的情绪隐藏和掩饰起来,体现为外在表现与内在体验不一致,出现相互交流障碍,陷入孤独和苦闷的情感困惑中。

大学生正处于未成年人与成年人的转变阶段。与成年人相比,大学生的情绪带有明显的起伏波动性,有时会表现为大起大落、大喜大怒的两极性,易从一个极端跳到另一个极端,他们易出现高度的兴奋、激动、热情或是极端的发怒、泄气和绝望。他们可能因一时的成功而产生积极的、愉快的情绪体验,甚至骄傲自满,忘乎所以;也可能因一时的挫折、失败而低估自我,甚至悲观失望。如学习成绩的好坏、是否评上奖学金、是否评上三好学生、人际关系等,都可能引起他们积极或消极的情绪。

二、情绪健康的标准

良好的情绪状态,首先是情绪上的成熟,它是指一个人的情绪发展、反应水平和自我控制能力与其年龄及社会的要求相适应,并为社会所接受。

美国心理学家马斯洛在阐述自我实现者的情绪特点时,曾经提出了健康情绪的六个特征:①有适度的欲望;②有清醒的理智;③平和、稳定、愉悦和接纳自己;④对人有深刻、诚挚的感情;⑤富有哲理、善意的幽默感;⑥有丰富、深刻的自我情感体验。

心理学家索尔指出,情绪健康有八个特征:①独立,不依赖于父母;②增强责任感及工作能力,减少与外界接触的渴望;③去除自卑情结、个人主义及竞争心理;④适度的社会化与教化,能与人合作,并符合个人良心;⑤成熟的性态度,能组织幸福家庭;⑥避免敌意与攻击;⑦对现实有正确的了解;⑧具有弹性以及适应力。结合马斯洛和索尔的观点,个体拥有健康的情绪应符合如下标准。

1. 接纳自己的情绪变化

人生路上并非事事一帆风顺,面对同样一件事,有的人能用较好的心态去面对,生活中的经历对他们来说是一种积累;也有的人会因为一些小事而严重影响心情,陷入焦虑、烦恼中,放任情绪肆虐,影响自己的状态和生活,导致工作效率低下。情绪就像是一条流动的河,会有风平浪静的时候,也会有波涛汹涌的时候。无论喜怒哀乐,我们都要理性、平和地接受自己的情绪,不苛求自己,不过分追求完美。

2. 情绪表达的目的明确、方式恰当

情绪的发生总有一定的缘由,因此情绪的表达也一定与此相关,并有一定的目的性。例如,我们表达愤怒,可能是想让他人知道他的行为侵犯了我们的利益,如寝室同学未经你的允许就用了你的毛巾。这种情绪的表达也需要有恰当的方式,即用被自己和社会所接纳的方式对某种刺激做出适当的情绪反应。这种情绪反应的方式可能是言语的,也可能是行为的。上述例子中的愤怒情绪是由生活中的小事引发的,其反应强度一般会比较低,可能只是语言的表达,但不至于因为这一件小事而大打出手。

3. 积极情绪多于消极情绪

积极、愉悦的情绪不仅有益于身心健康,而且会增加行为的动机,有助于目标的实现和幸福感的提升。因此,在生活中要尽量保证大部分时间都处于高兴、希望、愉悦、自豪等积极的情绪状态,当遇到消极情绪时要采取适当的调节方法加以克服,这是保持情绪健康的关键。

三、大学生常见的情绪问题

人生活在纷繁复杂的社会中,总会遇到一些不如意或迷惑的事情,内心会产生紧张、不安、无助等负面的情绪体验。当这些负面的、消极的情绪体验无法得到有效的解决时,就产生了情绪困扰。大学生常见的情绪困扰主要有焦虑、抑郁、愤怒、嫉妒、冷漠等。

1. 焦虑

焦虑是人们面临威胁或预料到某种不良后果时产生的一种不安状态,同时会伴有忧郁、紧张、害怕、担忧等情绪体验。适应困难、学习压力、人际关系紧张、对能力修养不足的担忧等均可引发焦虑。

根据特征的不同,可将焦虑分为四个层次:

(1)身体紧张。自己没有办法放松,全身紧张,表情严肃,长吁短叹。

(2)自主神经反应强烈,表现为容易出汗、眩晕、呼吸急促、心跳加快等。

(3)对未来产生无谓的担心。担心工作、亲人、财产、健康等。

(4)过分机警。时刻处于警觉之中,对周围的细微变化和他人的言行充满警惕。

大学生产生焦虑的原因主要有新生适应困难、考试、对身体健康状况过分关注等,其中考试焦虑是较常见的情绪表现。很多大学生因为担心考试失败或想获得更好的分数而产生一种忧虑、紧张的心理状态。考试焦虑一般在考试前数天表现出来,随着考试的临近而日益严重。研究表明,大学生的自信水平、对自身能力的评价以及对考试的期望与焦虑情绪有密切的关系。那些自信水平低、认为自己能力差和对考试期望比较高的学生更容易出现考试焦虑。

值得注意的是,焦虑并不一定是有害的,适度的焦虑能促进大学生在学习和课外活动中的良好表现,但较为严重的焦虑反应要进行调适。例如,要增强自己学习上的信心,正确认识面临的困难和挑战,客观分析自身的优势和不足,减少不必要的焦虑。同时也可以学习一些自我放松的方法,如冥想法、自我暗示法、身体放松训练和深度呼吸法等。对于自己无法控制的、比较严重和持久的焦虑情绪,应及时向学校的心理咨询老师寻求帮助。

2.抑郁

抑郁在大学生中是一种常见的不良情绪。生活中遇到的困难和挫折,如失恋、考试失败、人际关系不和谐等,都可能是大学生抑郁的诱因。失恋和就业不顺利是导致大学生出现抑郁情绪比较常见的两个原因。一方面,爱情让大学生活变得很美好,但是失恋也会给大学生带来很多痛苦。如果不能及时摆脱这种痛苦,严重的抑郁也可能会导致大学生出现心理扭曲、自杀、伤人等情况。另一方面,大学生背负着家庭和社会的双重期望,但是,在激烈的社会竞争中不少大学生找不到理想的工作,现实和理想的冲突让即将走出校门的大学生感到茫然和无力,产生了巨大的心理压力,从而出现抑郁情绪。

为了避免和减少抑郁情绪的出现,大学生要与同学建立和谐、稳定的人际关系,当出现心理困惑时,及时与朋友沟通,向朋友寻求安慰和帮助。同时,我们也要培养乐观、积极的心态,正确看待学习和生活中遇到的挫折,遇到问题不悲观、不消沉,努力寻找解决问题的方法。当有消极情绪时,要学会合理表达和宣泄自己的情绪,不要总是压抑自己的不满、忧伤、愤怒等消极情绪。如果长期处于抑郁状态不能自拔,应及时向学校里的心理咨询老师寻求帮助。

3.愤怒

愤怒是遇到与愿望相悖、愿望受阻或无法实现致使紧张状态逐渐累积而产生的强烈的情绪体验。愤怒的程度可以从不满、生气、激怒到暴怒。

导致愤怒的原因一般有两类:外部原因和内部原因。由外部原因导致的愤怒主要出现在类似个人愿望如升学、提干、评奖等没有实现,遇到不平之事,受到侮辱,权利被侵犯,上当受骗或者对某人某事嫉妒等情况时。与愤怒有关的内部原因包括以下几个方面：一是个人性格，一般脾气急躁的人容易发怒；二是个人的意志和自我控制能力，青年时期大脑与皮下中枢尚未协调完善，大脑对皮下中枢的控制作用还不强，故容易发怒；三是身体状况和心理状态，人在生病、疲劳、困倦、心理状态不佳时较易发怒；四是个人的错误认识，如有的人认为发怒可以威慑他人、挽回面子、推卸责任、满足愿望等。

愤怒对一个人的身心健康有明显的不利影响。愤怒会让人丧失理智，阻塞思维，从而导致损人、损物、伤人、违纪等行为，甚至违法犯罪。当人发怒时，往往会心跳加速、心律失常。愤怒以愚蠢开始，以后悔告终。由愤怒而导致的心悸、失眠、高血压、胃溃疡、心脏病等并不少见，甚至能导致猝死。

心灵疗愈坊

失控的情绪像钉子

有个脾气很坏的小男孩，动不动就发脾气，令家里人很伤脑筋。一天，父亲给了他一大包钉子和一把铁锤，要求他每发一次脾气都必须用铁锤在家里后院的栅栏上钉一颗钉子。第一天，小男孩就在栅栏上钉了30多颗钉子。但随着时间的推移，小男孩在栅栏上钉的钉子越来越少，他发现自己控制脾气要比往栅栏上钉钉子更容易些。一段时间之后，小男孩变得不爱发脾气了。于是父亲建议他："如果你能坚持一整天不发脾气，就从栅栏上拔下一颗钉子。"又过了一段时间，小男孩终于把栅栏上所有的钉子都拔掉了。这时候，父亲拉着儿子的手来到栅栏边，对他说："儿子，你做得很好。可是，你看那些钉子在栅栏上留下的小孔，栅栏再也不会是原来的样子了。当你向别人发过脾气之后，你的言语就像这些钉子孔一样，会在人们的心灵中留下疤痕。你这样做就好比用刀子刺向别人的身体，然后再拔出来。无论你说多少次'对不起'，那伤口都会永远存在。"

不良的言语就像那个小男孩钉到栅栏上的钉子，再怎么努力拔去那些钉子，栅栏也不可能回到原来的样子。不良情绪不仅会让你身边的人无所适从，受到伤害，也会让自己受到伤害。

4.嫉妒

嫉妒是与别人比较，发现自己在才能、地位或境遇等方面不如别人时而产生的一种由羞愧、愤怒、怨恨等组成的复杂的情绪状态。嫉妒心理在大学生群体中较为常见，有的同学看到周围同学的才能、品行、人际关系甚至穿着打扮超过自己时会产生一种不平、痛苦、愤怒的内心体验。从心理学的角度来讲，嫉妒是一种不良的情绪体验，能让人产生不良的心理。

嫉妒的情绪往往会造成比较坏的后果,轻则对别人产生怨气,有仇视的表现;重则会实施攻击对方的行为。即便有些人的嫉妒心隐藏得比较深,不会表现出来,但久而久之,这种压在内心中的嫉妒情绪会让自己变得很消沉,影响良好性格的形成。

5.冷漠

冷漠是指对他人冷淡漠然、对外界刺激缺乏相应的情绪反应的消极情绪体验。其主要表现是对人怀有戒备之心甚至敌对的情绪,既不与他人交流思想感情,又对他人的不幸冷眼旁观、无动于衷、毫无同情心。表面冷漠的人实际上内心是很痛苦、很孤独的,具有强烈的压抑感。冷漠既不利于身心健康,也不利于个人发展。

四、情绪的调节方法

情绪能够影响一个人的精神状态,提高或降低一个人的学习和工作效率。它是观察一个人真实情感的窗口,能反映出一个人的志向、胸怀和度量,也标志着个性成熟的程度。健康情绪的养成或保持对一个人的工作、学习和生活都起着至关重要的作用,一个人具有积极主动控制自己情绪的能力,就会有影响别人的能力。

(一)自我暗示法

心理暗示是指个体通过语言、想象等方式,对自身施加影响的心理过程,自我暗示就是个体运用心理暗示的方式对情绪进行自我调节的方法。自我暗示对个体自身的情绪乃至行为都会有一定的影响和调整作用。它有积极与消极之分。积极的自我暗示,可以使人保持乐观的情绪,拥有一份好的心情,增强自信心。积极的自我暗示既可以用来松弛过分紧张的情绪,也可用来激励自己。而消极的自我暗示会不断唤醒潜藏在自我心灵深处的自卑、怯懦、嫉妒,强化个性中的弱点,从而影响情绪。

(二)合理宣泄法

不良情绪产生后,总是伴有能量的蓄积。蓄积的能量需要宣泄出来,如果总是压抑而不释放,就会淤积成病。

哭是最直接、效果也很明显的宣泄方法。美国心理学家威廉·佛莱认为,流泪能排除人体由于感情压力所造成和积累起来的生化毒素,使流泪者恢复心理和生理上的平衡,因而对健康有益。反之,如果这些毒素不通过流泪排出而滞留在体内,将对健康不利。

当情绪比较糟糕时,找知心朋友、家人或者心理咨询师,将自己的苦闷、抱怨和导致不良情绪的事件都倾诉出来,朋友的耐心倾听,理解、安慰以及情感的沟通对于恢复正常情绪都是有利的。当然,倾诉的形式可以多种多样,除了面对面的倾诉之外,电话、书信、日记、发朋友圈、发微博也是很好的倾诉形式。

大学生在产生不良情绪时还可以采用行为宣泄的方法来缓解情绪,其中运动是最好的方式。格雷格·沃尔夫认为"运动对心理和情绪的作用胜过于生理,运动是迄今为止最好的心理治疗师之一"。运动不但能够缓解压力,还能够分泌俗称"快乐物质"的多巴胺等多种神经递质,即使轻度运动,如慢跑、跳舞、瑜伽甚至走路,也有助于情绪的恢复。当然,有的大学生喜欢在一个空旷无人的地方大声吼叫,有的喜欢逛街购物,还有的喜欢吃东西等,这些方式都无可厚非。值得注意的是,在选择宣泄方式的时候,要注意宣泄的对象、地点、场合等,切不可任意宣泄,无端迁怒于他人或他物。一些有损自己身心健康的方式,如酗酒,并不是积极有效的宣泄方式。

(三)注意转移法

注意转移法是指当处于情绪困境时,暂时将问题放下,将注意力偏移此情此景以转变情绪体验的性质,达到调控不良情绪的目的。常采用的方式有:避开现场、环境调节、转移话题、做感兴趣的事情等。具体来讲可以通过听欢快的音乐、在不影响别人的情况下大喊、做运动、参加集体活动等来实现情绪转移或替代负面情绪。

心晴加油站

从前,有这样一位老太太,她有两个儿子,大儿子是染布的,二儿子是卖伞的。她天天为两个儿子发愁,若下雨天,她就会为大儿子发愁,因为不能晒布了;若是晴天,她就为二儿子发愁,因为伞卖不出去了。所以,老太太总是愁眉紧锁,没有一天开心的日子,弄得疾病缠身、骨瘦如柴。

一位智者告诉她,为什么不反过来呢?天下雨时,你就为二儿子高兴,因为,他可以卖雨伞了;天放晴了,你就为大儿子高兴,因为,他可以晒布了。在智者的开导下,老太太以后每天都乐呵呵的,身体自然健康起来了。

(四)音乐疗法

美国音乐治疗之父加斯顿指出,音乐对于人情绪的影响力非常大,不同音乐可以影响人的行为节奏和生理节奏,引发各种不同的情绪反应。大学生可能都有这样的体验,心情不好时戴上耳机听听音乐,随着或激昂或优美或欢快的音乐响起,情绪也慢慢平复。运用音乐缓解法要注意选择好音乐类型,在忧伤的时候听听积极向上的音乐,在沮丧时听听激昂的音乐,在焦虑时听听舒缓悠扬的曲子,将有助于更好地调节情绪。大学生也可以学习乐器和音乐创作,把内心的体验转化成心灵的曲调,并从中体验成功。

(五)饮食调节法

多年来的研究显示,某些特定的食品能影响大脑中某些化学物质的产生,而改善人们的心情。食物不但能满足我们的生理需求,让我们的身体得到能量,也可以帮助我们减轻心理压力,调整不良情绪。

1.香蕉

香蕉是色氨酸(一种氨基酸,是天然安眠药)和维生素 B_6 的良好来源,色氨酸和维生素 B_6 能帮助大脑制造血清素。香蕉含的生物碱也可以调节情绪和提高信心。

2.葡萄柚

葡萄柚中含有丰富的维生素 C,它是制造"多巴胺"的重要成分之一,而"多巴胺"是一种神经传导物质,用来帮助细胞传送脉冲信息。它能影响大脑的运作,传达开心的情绪,恋爱中男女的幸福感,正是由于脑内产生大量多巴胺的缘故。

3.蔬果

叶酸存在于芦笋、菠菜、柑橘类、番茄、豆类等多种蔬果中,当叶酸的摄取量不足时,将会导致脑中的血清素减少,容易引起失眠、忧郁、焦虑、紧张等情绪问题。

4.深海鱼类

哈佛大学的一项研究指出,鱼油中的 Omega-3 脂肪酸,与抗忧郁成分有类似的作用,它可以调节神经传导,增加血清素的分泌量。"血清素"是一种大脑神经传递物质,与情绪调节有关,当血清素分泌量不够或作用不良时,会有忧郁的现象发生,所以,血清素是制造幸福感的重要来源之一。

5.全麦面包

碳水化合物有助于增加血清素。睡前 2 小时吃点碳水化合物的食物,如蜂蜜全麦吐司,有助眠效果。

(六)合理情绪疗法

当日常生活出现问题时,大多数人会不假思索地认为,是那些发生了的事情使自己感到难受。例如,当一个人感到愤怒或忧伤时,会认为是别人使自己产生这样的感受;当感到焦虑、受挫时,会倾向于责怪自己的处境。然而,事实可能并非如此。其实是一个人的认知决定了自己在特定情况下的感受。下面,我们通过一个案例,一起学习一种简单有效的心理调适方法——合理情绪疗法。

1.基本理论

合理情绪疗法是 20 世纪 50 年代由美国临床心理学家阿尔伯特·埃利斯提出的。它是认知心理治疗中的一种技术,采用了行为治疗的一些技术,故又被称为认知行为疗法。合理情绪疗法的基本理论主要是 ABC 理论。

埃利斯认为,人的情绪不是由某一诱发性事件本身引起的,而是由经历了这一事件的人对这一事件的解释和评价引起的,这就成了 ABC 理论的基本观点。在 ABC 理论模式中，A是指诱发性事件；B是指个体在遇到诱发性事件之后相应而生的信念，即他对这一事件的看法、解释和评价；C是指特定情境下，个体的情绪及行为的结果。

通常人们会认为，人的情绪和行为反应是直接由诱发性事件A引起的，即A引起了C。ABC理论则指出，诱发性事件A只是引起情绪及行为反应的间接原因，人们对诱发性事件所持的看法、解释和评价B才是引起人的情绪及行为反应的更直接的原因。

即使有同样的前因A，如果B不同，也可能会产生不一样的结果C_1和C_2。这是因为，从前因到结果之间，一定会经过一座桥梁B，这座桥梁就是信念和我们对情境的评价与解释。在同一情境A下，因不同的人的看法以及评价与解释不同而有B_1和B_2，就会得到不同的结果C_1和C_2。因此，情绪的发生源于我们的看法、评价与解释。

心灵疗愈坊

本节开头提到的那个失恋的年轻人，因为内心很痛苦，于是，他找到了心理医生。心理医生告诉他，其实他的处境并没有那么糟，只是他把自己想象得太糟糕了。在给他做了放松训练，减少了他的紧张情绪之后，心理医生给他举了一个例子。

"假如有一天，你到公园的长凳上休息，你把最心爱的一本书放在长凳上。这时候，有个人径直走来坐在椅子上，把你的书压坏了。这时，你会怎么想？"

"我一定很气愤，他怎么可以这样随便损坏别人的东西呢！太没有礼貌了！"年轻人说。

"那我现在告诉你，他是个盲人，你又会怎么想呢？"心理医生耐心地继续问。

"哦，原来是个盲人。他肯定不知道长凳上放有东西！"年轻人摸摸头，想了一下，接着说："谢天谢地，好在只是放了一本书，要是油漆或是什么尖锐的东西，他就……""那你还会对他愤怒吗？"心理医生问。

"当然不会，他是不小心才压坏的嘛，盲人也很不容易的。我甚至有些同情他了。"心理医生会心一笑："同样的一件事情——他压坏了你的书，但是前后你的情绪反应却截然不同。你知道是为什么吗？"

"可能是因为我对事情的看法不同吧！"

对事情不同的看法，能引起自身不同的情绪。很显然，让一个人难过和痛苦的，不是事件本身，而是对事情的不正确的解释和评价。

2.认识不合理信念

情绪ABC理论的创始者埃利斯认为，正是由于人们常有一些不合理的信念，才使人们产生情绪困扰。如果这些不合理的信念根深蒂固，还会引起情绪障碍。

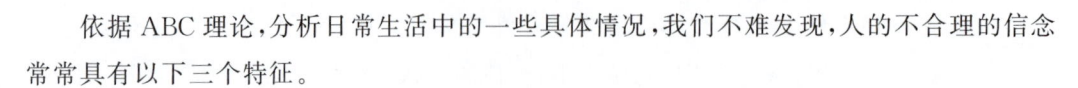

依据ABC理论,分析日常生活中的一些具体情况,我们不难发现,人的不合理的信念常常具有以下三个特征。

(1) 绝对化的要求

绝对化的要求是指人们常常以自己的意愿为出发点,认为某事物必定发生或不发生。它常常表现为将"希望""想要"等绝对化为"必须""应该"或"一定要",如"我必须成功""别人必须对我好"等。这种绝对化的要求之所以不合理,是因为每一个客观事物都有其自身的发展规律,不可能以个人的意志为转移。对于个人来说,不可能在每一件事上都获得成功,他周围的人或事物的表现及发展也不会依他的意愿来改变。因此,当某些事物的发展与其对事物的绝对化要求相悖时,就会感到难以接受和适应,从而极易陷入情绪困扰之中。

(2) 过分概括化

过分概括化是一种以偏概全的不合理思维方式的表现。它常常把"有时""某些"过分概括化为"总是""所有"等。用埃利斯的话来说,这就好像凭一本书的封面来判定它的好坏一样,它具体体现在人们对自己或他人的不合理评价上,典型特征是以某一件或某几件事来评价自身或他人的整体价值。例如,有些人遭受一些失败后就会认为,自己"一无是处、毫无价值",这种片面的自我否定往往会导致自暴自弃、自罪自责等不良情绪。而这种评价一旦指向他人,就会一味地指责,产生敌意等消极情绪。然而,"金无足赤,人无完人",每个人都有犯错误的时候。

(3) 糟糕至极

糟糕至极这种观念认为,如果一件不好的事情发生了,那将非常可怕和糟糕。例如,"我没考上大学,一切都完了""我没当上处长,不会有前途了"。这些想法是非理性的,因为对任何一件事情来说,都会有比之更坏的情况发生。所以,没有一件事情可以被定义为糟糕至极。如果一个人坚持这种"糟糕观",那么,当遇到他所谓的百分之百糟糕的事情时,他就会陷入不良的情绪体验之中,从此一蹶不振。

3. 恰当应用情绪ABC理论

在日常的生活和工作中,当遭遇各种失败和挫折时,要想避免情绪失调,我们就应进行反思,如果存在"绝对化的要求""过分概括化"和"糟糕至极"等不合理的想法,就要有意识地用合理信念取而代之。

那么,对大学生而言,情绪ABC理论应用的步骤是什么呢?可以尝试按以下步骤缓解情绪。

第一,将引发不良情绪的事件和认识一一列出。

第二,找出引发不良情绪的非理性信念。

第三,通过对非理性信念的认识和纠正,找出合理的信念。

第四,通过建立合理的信念,改变情绪。

第七章 情绪管理

实训中心

进行情绪猜猜猜活动。

1.活动目的:学会通过非言语信息理解他人的情绪,促进了解。

2.具体操作

(1)把学生分成两人一组,面对面坐好。

(2)其中一人用手势、表情、体态语言表达内心的情绪,让对方猜动作及表情所表达的意思。做完后,让表演者说明对方的猜测是否准确,并说明原因

(3)交换角色,再来一次。

(4)活动完成后可归纳整理如何从非语言信息来判断各种情绪。

(5)表演题目如下:我很高兴、我很开心、我很难过、我很失望、我很无奈、我很着急、我很困惑、我很担心、我很舒服、我很不甘心、我觉得丢脸、我觉得厌恶、我很痛苦、我很寂寞、我很满足、我很无助……

智慧起航

1.大学生情绪有哪些特点?

2.大学生常见的情绪困扰有哪些?

知识小铺

1.情绪是人对客观事物是否符合自己的需要而产生的主观态度的体验。

2.情绪的功能包括:适应功能、动机功能、组织功能、社会功能、健康功能。

3.情绪状态有心境、激情和应激三种。

4.大学生的情绪特点:情绪的丰富性与复杂性;情绪有不稳定性,但又表现出心境化;情绪的外显与内隐并存;情绪的两极性明显。

5.情绪调节的方法包括:合理认知、自我暗示、合理宣泄、注意转移、音乐疗法、饮食调节。

遇见更好的自己
——照顾好自己的情绪

第八章 学习心理

大学的学习与中学时代相比有了巨大的变化。大学里有更灵活的学习方式,有更多的学习途径和更好的学习环境……大学是学习的新起点,在这里,兴趣为你引航,动机为你助力。本章的学习将带你走进大学生学习心理,帮助你掌握学习的规律,应对学习中遇到的问题。现在我们一起来做学习达人吧!为我们的成长、成才固本强基。

学习目标

1. 掌握学习的基本概念与特点。
2. 了解学习动机与学习效率的关系。
3. 掌握大学生常见的学习问题及调适方法。

第一节 学习概述

烦恼杂货铺

某大学一年级男生李某,入学成绩在班级中名列前茅,但是第一次期末考试他有两门功课不及格,考试后他来到心理咨询中心寻求帮助。李某自述出生在一个中学教师家庭,父母对自己要求比较严格,因此从小到大他学习很好,父母和教师都对他寄予了厚望,以为他可以考上重点高校,但他高考发挥失利,没有考上理想的学校。在进入现在这所学校之前,他一直不能接受现实,坚持要复读,但是父亲突然患病,他无奈上了这所学校,学习了自己不喜欢的会计专业。他看到班级中一些同学的成绩比自己差很多,他们学习态度也不积极,越发后悔来到了这样一个不适合自己的环境,感到十分失落。来到学校两三个月,他干什么都提不起精神,也学不进去,整日浑浑噩噩。

第八章 学习心理

李同学实际上是由于高考成绩不理想,对所学专业无兴趣而缺乏学习动机的。他自小学习很好,可以说学习好是支撑他的自尊的主要支柱。高考失利使他自信心受挫。来到大学后,一方面他看不起其他同学,认为自己比他们强多了;另一方面,他总是抱怨命运不公,找不到以前那种感觉,也无法把心思放到学习上,所以他没有取得理想的成绩。其实,在普通高校中,像李同学这样由于学校、专业不理想或者因为一次考试出现失误就缺乏学习动力、自信心受挫的现象比较普遍。

你目前的学习状态怎么样?考试发挥失常时你怎样调整心态?

知识直通车

大学阶段是一个人成为专业人才的关键阶段,学习是大学生活中一项重要的组成部分,是大学的主旋律。大学生应尽快适应大学阶段的学习特点,找到适合自己的学习策略与方法,培养学习能力,更好地完成大学学业,为将来的人生发展打好基础。

一、学习的概念

"学习"一词在我国古代就已经出现,孔子曾在《论语》中说过:"学而时习之,不亦说乎?"又说"学而不思则罔,思而不学则殆。"古代儒家的学习观在一定程度上揭示了学习与练习、学习与情绪、学习与思考是有所联系的。《中庸》又把学习分为五个步骤:学、问、思、辨、行。

长期以来,人们对学习仍然没有形成统一的认识。许多心理学家、教育学家和哲学家从不同的角度提出了学习的定义。美国心理学家桑代克说:"人类的学习就是人类本性和行为的改变,本性的改变只有在行为的变化上表现出来。"美国教育心理学家加涅说:"学习是人类倾向或才能的一种变化,这种变化要持续一段时间,而且不能把这种变化简单地归之为成长过程。"他认为,人类的学习活动由学习者、刺激情景、记忆内容和动作四个要素构成。联合国教科文组织在 1996 年出版的《学习内在的财富》(Learning:The Treasure Within)一书中指出:"学习是指个体终身发展、终身教育的理念。"我国学者黄希庭教授认为,学习是在经验的基础上形成的相对持久的行为或潜能的变化。

现在人们认为,学习是心理学的一个术语,它有广义和狭义之分。广义的学习指个体在一定情境下由于经验而产生的行为或行为潜能的比较持久的变化。这个概念包括以下几个方面。

第一,学习是以行为或行为潜能的改变为标志的。学习是有机体获得新的个体行为经验的过程。经过学习,有机体出现某些可观察的行为变化,可以完成一些以前无法完成的事情。例如,小学生在没有学过四则运算法则以前,不能正确地解答一些包含加、减、乘、除运算的复杂算术题,而学了四则运算法则以后,就能解答了,说明行为发生了变化。行为的改变有时是明显的、外在的,而有时是隐形的、潜在的。后者就是我们所说的"行为潜能"的改变。例如,让儿童学习 50 个新词,30 分钟后进行测试,结果发现,儿童正确掌握了其中 28 个新词的含义,这是明显的行为改变。但是,这并不意味着儿童对其余的 22

个新词完全没有学习。儿童对这些单词的学习程度可能还没有达到能立刻正确回答测试题目的地步,但是在以后的学习中,当儿童再次学习这22个单词时,也许会学得较快、较好些,说明儿童的行为潜能已经发生了变化。

第二,学习是一种行为,但不是本能的行为,而是习得的行为。如鸟儿筑巢、鸭子游泳、蜜蜂采蜜等行为是本能行为,不是习得行为,不属于学习的范畴,而海豚表演、猴子骑自行车等行为则是学习行为,属于学习的范畴。此外,学习是个体通过练习获得个体行为经验的过程,即学习是由练习或经验引起的。经验有两个含义,既可以指个体通过活动直接作用于客观现实的过程,也可以指在这一过程中所得到的结果,如个体学会的知识、技能和形成的人生观等。学习是在个体与环境的交互作用过程中产生的。有机体必须通过练习或经验才能使行为发生改变。有些行为的改变需要较长的时间、需要系统而反复的练习或经验,如学习某种动作或技能。而有些学习不需要多次重复,例如,在马路上看到有人闯红灯造成车毁人亡的惨剧,仅仅一次经历就可以学习到遵守交通规则的重要性。

第三,学习所引起的行为或行为潜能的变化是相对比较持久和稳定的。无论外显的行为变化还是行为潜能的变化,只有行为改变的持续时间较长,才可以称为学习。例如,疲劳和疾病都可以引起一些暂时性的行为改变。疾病的折磨可能让人烦躁不安,改变了对别人的态度;麻醉药物可能使个体的正常意识受到破坏,做出一些怪异的行为,这些行为的改变是暂时的,当引起这些变化的因素消失后,行为的改变也就停止了。这种暂时的行为改变和学习是有区别的。

可见,广义的学习是动物和人类所共有的心理现象。学习不是本能活动,而是后天习得的活动,是由经验引起的。任何学习都将引起行为的变化,包括外显行为的变化和潜在个人内部经验的变化。这些变化是相对持久且稳定的,但是学习并不包括所有个体一切持久的变化,那些不是由于经验反复形成的,而是因为生理机能所导致的变化不属于学习。

狭义的学习指人的学习,指人在社会实践过程中,在与他人的交往过程中,以语言为中介,自觉地掌握社会历史经验的能动过程。学生的学习是学习的一种特殊形式,不同于一般的人类学习,是指在学校教师有目的、有计划、有组织、有系统的指导下,以掌握一定的系统的科学知识和技能,形成一定的价值观、世界观和人生观为主要任务的学习。

二、大学生学习的特点

学习是大学生活的重要组成部分之一,也是大学生最重要的职责和使命。大学阶段的学习与中学阶段相比,在学习内容和学习方式上发生了很大的变化。

(一)学习内容上的特点

同中学阶段的综合基础教育相比,大学属于专业教育阶段,学习的内容围绕专业方向和需要展开。大学教育的任务是为社会各领域培养高级专门人才,大学生毕业后绝大多数人都要在社会各个领域从事与自己专业相关的职业活动,为社会服务。因此,学生一进入大学就要开始分系、分专业,在某一领域从事深入的学习。它不同于中学时代的学习活动,中学生的主要任务是普遍掌握各种基础知识,而大学生则是要学习本专业的基本知识、基础理论,掌握从事专业活动的基本技能。

(二)学习方法上的特点

1.一定的自主性

在高中阶段,学生学习是在教师直接组织和指导下进行的。进入大学后,在学习的方式、内容以及时间等多方面都更加强调发挥学生的自觉性和主动性。主要表现在:第一,随着高等教育改革的深化和市场经济的发展,全面学分制在高校快速推广,既有专业基础课、公共必修课,也有公共选修课和第二专业等辅修课程,大学生可以根据自身的兴趣爱好、未来的职业生涯规划及学科实用性来安排自己的课程,使之更合理化和满足自己的需求;第二,大学生撰写学年论文、毕业论文,参加科研工作,都是在教师指导下依靠自己的力量独立完成的。这些都要求大学生注意培养自主性,学会独立地获取知识。

2.学习的探索性和创造性

赵红洲教授曾对国外近现代生物学家和地球学家完成3602项成果时的年龄做了统计,结果表明,25~45岁是科技人员发明创造的高峰期,33.5岁是"最佳年龄"。大学时期,一个人对于创造性活动已经具备了一定的知识经验基础和思维发展的准备。大学的学习已经不仅仅是学习和掌握知识,同时还要探究科学的研究方法、思路和形成过程,了解学科发展的前沿,存在的问题、解决方法及其可能性。目前高校增加了学生实践环节的内容,在课程内容设置和形式安排上都体现了灵活、创新,这些都有利于提高大学生的探索能力和创造能力。

3.学习途径的多样性

随着时代的信息化发展,课堂已不再是大学生进行学习的唯一途径,他们获取知识的方法已经多元化。高校开放式的教学为学生提供了多样化的学习途径,除了讲授式的课堂教学,还有课外专业实习、学术报告、课程设计、社会实践活动等。此外,网络的飞速发展也给大学生提供了学习的新途径,学习途径呈现出多样化的特点。

三、学习的心理学理论

学习理论是对学习规律和学习条件的系统论述,它主要研究人类和动物学习行为的特征,解释有机体为什么学习,怎样学习和学习什么。一个多世纪以来,心理学家、教育学家对人类与动物学习的机制进行了多方面的研究,形成了不同的学习理论。

1.经典条件反射理论

经典条件反射理论是由俄国生理学家、诺贝尔奖获得者巴甫洛夫在一系列动物实验的基础上提出来的。

科学实验室

经典条件反射实验

在条件反射形成的实验中,巴甫洛夫用狗做实验对象。实验前,他将狗固定在架子上,在它的脸颊上做个手术,安插上导管,并用试管来收集狗的唾液。实验时,先使用一个与食物无关的中性刺激作用几秒钟,如呈现铃声、灯光几秒钟,然后给狗一个无条件刺激即喂狗食物,并使两者共同作用一定时间,这样多次结合后,中性刺激(铃声)单独作用,狗也能分泌唾液。这时,条件反射就形成了。在这一过程中,本来与分泌唾液无关的铃声或灯光成了喂食的"信号",即成为条件刺激,起到了和无条件刺激(食物)一样的效果——使狗分泌唾液。

经典条件反射的建立需要一定的条件:首先,条件反射的建立要以无条件反射为基础;其次,条件刺激(铃声)必须与无条件刺激(食物)在时间上多次结合,这种结合次数越多,形成的条件反射越稳固;最后,实验时要排除强烈额外刺激的干扰。

经典条件反射在日常生活中应用较为广泛,"望梅止渴""一朝被蛇咬,十年怕井绳"等都是经典条件反射。经典条件反射作用中包含了许多重要的学习规律,其中,最重要的就是学习的消退律与学习的泛化和分化律。

(1)消退律

如果条件刺激出现多次而没有无条件刺激的强化,则已经建立的条件反射将逐渐减弱甚至消失。但条件反射消退带有暂时性,在某一种情况下,条件反射没有消失多久就会自行恢复;而在另一种情况下,为了要达到恢复的目的,就必须再次使用条件反射和无条件反射结合或别的办法。不同的条件反射会有不同的消退速度。因此,如果我们想养成某种良好的学习习惯,就需要长期坚持,才能防止已形成的条件反射消退,长久地保持这种良好的学习习惯。

(2)泛化和分化律

条件反射一旦确立,其他类似最初条件刺激的刺激也可以引起条件反射,这称为泛化。两个条件刺激间相似程度越高,反应强度越强。在实际的学习过程中,为了避免有机体所形成的条件反射的泛化,需要在条件反射建立的过程中或建立后进行分化活动,分别向有机体呈现条件刺激和与之类似的无关刺激,对条件刺激给予强化,对无关刺激不给予强化,这就可以使有机体对条件刺激与相似的无关刺激产生分化,对前者做出反应,对后者不予反应。因此,在学习过程中,我们要充分调动有意注意,排除无关刺激的干扰,专注于学习的内容和已形成的条件反射上。

2.操作性条件反射理论

经典条件反射能够解释有机体的某些学习行为,如有机体如何学会对刺激做出特定的反应,以求得与环境的平衡。在经典条件反射中,有机体的行为都是由刺激引发的不由自主的反应。这些刺激来自环境,有机体不能预测、也不能控制它。但是在日常生活中,我们还经常看到另一种现象,有机体为了获得某种结果而主动地做出某种行为。例如,婴儿第一次叫"妈妈"得到了母亲的爱抚,行为的这种结果使婴儿以后不断地叫"妈妈"。这种行为是由机体主动发出的,而不是由刺激被动引起的。很明显,用经典性条件作用很难解释这种行为。

桑代克是美国著名的心理学家,获得博士学位以后,他在哥伦比亚大学开始研究动物的随意学习行为。桑代克设计了有名的迷笼实验。将饥饿的猫放入迷笼中,笼外放有食物。猫进入迷笼,本能地做出许多反应。猫偶然触动了迷笼开关,把迷笼打开,得到了食物。如果将猫再次放入迷笼,猫在笼中的紊乱动作将逐渐减少。最后,将猫一放入迷笼它就立即触动开关,获取食物。

通过猫的迷笼实验,桑代克认为,所谓的学习就是动物(包括人)通过不断地尝试形成刺激-反应的联结,从而不断减少错误的过程。他把自己的观点称为试误说。桑代克根据自己的实验研究得出了三条主要的学习定律。

(1)准备律

在进入某种学习活动之前,如果学习者做好了与相应的学习活动相关的预备性反应(包括生理和心理的),学习者就能比较自如地掌握学习的内容。

(2)练习律

对于学习者已形成的某种联结,在实践中正确地重复这种反应会有效地增强这种联结,重视练习、重复是很有必要的。另外,桑代克也非常重视练习中的反馈。他认为,简单机械的重复不会造成学习的进步,告诉学习者练习正确或错误的信息有利于学习者在学习中不断纠正自己的学习内容。

(3)效果律

学习者在学习的过程中所得到的各种正向或负向的反馈意见会加强或减弱学习者在头脑中已经形成的某种联结。效果律是非常重要的学习定律。桑代克认为,学习者学习某种知识以后,即在一定的结果和反应之间建立了联结,如果学习者遇到一种使他心情愉悦的刺激或事件,那么,这种联结会增强,反之会减弱。这一理论告诉我们,学习不是一蹴而就的,学习是一个不断尝试与探索的过程。在学习中,我们需要预习、复习、多练习,保持愉悦的心情,方能取得满意的学习效果。

3. 完形理论

学习的认知理论起源于德国格式塔心理学派的完形理论。格式塔的德语含义是完形,指被分离的整体或组织结构。它认为,每一种心理现象都是一个分离的整体,是一个格式塔,是一种完形。该理论认为,学习也是一种完形的过程,它是通过学习者对情境的重新组织来实现的。

4. 柯勒的顿悟理论

在人类的学习中也常见到顿悟现象。顿悟经常突然到来,就像在思维的黑暗中投射下一道"灵感"的光芒,在苦苦思索后突然得到了答案,令人感到欣喜。

人物风采……

柯勒

柯勒是德国著名的心理学家,格式塔心理学的创始人之一。他深入研究了猩猩解决问题的行为,其中"取香蕉"的实验是非常有名的。在实验中,猩猩可以看到房顶上悬挂着一串香蕉,但是它够不到。屋内的地上有几个箱子。柯勒的研究发现:面对这样的情景,猩猩一开始试图跑起来抓取香蕉,但是没有达到目的。以后,它不再跳了,而是在房间里走来走去,仿佛在观察房间里的东西。经过一段时间,猩猩突然走到箱子前面,站着不动,过一会儿,它把箱子挪到香蕉下方,跳到箱子上,取到了香蕉。如果一个箱子不够高,猩猩还能把两个或更多的箱子叠起来以拿到香蕉。柯勒还设计了许多类似的情景让猩猩解决问题。通过这些研究,柯勒发现猩猩不是通过尝试以错误的方法来学习如何拿到香蕉的,而是突然学会如何解决问题的。柯勒认为,用"知觉重组"可以解释这种学习:猩猩突然发现了箱子与香蕉之间的关系,它在认知结构中将已有的知识经验进行了重新组合,因而找到了解决问题的新方法。柯勒把这种学习叫作顿悟学习。

柯勒的实验提示我们,当我们的学习进入高原期或遇到无法解决的问题时,可以停下来思考已有的知识结构和整体情形,可能会茅塞顿开,达到"众里寻他千百度,蓦然回首,那人却在灯火阑珊处"的顿悟。

5.社会学习理论

社会学习这个概念是由班杜拉第一次提出来的。班杜拉是新行为主义的代表人物之一,是社会学习理论的创始人。班杜拉认为,个体可以通过观察他人的行为而学到新的行为反应;强化并非增强行为出现的频率,而是为个体提供了信息和诱因,使他认识到什么样的行为会导致什么样的后果。例如,某个学生看到别的同学因欺骗被老师批评,就懂得欺骗行为是错误的,是不能学习的行为;看到别的同学因乐于助人得到老师的表扬,就知道助人行为是可以模仿的、有价值的行为。班杜拉的社会学习理论强调观察学习和替代性强化。班杜拉的社会学习理论提示我们学习、实践学习,还有观察学习。我们可以通过观察身边的人、事、物及其他经历进行学习。

科学实验室

波波玩偶实验

班杜拉和他的同事进行了一系列的"充气娃娃"的模仿行为实验。实验中,儿童观看电影,影片中的成人行为具有很高的侵犯性,对充气娃娃拳打脚踢,还朝充气娃娃扔东西。这部电影有三种不同的结局,每组儿童看一个结局的电影版本。第一组儿童看到的结局是,那些成人因为他们的侵犯行为而得到奖励;第二组儿童看到的结局是成人被惩罚;第三组儿童没有看到成人受奖励或是惩罚的结局。看完电影后,让儿童和充气娃娃玩。结果发现,第一组儿童比第三组儿童表现出更多的侵犯性行为,第二组比第三组儿童表现出更少的侵犯性行为。班杜拉通过该实验证实了观察和模仿在学习中的作用,并依此提出了社会学习理论。

第二节　大学生常见的学习问题及调适

烦恼杂货铺

丽丽是班级里的学习委员，平时学习踏实勤恳，认真努力。然而，不知道为什么，在临近英语等级考试的一次模拟考试中，丽丽表现得异乎寻常的紧张和焦虑，呼吸变得急促，脸憋得通红，豆大的汗珠顺着头发流到脖子上，更严重的是，丽丽只是呆呆地看着模拟卷，无法开始答题，握着笔的手不停地抖。班主任问丽丽发生了什么，丽丽说："我也不知道，感觉要考试了，很害怕，担心考不好。"

你在学习生活中遇到过丽丽这样的情况吗？你是如何面对的？

一、学习目标问题及调适

很多同学进入大学后，发现大学老师不再像高中老师一样常常督促自己学习，考试也少了。高中的时候每周测试，每月还有月考，来到大学，同学们发现很多课程只有期末才考试，临近考试才开始学习课程。有的大学生会因此沉迷于游戏，或者忙碌于社团活动，对自己的学习关心很少，没有明确的学习目标，甚至觉得学习无用，认为到了期末背一背书就可以及格。最终的结果是，背得快，忘得快，到头来"颗粒无收"。

大学的学习生活虽然缺少了老师的督促，大学生还是要认真对待学习任务，主动制定个人学习目标，并对照目标定期检查。一个好的学习目标的设置可以遵循以下原则。

微课

你会学习吗？

1.学习目标要具体

可以经常设置具体的小目标。例如，把明天的学习任务定为"复习高等数学""复习英语四级的词汇"。这种具体的目标具有较强的可操作性，更容易完成。

2.学习目标可测量

设置可量化的学习目标，如上面的学习任务，可进一步设置成"高等数学的前三章""英语四级词汇书的前20页"。目标越是可以测量的，就越容易实现。

3.学习目标要合理

能完成的目标才有意义，才有价值。因此，合理的目标就是要根据自身的学习能力和所处环境来设置，通常情况下，具有一定挑战性的中等难度的目标是比较合适的。

小阅读

"一厘米先生"布勃卡

布勃卡是世界著名跳高运动员，他曾35次刷新撑杆跳世界纪录。他一次又一次地创造世界纪录,而且几乎每次都只是将成绩提高 1 厘米,因此他被称为"一厘米先生"。当他成功地越过 6.25 米时,他感慨地说,如果自己当初就把训练目标定为 6.25 米,没准会被这个目标吓倒,甚至连原来跳过的高度也跳不过去了。

二、时间管理问题及调适

  学习目标制定好之后,在具体执行过程中,也会遇到各种各样的问题,常见的情况就是,"我的时间不够用,要做的事情太多了……""我不知道要先做哪一件事……"一谈到学习,有的大学生总会抱怨时间不够、琐事太多。实际上,如果掌握了时间管理的方法,学习会变得更有效率,可能获得事半功倍的效果。

  下面介绍一个时间管理的方法,被称作"时间管理四象限"(图 8-1)。美国科学家科维提出,我们可以把要做的活动按照重要性和紧急性两个维度进行分类。时间具体分为四个象限,既紧急又重要、重要但不紧急、紧急但不重要、既不重要也不紧急。

  对于每一天的活动,建议列出一张活动表来,合理分配学习时间,尽量减少无计划、无节制、无意义的时间浪费。做事按处理顺序划分:先是既紧急又重要的,接着是重要但不紧急的,再到紧急但不重要的,最后才是既不紧急也不重要的。在时间管理上,首先,应集中精力用大块时间完成重要又紧急的事情,如生病就医、上课、考试等;其次,做重要但不紧急的事情,如准备下学期社团纳新工作;对于不重要但紧急的事情,可以试着委托给其他人去帮忙完成;最后是既不重要也不紧急的事情,如打游戏、看小说等。总之,安排事情的原则是:要事第一。确定了自己认为最重要的事情,先去主动处理,如果时间允许,再考虑去做不重要的事情。

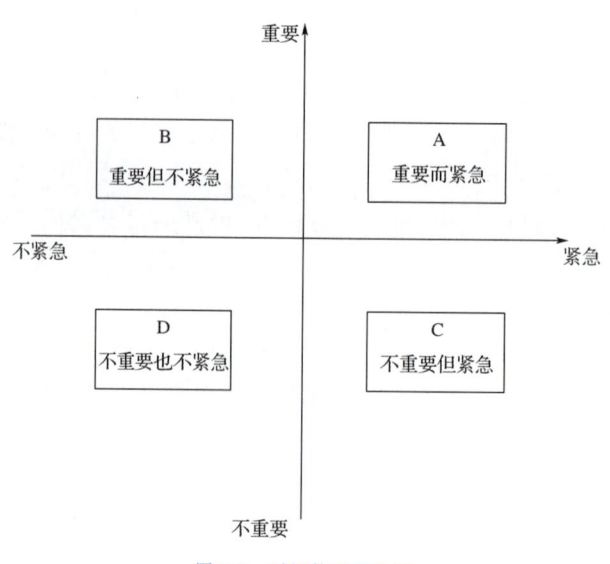

图 8-1 时间管理四象限

三、学习动机问题及调适

学习动机问题包括学习动力不足和学习动机过强。这两者都会影响大学生的学业成就感。

学习动力不足是指大学生没有明确的学习目标和学习方向,甚至厌倦学习。主要表现为:学习热情减退或消失,缺乏必要的学习压力和心理唤醒水平,没有学习的抱负和希望,求知欲不强,把主要精力放在娱乐等与学习无关的活动上。学习动机过强表现为学习强度过大。可能的原因是个人对学业期望过高、自尊心较强、对自己的学习缺乏恰当的规划。

学习动机对学习活动有着很大的作用,但是并不是学习动机越强,学习效果就越好。心理学的研究表明,动机强度与工作效率之间的关系不是一种线性关系,而是倒 U 形曲线关系。中等强度的动机最有利于任务的完成,也就是说,动机强度处于中等水平时,工作效率最高。一旦动机强度超过了这个水平,对行为反而会产生一定的阻碍作用。如果学习动机太强、急于求成,会产生焦虑和紧张,干扰了记忆和思维活动的顺利进行,使学习效率降低。

科学实验室

心理学家耶克斯和道德森的研究表明,各种活动都存在最佳的动机水平。

动机不足或过分强烈,都会使工作效率下降。研究还发现,动机的最佳水平随任务性质的不同而不同。在比较容易的任务中,工作效率随动机的提高而上升;随着任务难度的增加,动机的最佳水平又逐渐下降,也就是说,在难度较大的任务中,较低的动机水平有利于任务的完成,这既是著名的耶克斯-道德森定律,如图 8-2 所示。

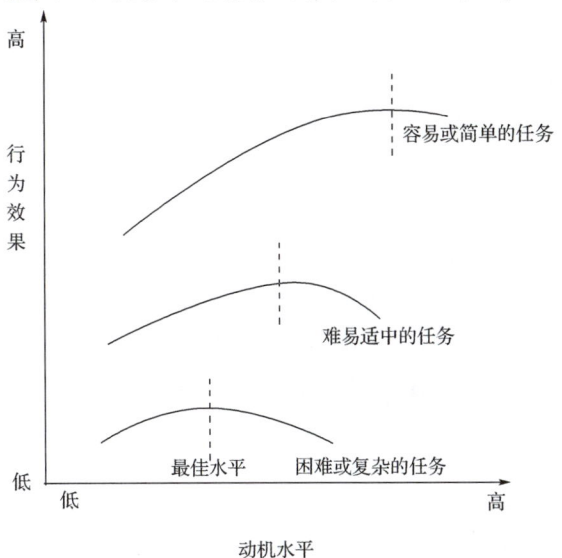

图 8-2 耶克斯-道德森定律(Yerkes-Dodsen Law)

应对学习动力不足的问题,可以从以下几个方面着手:

1. 培养学习动机

要形成正确的学习动机,就必须明确学习的目的和意义,确定学习目标。学习目标既要高于现实,又要经过一定的主观努力才能实现。树立正确的价值观,确立为人民、为集体和为社会服务的崇高目标,同时认识到学习在个人发展中的重要性,把社会动机和个人动机有机地结合起来,形成健康、有效的学习动机。

2. 培养兴趣

兴趣是一个人积极探索某些事物的心理倾向。只有有兴趣,人们才会真正投入,才会有愉快的体验,这种愉快的体验将会进一步推动人们进行新的研究。因此,兴趣是动力。大学生应该根据自身特点选择感兴趣的内容,有针对性地培养兴趣,丰富课外知识,激发学习兴趣,促进自身兴趣朝着有社会价值、广泛、稳定的方向转变,从而增强对学习的广泛兴趣,提高学习的积极性、主动性、自觉性。

人物风采……

中国铁路工程之父——詹天佑

詹天佑是我国首位铁路总工程师,他负责修建了京张铁路等工程,被誉为"中国铁路之父"。詹天佑出生在一个普通的茶商家庭,他从小就对机器十分感兴趣,常常用泥土捏各种机器模型。有时,他还偷偷把家里的自鸣钟折开,摆弄和琢磨里面的构件,提出一些大人也无法解答的问题。凭着兴趣,詹天佑留学美国后考取了耶鲁大学的土木工程系,专攻铁路工程。在兴趣的指引下,他刻苦努力,成绩名列前茅。以优异的成绩毕业回国后,詹天佑满腔热忱,把所学本领献给了祖国的铁路事业,为我国铁路事业的发展做出了卓越的贡献。

兴趣是最好的老师。我国古代杰出教育家孔子曾经说过:"知之者不如好之者,好之者不如乐之者。"可见,兴趣是人们从事某种活动的原动力,兴趣能对人们所从事的活动起到支持、推动和促进作用。实际上,在成长的过程中,我们可能都会有这样的体验,只要是感兴趣的事情,不需要旁人监督我们也能够自觉地、主动地做好。

3. 培养成就动机

成就动机是指一个人为获得新的发展、地位或赞誉而努力实现有价值的目标的内在动力。心理学家认为,学生的成就动机越强,他们学习的自我意识、主动性和持久性就越强。可以看出,较强的成就动机可以更好地将学生的潜在兴趣转化为实用、有效的兴趣。

培养成就动机的核心是使自己获得学习成功的体验,因此在学习过程中,学生对自己要有积极的期望与具体、合适的要求,为自己创造成功的机会。教育心理学实验表明,受表扬和奖励的学生获得的激励作用最大,而且有长期的效应,大学生应及时对自己的学习给予表扬与奖励,不断发现新的自我,增强自信。因此,大学生要对自己进行成就动机教育,通过动机激励,帮助自己克服自卑心理,积极、有效地执行计划,并达到目标。

四、考试焦虑问题及调适

考试焦虑是一种特殊的、由整个考试情境引起的神经紧张状态。考试焦虑也是一种对考试的恐惧,对考试的担忧。考试焦虑包含两种成分:一种是忧虑性,一种是情绪性。忧虑性包含较多的认知成分,情绪性主要指与之相伴随的情绪体验及身体反应。

心理学有关的研究认为,考试焦虑反应是后天"习得"的,它与早期的经验有关。过去的经历和体验作为不良情感记忆被保留下来,并通过认知过程的定式思维加工引起应试者情绪的波动,这种波动的最直接结果是导致注意力分散和记忆力减退,严重干扰了逻辑思维过程。这种心理上的紊乱,使应试者不能集中于考试的内容,整个考试情境将变得富有威胁性,应试者将不得不把注意中心转移到对基本情感的保护上来。处于这样一种被动防卫状态,人的知觉变得狭窄,思想慌乱,无所适从,不能连贯地分析问题,容易产生极端的念头。所有这些最终集中为自我评价的过度消极,自我怀疑和自卑感,夸大自己的无能和失败,从而对考试顾虑重重,失去信心,形成严重的考试焦虑症。

(一)考试焦虑的表现

考试焦虑常常在焦虑者的情绪、认知、身体和行为上有所表现。

情绪上:担忧、焦虑、烦躁不安。

心理上:注意力不集中,记忆力下降,看书效率低,思维僵化。

身体上:头痛、食欲下降、恶心、失眠、困倦、思维迟钝、躯体器官疼痛、拉肚子等。

行为上:坐立不安,手足无措,或抽烟酗酒、沉溺网络、不停诉说、暴饮暴食、嗜睡,不吃不喝也不睡,只低头发呆,甚至伴有强迫症状(强迫性检查、分析)等。

具有高度考试焦虑的学生在考前出现明显的生理心理反应,如过分担忧、恐惧、失眠健忘、食欲减退、腹泻等症状;在临考时心慌气短、呼吸急促、手足出汗、发抖、频频上厕所、思维肤浅、判断力下降、大脑一片空白;还有的学生在考场上出现视动障碍,如看不清题目、看错题目、丢题落题、动作僵硬、手不听使唤、出现笔误等。

(二)考试焦虑的影响因素

考试焦虑的影响因素既有客观的,也有主观的,具体如下。

1.客观因素

客观因素主要有:来自教师、家长和社会的压力;考试的重要性;难易程度;竞争程度

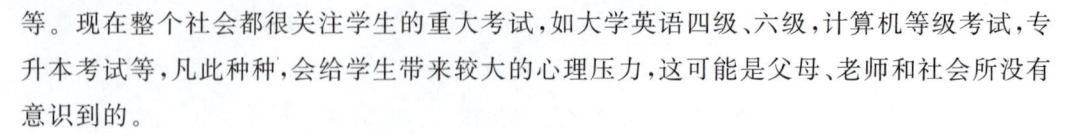

等。现在整个社会都很关注学生的重大考试,如大学英语四级、六级、计算机等级考试、专升本考试等,凡此种种,会给学生带来较大的心理压力,这可能是父母、老师和社会所没有意识到的。

2. 主观因素

形成考试焦虑的主观因素有:

个性:神经类型属于弱型的人,如敏感、易焦虑、过于内向、缺乏安全感和自信心、做事追求完美者,易产生考试焦虑。

过去经历:如果把过去考试失败归结为自己不聪明、能力差,就会对自己失去信心,面临考试时就会紧张焦虑。

复习准备情况:复习准备不足,对考试没有把握。80%的人考试焦虑是由于复习准备不充分引起的。

对考试的看法:有的人认为成绩不好等于不聪明、没优势、没本事,自己被人看不起,也对不起父母,而考试好是改写人生命运的唯一途径。这样的想法容易带来很大的考试压力。

(三)克服考试焦虑的方法

实际上,考试焦虑是可以克服的,下面介绍几个方法供同学们学习。

1. 放松心情

人的身心是合一的,心情紧张时,肌肉也是紧绷的。要想放松心情,可以从放松身体开始。渐进式肌肉放松是一种逐渐有序地使肌肉先紧张后松弛的训练方法。练习时先使肌肉收缩,继而放松。由此可以体验先紧张后放松所产生的那种松弛体验。在做放松训练时,通常按照自上而下的顺序进行,先放松一部分肌肉,之后再放松另外一部分肌肉,循序渐进。

渐进式放松的具体做法是先使肌肉绷紧,再绷紧,保持几秒钟,然后瞬间松弛,注意体验肌肉紧张和放松时所产生的感觉。通常可以从右手开始,先握拳,用力,再用力,然后瞬间放松,体验该部位放松后的感觉。接下来按照以下顺序进行放松:右前臂和肱二头肌、左手、左前臂和肱二头肌、前额、双眼、嘴巴、颈部、肩背部、胸部、腹部、臀部、大腿、小腿(脚尖向上、脚尖向下)、脚(内收、外展)。每部分肌肉一张一弛做两遍,然后对那些感到未彻底放松的肌肉依照上述方法再行训练。当使一部分肌肉进行一张一弛的训练时,尽量使其他肌肉保持放松。渐进式放松训练,因为肌肉一张一弛,有对比感,学习和掌握比较容易。

渐进式放松训练可以消除人的身体和心理方面的紧张状态。做一次渐进式放松,肌肉和心情都会得到慰藉,相当于给自己做了一次全身心的按摩。

2. 进行意象模拟

闭上你的眼睛,我们来想象一下。明天就要开始美好的考试了。带上准考证,带上我那支心爱的钢笔,它总是给我力量。

清晨起来,伸个美美的懒腰,吃过美味的早餐。出门走在马路上,一阵清风吹过来,风裹花香,让人心情舒畅。路上的行人只要看我一眼的都祝我考试成功,没有看我的,也都在心里为我祈祷成功。

走到考场外面,我有点紧张,于是我认真深呼吸三次,走进考场,找到自己的位置坐下。

今天的老师虽然一个都不认识,但都和蔼可亲!

考卷发下来了,我想起奥运会射击项目冠军朱启南,他说:"我不可能打满贯,但我必须打好每一环。"我想我不能拿满分,但我必须拿到最高分。于是我浏览一遍卷子,先易后难,把简单的题目挑出来立刻答完。碰到太难的题目,就想起一句话:我难人难,我不畏难。果断地把它暂放一边。答完基础题后,如果还有时间再去攻克这些难题。

答完卷子我又想起伟大诗人徐志摩的一句话:立刻消失在人群中。于是下考场后我立刻走开,不去和同学对答案。到家后,饭端上来,我美美地吃上七分饱,不吃油腻食品。稍作休息后,走进自己的卧室想想明天要考的基本内容。之后我就进入甜蜜的梦乡。

各位同学,只要你模拟三次,考试的过程跟这个模拟想象是一样的。因为人的大脑是接受心理暗示的,人的想象力对人的行为有巨大的指导作用。

3.选择正确的应试策略

(1)考前准备

首先是考前时间管理。每个人的学习风格不一样,不要盲目与他人比较。应制订适合自己的复习计划,根据自己各科的基础和学习现状,制定相应不同的分数目标,有策略地复习。时间管理的心理意义在于可以消除心理上的不确定性。人对确定的东西、掌握得住的东西才会有安全感、才不会慌乱。做好考前时间管理可以避免忙乱,事情多不是问题,乱才是问题。

其次是考前失眠问题。可运用森田疗法——顺其自然,为所当为。考前人人都会紧张、焦虑,而且相当多的人考前晚上都睡不好,有不少人考前失眠,甚至是通宵失眠,所以你并不特别倒霉,也没有太与众不同。

再次是考前紧张不起来的处理。有部分学生说,很多人是考前紧张得不得了,可自己在大考前怎么也紧张不起来,表现为神经兴奋抑制,头脑发木,激不起最后一搏的劲头。造成这种现象的最主要的原因是考生经过较长时期的苦读,在生理和心理上都有些疲惫不堪,大脑接收的信息过多和负荷过重,造成了一种保护性的抑制。这时要注意适度休息和锻炼;交换一下复习的形式,避免单调机械的刺激产生的厌烦心理,还可进行心理承受能力的训练。

(2)考试中的应对策略

首先应微笑面对。进到考场时,无论你多么紧张,都要面带微笑,表现出一种自信。

其次应把握正确的答题原则。"四先四后,慢快",即先做易题后做难题,先做熟悉题后做生疏题,先做有把握题后做没把握题,先做相同类型题后做相异类型题;审题要慢,做题要快。

其次应有效应对考场上的心理性噪声。有些学生总爱在考后抱怨说,监考老师的脚步声、周围同学的翻卷子声和叹气声,以及考场外发出的某种声音,干扰了他们的思路,其实这是一种心理性噪声。心理性噪声越注意就会越干扰,就越会感到不安。

最后是考试时碰上不会的题或想不起已学知识的应对。可运用酸葡萄心理效应(我不会是因为题目比较难、我不会别人也不会、这道题分值也不大要紧)、线索联想、利用隐性记忆、接受事实并合理决策来应对。

(3) 考后总结

首先应考完一门彻底了却一门,不对答案。其次应了解,主观感觉考砸一两门是正常情况,结果未必如此。

严重的可以去进行心理咨询。对于严重考试焦虑的同学,建议接受专业心理咨询师或心理治疗师的辅导与帮助,及时有效地控制焦虑,避免延误治疗时机。

五、归因方式

从人们行为的结果寻求行为的内在动力因素,称之为归因。海德认为,人会把行为的原因归为内部原因和外部原因两种。内部原因是指存在于个体本身的因素,如能力、努力、兴趣、态度等。外部原因是指环境因素,如任务难度、外部的奖励与惩罚、运气等。一些学生在进行归因时,不从主观上找原因,如学习方法、学习态度等,而是抱怨老师教学能力不行,没有找到适合学习的环境等。这样的学习归因不利于健康素质的形成,对学习效率的提高也有消极的影响。

美国认知心理学家韦纳提出了二维的归因模式,如图 8-3 所示。韦纳将成就行为的归因划分为内部原因和外部原因,同时把"稳定性"作为一个新的维度,把行为原因分为稳定的和不稳定的。如能力、任务难度是稳定的;而努力和运气是不稳定的。

	内控	外控
稳定	能力	任务难度
不稳定	努力	运气

图 8-3 二维的归因模式

比如一次考试失败,如果将其归因为考试题目太难(外控:任务难度),或是自己太倒霉了,和令人讨厌的某某某在同一考场(外控:运气)等,这样不但不会让自己的学习动力增加,而且以后再出现考试失败的情况,还是会为自己找其他借口。换一个角度,如果把考试失败归结成自己这次不够努力,所以没有取得好成绩,然后鼓励自己继续努力,认真复习,期待下一次考试取得成功。这样的归因方式(内控:能力、努力)有利于提升学习动机,进而提高学习效果。

心灵疗愈坊……

小小是高职院校一名大二的学生。她在高考前因为模考成绩不理想曾多次出现心态崩溃的情况,因为从高一起她就有一个坚定的理想——"本科梦"。通过坚持不懈的努力小小曾多次获得三好学生奖状,所以每当模考成绩不理想时她心里就充满了不甘心,她也曾为此偷偷拿小刀划伤自己的手以减轻不甘心带来的痛苦。带着非要上本科的念头,几次模考成绩忽高忽低、很不稳定,最后高考还是以失败告终。小小极不甘心地来到了一个专科院校,心里却始终想着要回去复读重考,但是她害怕像之前那样心态不好还是会失败,又无法安心在这里学习,经常偷偷哭鼻子。

后来,小小来到了心理咨询中心。经过一段时间的心理咨询后,小小终于走出了低谷。回顾这个过程,小小说,之前我经常会因为高考失利的事情痛哭流涕,现在我能辩证地看待高考失利这件事,从而总结失败原因,脚踏实地向前走。之前我总是认为大专生比本科生层次低、大专生低人一等,并常常因为自己的学历感到自卑和痛苦;现在我知道学历就像一棵树,在地上玩耍的孩子和在树杈上玩耍的孩子以及在树顶玩耍的孩子,其实他们各有各的快乐,并不会因为所处高度不同而不快乐。之前我会因为别人嫌我口吃而痛哭,现在每当遇到别人嫌弃我口吃时,我就会想起心理咨询老师跟我说的话,"即使你有口吃,也阻挡不了你变得更优秀。"想到这里我就立即调整好了心态。之前总会因为一些日常琐事而苦苦纠结,甚至钻牛角尖,想不开,现在我学会了理性地看待生活中的一些琐事,不仅心态逐渐平稳了,而且学习和生活也步入了正轨。在大二上学期不仅获得了国家励志奖学金,而且成功入选为入党积极分子。

六、学习遗忘问题及调适

心理学家艾宾浩斯研究发现,遗忘是在学习之后立即开始发生的,而且遗忘的进程并不是均匀的:最初遗忘速度很快,以后逐渐缓慢。

艾宾浩斯认为,"保持和遗忘是时间的函数",他用无意义音节(由若干音节字母组成、能够读出、但无内容意义即不是词的音节)做记忆材料,用节省法计算保持和遗忘的数据(表8-1),并根据实验结果绘成描述遗忘进程的曲线,即著名的艾宾浩斯遗忘曲线,如图8-4所示。

表 8-1　　　　　　　　　　实验数据

时间间隔	记忆量
刚记完	100%
20 分钟后	58.2%
1 小时后	44.2%
9 小时后	35.8%
1 天后	33.7%
2 天后	27.8%
6 天后	25.4%
31 天后	21.1%

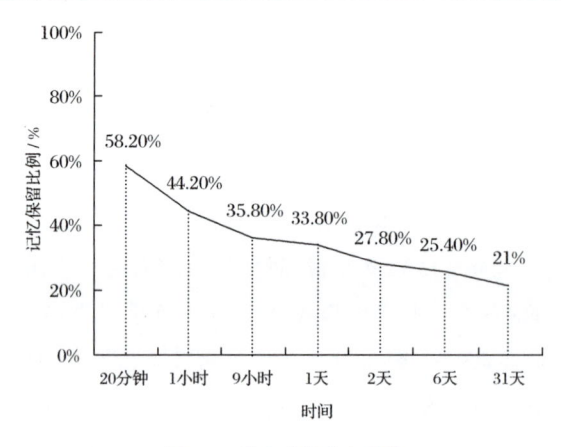

图 8-4　艾宾浩斯遗忘曲线

针对学习遗忘问题,一方面要及时、定期复习,另一方面可以使用一些记忆方法帮助提升记忆效果。

1. 联想记忆法

联想记忆法是利用识记对象与客观现实的联系、已知与未知的联系、材料内部各部分之间的联系来进行记忆的方法。由于客观事物是相互联系的,各种知识也是相互联系的,因而联想是一种基本的思维形式,也是记忆的一种方法。记忆的主要功能就是在有关经验中建立联系,联想越活跃,经验的联系就越牢固。如果人们能经常地形成联想和运用联想,就可以增强记忆。

运用联想记忆要注意两点:一是要选择好联想的中介物(即选择好联想的通道),这是记忆的关键,选择得好会"豁然开朗",一下子联想到某种材料或解题的方法,问题就会得到解决;选择得不好,有时十分简单的问题也会"卡壳",百思不得其解。二是要注意知识的积累。因为联想是新旧知识建立联系的产物,先学的知识越牢固、旧知识积累得越多,就越容易产生联想,也就越容易理解和记忆新知识。

2.提纲挈领法

提纲挈领法是指将主要内容编成提纲进行记忆的方法。运用这种方法时要找出知识的内在联系,把它条理化。记忆时不仅要善于把知识串成线,还要善于编织成网。提纲挈领法的特点是具有较强的直观性、概括性和条理性。写提纲就是要写出材料的主要脉络,即对材料进行综合分析、概括提炼。经过分析,用自己的语言写过提纲的内容是比较容易保存记忆的。运用提纲挈领法的步骤如下:

(1)分析,即对识记材料的了解过程。先看材料的提要和目录,弄清章节之间的关系,再看前言和后记,了解材料发表的背景和意图。

(2)综合,即对识记材料的概括过程。在对文章划分段落的基础上,写出段落大意,概括出主题思想,进而抓住文章的主要内容。

(3)概括表述,即提纲的成形过程。用自己的语言把经过分析、综合而概括出的提纲列出来。

编写提纲进行记忆要注意以下几点:

(1)量材而用。记忆时要根据识记材料的分量决定是否编写提纲。

(2)分清主次。记忆时要以主干为纲,次要为目。

(3)及时复习。运用提纲进行记忆时要多看几次,多读几次,才能牢记不忘。

实训中心

进行考试焦虑测验。测试说明:请根据自己的实际情况回答以下问题,其中,与自己的情况"很符合"计3分,"较符合"计2分,"较不符合"计1分,"很不符合"计0分。各题得分相加为总分。

1. 在重要考试的前几天,我就坐立不安了。
2. 临近考试时,我就拉肚子。
3. 我一想到考试即将来临就会紧张。
4. 在考试前,我总感到苦恼。
5. 在考试前,我感到烦躁,脾气变坏。
6. 在紧张复习功课期间我常会想:"这次考试要是考个坏分数怎么办。"
7. 越临近考试,我的注意力越难集中。
8. 想到马上就要考试了,我参加任何文娱活动都感到没劲。
9. 在考试前,我总预感到这次考试将要考坏。
10. 在考试前,我常做关于考试的梦。
11. 到了考试那天,我心里就不安起来。
12. 当听到考试的铃声响时,我的心马上紧张得急跳起来。

13. 遇到重要的考试时,我的脑子就变得比平时迟钝。
14. 考试题目越多、越难,我越感到不安。
15. 在考试中,我的手会变得冰凉。
16. 在考试时,我感到十分紧张。
17. 遇到很难的考试,我就担心自己会不及格。
18. 在紧张的考试中,我会想些与考试无关的事情,精力集中不起来。
19. 考试时,我会紧张得连平时背得滚瓜烂熟的知识也忘得一干二净。
20. 在考试时,我会沉浸在空想之中,一时忘了自己是在考试。
21. 考试过程中,我想上厕所的次数比平时多些。
22. 考试时,即使不热,我也会浑身出汗。
23. 考试时,我会紧张得手发僵或发抖,写字不流畅。
24. 考试时,我经常会看错题目。
25. 在进行重要的考试时,我的头就会痛起来。
26. 发现剩下的时间来不及做完全部考题时,我会急得浑身大汗。
27. 我担心如果考了坏分数,家长或老师会严厉批评我。
28. 当考试后发现自己会的题目没有答对时,就十分生自己的气。
29. 有几次在重要的考试之后,我腹泻了。
30. 我对考试十分厌烦。
31. 只要考试不计成绩,我就会喜欢考试。
32. 考试不应当在现在这样紧张的状态下进行。
33. 不进行考试,我能学到更多的知识。

评分与解释:

0～24分,镇定。考试前后基本没有紧张不安状态,能正常复习与应考。

25～49分,轻度焦虑。考试前较短的一段时间内会感到紧张和害怕,但不影响复习,不影响身体健康,无须专门咨询与辅导。

50～74分,中度焦虑。考试前较长的一段时间内感到紧张、害怕与忧虑,复习效率降低,睡眠、饮食受影响,无须专门咨询与辅导。

75～99分,重度焦虑。考试前很长的一段时间内感到忧虑,恐惧可能会导致心理性疾病,严重影响复习效果及考试的正常进行,有必要求助于心理咨询师进行心理治疗。

智慧起航……

1. 请简述学习动机与学习效率的关系。
2. 简述改善考试焦虑的方法。

知识小铺

1.学习指个体在一定情境下由于经验而产生的行为或行为潜能的比较持久的变化。

2.大学生的学习特点：学习的专业性、学习的自主性、学习的探索性、学习的实践性、学习途径多样性。

3.学习动机与学习效率之间呈现倒U形曲线关系，同时两者的关系还取决于学习的难易程度。

4.大学生常见的学习问题有学习适应不良问题、学习动力障碍问题、考试焦虑问题。

遇见更好的自己
——费曼学习法

第九章 压力与挫折

生活中难免遇到压力与挫折,面对压力,如何将它转化为动力?面对挫折,如何将它转化为人生的宝贵经验?都说"不经历风雨怎么见彩虹",可我们要如何应对生活中的风雨呢?现在让我们一起走进本章的学习,去看看压力与挫折的另一面。

学习目标

1. 了解压力、挫折的影响因素。
2. 掌握压力与健康的关系。
3. 掌握压力管理的办法。
4. 正确认识挫折。
5. 面对挫折,学会调整心态。

第一节 压力与压力管理

烦恼杂货铺

大一对于刚踏进大学校门的小王来说是个迷茫的阶段。他对自己的专业不了解,甚至不知道自己以后能干什么。以前,他被"进入大学你就可以随便玩"这个观念洗脑,但真的到了大学,发现并不是这样的。小王跟其他同学一样,忙着赚学分,参加各种社团和各种不喜欢的活动,一切为了学分。渐渐地,小王发现,自己很忙,但是忙得很茫然。刚开始小王不知道怎么去学习,有一点作业就感觉很累,新学期过了两个月,也不知道自己学了什么。这时小王才发现高中知识对自己是多么的重要,数学、英语不好,上课很难跟上进度。此外还有很多听不懂的专业课,还需要学习各种技能。加入社团也让小王感觉很有压力,当初一些社团招新人时说:"不会啊!没事,我们会培训的,我们都会教的,慢慢学。"

然而,真正去面试时又是残酷的,他们会问:"你会 PS 吗?你会视频制作吗?你会跳舞吗?你会写策划吗?你性格怎么样……"此外,各种课上老师都会灌输"就业压力大,一职难求,学不好×××,想找工作很难"这样的信息。小王感觉处处都是压力,没有喘息的机会,真不知道该如何应对这么多的压力。

你在学习生活中遇到过哪些压力呢?请说一说。

知识直通车

一、压力与压力源

(一)压力

压力是指个体对作用于自身的内外环境刺激做出认知评价后引起的一系列非特异性的生理及心理紧张性反应状态的过程。从心理学角度看,压力是外部事件引发的一种内心体验,比如人们认为内部或外部环境中的刺激超过了自身的应对能力和资源时,就体验到了压力,其结果就是适应性成长或适应不良。

心理学家坎农首先引用了"压力"这一概念,他认为压力就是外部因素影响下的一种体内平衡紊乱,在危险未减弱的情况下,机体处于持续的唤醒状态,最终会损害健康。匈牙利内分泌学家塞利(Selye)把压力定义为"躯体为了适应施加于它身上的任何需求而产生的非特定性反应",并且将压力分为负性压力(DISTRESS)和正性压力(EUSTRESS)。负性压力可以使个体产生一种不愉快、消极痛苦的体验,具有阻碍性;正性压力可以使个体产生一种愉快、满意的体验,具有挑战性,可以促使个体的成长和职业的发展。他还认为,心理压力是人对环境刺激的一种反应,为了适应压力源的刺激,躯体会产生一系列反应,而引起压力的刺激都伴有一系列非特异性的生理学变化。人若完全脱离压力就等于死亡,而过高或过低的压力对个体都是不利的。

在压力产生的过程中,心理和生理反应是密切联系的,常伴随出现。两者都是在压力出现时机体以整体方式做出的反应,两者同时存在,相互影响,相互作用,彼此转化。压力心理反应过程也可划分为三个阶段。

1.唤醒阶段

为了应对压力,个体最先出现警觉和资源动员,如引发紧张情绪,提高敏感度和警戒水平,调动自我控制力等。同时,个体还可能采取各种应对手段,以满足压力应对要求。此时,如果压力源消失,警觉和调动就会恢复;但如果压力持续存在,那么适应不良的征兆就会出现,如持续焦虑、紧张,各种躯体不适,工作效率下降等。

2.抵抗(能量蓄积)阶段

在此阶段中,个体试图找到应对方法,增强认识与处理能力,消除不良心理反应,恢复心理稳态,以防心理崩溃。个体直接处理压力情境,心理防御机制运用显著增加,调动所

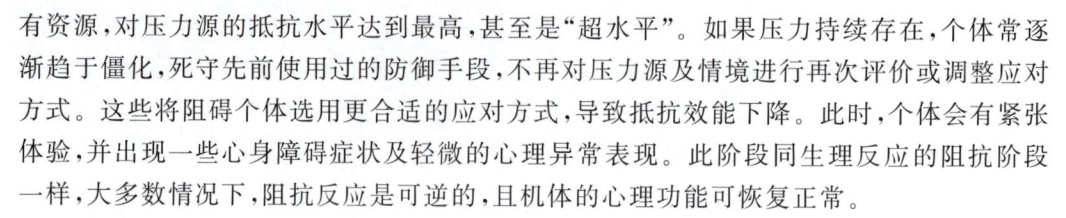

有资源,对压力源的抵抗水平达到最高,甚至是"超水平"。如果压力持续存在,个体常逐渐趋于僵化,死守先前使用过的防御手段,不再对压力源及情境进行再次评价或调整应对方式。这些将阻碍个体选用更合适的应对方式,导致抵抗效能下降。此时,个体会有紧张体验,并出现一些心身障碍症状及轻微的心理异常表现。此阶段同生理反应的阻抗阶段一样,大多数情况下,阻抗反应是可逆的,且机体的心理功能可恢复正常。

3.耗竭阶段

面临连续、极度的压力时,个体应对手段开始失败,心理防御机制夸大且不恰当,常出现心理问题,如心理混乱,脱离现实,甚至出现幻觉、妄想。如果这种压力状态持续,就会进入全面崩溃,出现暴力、淡漠、木僵,甚至死亡。大多数情况下,进入衰竭是一个逐渐、长期的过程。

心理学家们从不同的角度试图对压力进行解释,目前多从刺激、认知评价及反应三个环节来认识压力。

从引发压力的刺激进行研究,探讨引起压力反应的刺激物的特点(如哪些日常生活事件可引发压力),从而控制或减少刺激,以减轻个体的压力反应。

从认知评价的角度进行研究,认为压力不是环境刺激物的直接结果,在压力反应中起主导作用的是个体的认知评价,当刺激物作用于人体,并且通过认知评价,认为该刺激是紧张性刺激物时,才能引起个体的压力反应。

从反应的角度进行研究,是将压力作为反应,认为压力是紧张性激素作用于人体后所产生的一种反应状态。

压力和意义无法分割。对不在乎的事情,一个人不会感到压力;不经受压力,一个人也无法开创有意义的生活。

(二)压力源

压力源是导致个体产生压力反应的情景、活动或事件,当压力作为刺激被人感知,或作为信息被人接收时,往往会引起一定的主观评价和一系列的生理、心理变化。如果这些刺激需要付出较大努力才能适应,或是这种反应超出了常人所能承受的水平,就会引起生理、心理上的平衡失调,进而出现紧张反应状态,这些让人感觉过分紧张的内外部刺激就被称为压力源。

1.压力源的分类

(1)根据压力对生活的影响程度分类

根据压力对生活的影响程度,可将压力源分为两类:一是急性压力源,也称消极生活事件,是指非连续的,有清晰的起点和终点,可以被观测到并能够引发生活活动明显改变的压力源;二是慢性压力源,主要指日常生活困扰,可以进一步细分为生活小困扰和长期社会事件带来的烦恼。

(2)根据压力的具体来源分类

根据压力的具体来源可将压力源分为三类:一是生物性压力源,指能够直接破坏或阻碍个体生存和重组延续的压力事件,包括躯体疾病、创伤、饥饿、睡眠剥夺、性剥夺、气温变化以及噪声等;二是精神性压力源,指能够直接破坏或阻碍个体正常精神需求的外在或内

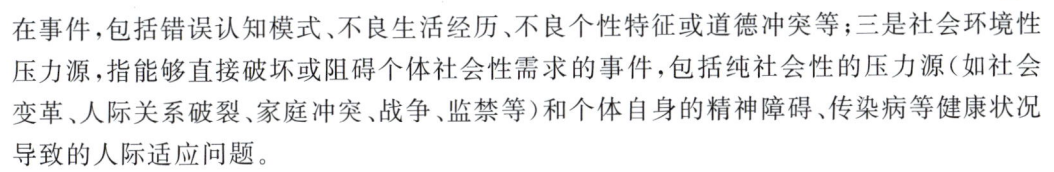

在事件,包括错误认知模式、不良生活经历、不良个性特征或道德冲突等;三是社会环境性压力源,指能够直接破坏或阻碍个体社会性需求的事件,包括纯社会性的压力源(如社会变革、人际关系破裂、家庭冲突、战争、监禁等)和个体自身的精神障碍、传染病等健康状况导致的人际适应问题。

(3)根据压力的性质分类

根据压力的性质可将压力源分为四类:一是躯体性压力源,指对身体直接产生刺激作用的刺激物,包括各种理化因素和生物性因素等,如温度、噪声、机械性的刺激和细菌病毒等微生物的侵袭;二是心理性压力源,指由来自大脑中的紧张信息而产生的刺激,如无力感、心理挫败感等;三是社会性压力源,指各种社会现象和人际关系对个体产生的刺激,如丧偶、失业、人际关系冲突等;四是文化性压力源,指文化环境的改变对个体产生的刺激,如个体在不同的环境中感受到由于语言文化、风俗习惯等不同而产生的压力。

压力源的分类一般是出于理论分析的需要,真实环境中的压力源并非如此简单纯粹。纯粹的单一的压力源在现实生活中极少,多数压力源都涵盖着两种以上的因素,所以我们在实践领域,特别是在分析心理问题产生的根源时,需根据实际情况将几种压力源作为一个有机的整体加以考虑。

2.压力的反应

人在压力状态下会出现一定的生理反应、心理反应,这些身体和心理信号提示人们要关注自己的压力水平。压力的生理反应,主要表现在自主神经系统、内分泌系统和免疫系统等方面,如心率加快、血压增高、呼吸急促、激素分泌增加、消化道蠕动和消化液分泌减少、出汗等。压力状态下的心理反应见表9-1。

表9-1　　　　　　　　　　　　压力状态下的心理反应

压力反应	具体表现
认知反应	可能降低或提高注意力、工作能力和逻辑思考能力
情绪反应	焦虑、不安、恐惧、易怒、攻击性、无助、工作成就感降低
行为反应	生产力降低或升高,行为慌乱,易发生意外事件

压力的生理反应和心理反应有明显的性别差异。研究结果显示,面对压力,男性多以生理疾病的形式表现,譬如心肌病和溃疡;而女性则多表现在情绪上,比如焦虑、沮丧等。面对压力,男女的大脑反应也不同,男性左脑血液充足,启动"攻击、逃跑"机制,他们需要独处;而女性启动情绪机制,更想找人聊一聊。

二、影响压力的因素

生活中的压力是自然的、不可避免的,每个人对压力的感受不同,同样的刺激,不同的人甚至同一个人在不同时期的感受也不尽相同。心理学家认为,压力事件对我们的影响并非直接产生,而是通过一些中介变量间接发生作用,能够产生这种中介作用的因素主要包括:性格、个体准备状态、认知评估、以往经验和环境五个方面。

1.性格

性格不同的人对压力的感受不同。那些喜欢竞争、工作努力、争强好胜、高成就动机、办事追求效率、时间紧迫感强、整天忙忙碌碌的 A 型性格的人,在面对压力时,性格中的不利因素使他们能够体验到更高的压力和紧张,因此他们在一定年龄之后也更容易患高血压和心脏病;而个性随和、生活悠闲、淡泊名利的 B 型性格的人,在同样的情境中更能调节自己的适应状态,因此也能更少感受到过多的压力。

2.个体准备状态

面临压力事件时的准备状态也能影响个体对压力的感受。心理学家对两组准备接受手术的患者进行实验,他们对其中一组患者手术前告知手术的过程和结果,使他们对手术有所准备,对手术带来的痛苦和不适有所了解;而对另一组患者没有说明上述内容,所以患者对手术过程及手术后可能产生的痛苦几乎一无所知。结果发现,第一组患者在手术后更能接受手术的痛苦并将之视为正常现象;而第二组患者则表现得过分担忧,甚至怀疑手术的成功与否,他们使用的止痛药也显著多于第一组。因此,压力的心理准备状态对压力的积极认知和客观应对有较大帮助。

3.认知评估

在压力感知和压力缓解中认知评估具有重要的作用。同样的压力情境,有些人苦不堪言,有些人却平静对待,这往往与他们的认知评估不同有关。当个体面对压力时,在反应之前首先会对当前压力进行辨认和评估,如果评估结果发现压力威胁过大,且对自我的应对能力评估又不足时,压力反应也必然大。比如你正在安静的书房看书,忽然走廊中有一串脚步声,如果你认为有坏人要来入室抢劫,你就会惊慌、恐惧;但如果你评估为朋友来访,自然就会轻松、愉快。

4.以往经验

人们以往的经验也能影响对压力的感受。心理学家做过这样一个实验:他们调查两组跳伞队员的压力状况,发现有过 100 次跳伞经验的队员能够自觉控制自己的情绪,整个跳伞过程中都没有太大的恐惧;而没有经验的跳伞队员则在整个跳伞过程中都表现得非常恐惧,而且越是靠近跳伞时间就越是害怕。同样的道理,没有经历太多压力的人或一帆风顺的人,一旦遭遇打击就会惊慌失措;而经历过多次人生坎坷的人,同样的打击往往不会引起重大创伤,可见压力经验也能增强个体对压力的抵御能力。

5.环境

压力感受还与个体所处环境有关,这个环境主要是指个体生活工作中经常接触的小环境,如单位、学校和家庭。工作过量、角色分工模糊、人际支持不足、与他人沟通不畅都会使人产生压力,家庭压力常与夫妻关系、家庭经济、家务分配、子女教育、邻里关系有关,而称心如意的工作、和睦美满的家庭自然较少产生压力,从而产生好心情并身心健康。

三、压力与健康

(一)压力对心理、行为的影响

压力有时是看不见摸不着的,但是所有的压力都会导致我们处于一种亚健康状态。面对压力,个体经常会出现心理、生理和行为三个方面的消极影响。

首先是对心理的影响。心理失调与学习、工作、家庭等因素有重要关系,压力导致的心理失调主要包括紧张、焦虑、迷惑、急躁、生气、憎恶和疲劳感,情绪过敏,感情压抑,交流效果差,精神疲劳和低智能工作,注意力分散,缺乏自主性、创造性、自信心。

其次是对生理的影响,这表现为心率加快,血压升高,胃肠失调,身体疲劳,出现心脏问题和呼吸问题,流汗,头疼,肌肉紧张,睡眠不好。

最后是对行为的影响。有的人表现为拖延和回避工作,工作效率降低,酒精或物质滥用,经常需要去医院;也有的人表现为饮食过度而导致肥胖,或无食欲,可能伴随抑郁;还有的人表现为不正当的冒险行为,包括不顾后果的驾车和赌博,对他人的侵犯和偷窃等,甚至与家庭、朋友的关系恶化,产生自伤、自杀行为。

(二)压力对健康的影响

近几十年来,科学家发现,在压力状态下人体的生理活动受到一种原始的神经冲动的影响,这种神经冲动不仅影响从蜥蜴到黑猩猩再到人类等许多动物的大脑,而且还影响到了灵长类动物大脑中最发达的部位,严重削弱了部分大脑功能。

研究发现,当人们面对压力时,大脑底部的下丘脑能够迅速做出反应,并诱导肾上腺素和脑垂体分泌一系列激素,导致心跳加速、血压升高、食欲降低。人们逐渐认识到,过度的压力会严重损伤大脑中高级"执行"区域的功能。大脑作为控制中心,能够调控我们的基本情绪。科学家还发现前额叶皮层不但能协调注意力、观察力、判断力、决策能力、计划能力、回忆能力等高级认知功能,而且对暂时性、日常性的焦虑和担忧也很敏感。巨大的、不可控制的压力会引发一系列神经化学反应,使前额叶皮层的控制力减弱,使大脑将思维和情感的控制权从前额叶皮层转移到了比较原始的区域,当这些区域接管了控制权,人就会处于深度焦虑的状态,可能产生沉溺于食物、上网、喝酒、大肆挥霍等行为,也就是说平时很容易约束的冲动现在却无法抑制地失控了。

科学家们发现,压力还会伤害人体神经系统、内分泌系统、呼吸系统、胃肠道系统、心血管系统、骨骼肌系统、生殖系统等七大系统的健康。研究证明,压力过大会导致血糖不稳定、身体易敏感、肾上腺衰竭,削弱免疫系统,影响消化系统,加速人体老化,导致心血管病以及精神问题。

压力与人的免疫力相关。研究发现,无论是长期的心理压力,还是短期的心理压力,都会影响免疫系统的活力。压力越大,身体产生的抗体越少,受病毒感染的机会就越大。

(三)压力的积极作用

压力通常被认为对人体有害,但也有另一种观点,认为适度的压力可以激发人们的潜能,让人们高效率完成任务,帮助人们更好地应对生活的挑战。理想压力水平可以激发人的热情、敏锐度,让人充满干劲,从而获得较好的绩效。那些考场上超常发挥的同学,实践项目中表现出色的同学以及在运动场上夺取冠军的运动员都是将压力调适到适度水平的例子。关于压力的积极作用还有以下几点:

1.让记忆更敏锐

偶尔的压力让人注意力更集中,能够提高人的记忆能力,在考试或工作汇报中起到积极作用。但任何事物都有两面性,一定的压力确实有帮助,若压力过大或压力持续时间过长,会让思维停滞,给回忆知识带来困难。

2.提高免疫

生病时,压力会促使身体产生荷尔蒙,来对抗给身体造成的威胁。生病初期,即身体最虚弱、最需要帮助时候,这种压力尤为有效。人体的免疫系统可以处理这时的压力,但若压力持续时间过长,就会降低自身免疫。在身体最脆弱即疾病暴发初期,压力对免疫系统而言无疑是积极的助力。

3.提高工作效率及工作能力

工作中压力过小容易让人产生自满,影响实际完成的工作量。敢于冒险、正视压力,有助于我们树立坚韧不拔的精神,并培养自信。而这些能力会提高我们的社会竞争力,增加晋升机会。正确管理压力,能帮助我们在工作中战胜困难。

心·晴加油站 ......

如何与压力做朋友?

Kelly Mcgonigal 是斯坦福大学的心理学家,在演讲中她列举了两项证明来说明,压力是否影响一个人取决于他对压力的态度。她还说明了如何与压力做朋友。以下是她的 TED 演讲:

我是一名健康心理学家,我的职责就是让人们更健康快乐。不过我担心自己这 10 年来传授的与压力有关的内容,恐怕弊多于利。这些年我不断跟人说,压力会让人生病,患有从一般感冒到心血管疾病的风险都随之升高。基本上我把压力当作敌人,但现在我对压力的看法已经变了,而我今天就是要让你们改观。

先来谈我对压力另有看法的研究。这项历时 8 年的研究,以美国的 3 万名成人为追踪对象,研究首先问这些人"去年你感受到了多大压力",同时问他们"你相信压力有碍健康吗",之后研究人员以公开的死亡统计找出参与者中去世的人。

好,先说坏消息:前一年压力颇大的人死亡的风险增加了 43%,但这只适用于那些相信压力有碍健康、承受极大压力的人,若不将此视为有害因素,死亡的风险就不会升高。事实上,与压力相对较小的研究参与者相比,这样的人死亡风险反而最低。

研究人员花了8年追踪死亡案例18.2万,美国人过早离世的原因并不是压力本身,而是认为压力有害的这个想法。估计超过2万人符合这个情形。若估计正确,"相信压力有害"就成为美国去年的第15大死因,致死率更超过皮肤癌、艾滋病和谋杀。

因此这项研究使我想知道:改变对压力的看法,是否能促进健康?显然科学对此抱以肯定的态度,改变看待压力的方式,生理上的压力反应亦随之改变。

1. 第一项研究

如果你此刻的确在(社会压力测试的)研究中,你或许已经有点儿承受不住了。你的心跳开始加快,你的呼吸开始急促,可能还会开始冒汗。通常,我们认为这些生理上的变化是紧张的表现,说明我们无法很好地应对压力。

但是,如果我们将这些表现看作是身体进入备战状态的表现会怎么样?在哈佛大学的一项研究中,参与者正是这么被告知的。实验参与者进入社会压力测试之前被告知,他们面对压力时的反应是有益的。心跳加速是为下一步行为做准备。如果你的呼吸变得急促,没关系,它会让你的大脑获得更多的氧气。那些被如此告知的参与者反倒不那么崩溃、不那么紧张,而是更加自信,但更让人欣喜的发现是,他们的生理反应也随情绪有了变化。

2. 第二项研究

这项研究在美国找了1 000个年龄在34岁到93岁间的人,他们通过一个问题开始了该研究:"去年的你,感受到了多大的压力?"他们还问了另一个问题:"你花了多少时间帮助朋友、邻居和社区里的其他人?"接着他们用接下来五年的公共记录来看参与者中有谁去世了。

那好,先说坏消息:生活中每个重大的压力事件,例如财政困难或者家庭危机,会增加30%的死亡风险。但是,那些花时间关心其他人的人完全没有体现出压力相关的死亡风险,即零风险。关心让我们更有韧性。

于是我们再次看到压力对于健康的有害影响并不是不可避免的。如何对待和应对压力可以转变你面对压力的体验。当你选择将压力反应视为有益的,你会在生理上变得有勇气。当你选择压力下关心、帮助别人,你的生命会更有韧性。

(资料来源:搜狐网)

四、压力的调节与管理

虽然压力是不可避免的,但是大学生可以采取一些措施,减轻压力事件带来的影响,或者化压力为动力,利用压力创造更精彩的生活。

1. 培养良好的个性品质

一个人的个性特征与压力易感性之间存在一定的关系,那些追求完美、易紧张或经常自责的人更容易产生压力。性格中的坚韧、忍耐、勇敢也是帮我们克服压力的主要品质,因此,为了减轻、克服压力,应该培养良好的个性。例如,适度容忍自己的缺点,增强自信心,相信自己可以控制自己,都有助于减轻压力对我们的影响。

2. 建立良好的人际关系

研究表明,良好的人际关系也是我们应对压力、克服压力的主要支持。例如,当我们满腹委屈的时候,我们可以向朋友倾诉,从朋友那里获得克服压力的支持和动力。生活中要有意识地去建立友好的人际关系。也许有的同学压力就来自于跟父母、兄弟姐妹、教师、同学之间的关系,这个时候要主动地了解自己和他人的性格特点,遇到矛盾和问题时按照一定的人际交往原则解决问题,理解并接受自己与他人之间存在的差异,这样做可以帮助他与其他人建立良好的人际关系。

3. 学会正确的认知

心·晴加油站……

放下压力

上课时,老师拿起一杯水问大家:"谁能说出这杯水有多重?"有人说200克,也有人说300克。"对,它是只有200克。但是,你们认为可以将这杯水端在手中多久呢?"老师又问。很多人都笑了:200克而已,拿多久又会怎么样!老师没有笑,他接着说:"拿一分钟,各位一定觉得没问题,拿一小时,可能觉得手酸,拿一天呢?一个星期呢?那可能得叫救护车了。"大家又笑了,不过这回是赞同的笑。老师继续说:"虽然这杯水很轻,但你拿得越久,就觉得越沉重。这就像把压力放在身上,不管压力是不是很重,时间长了都会觉得越来越无法承担。我们要做的是放下这杯水,休息一会儿后再拿起,只有这样我们才能拿得更久。所以,我们所承担的压力,也应该在适当的时候放一放,让身体好好地休息一下。然后再重新拿起来,如此才能承担更久。"说完,教室里一片掌声。

压力谁都会有,但是怎样较好地应对压力,老师的回答给了我们一些启发,面对压力可以适时地放一放,别让它越积越重,坚持不放将会被压力击垮。

在同样的环境中,不同的人感受到的压力是不一样的,这一方面跟个体的能力有关,另一方面跟个体对环境的认知有关。倾向于外归因的人经常认为自己的行为结果是受外部力量控制的,如运气、机会、命运等;倾向于内归因的人则习惯于认为自己的行为结果是受内部力量控制的,支配自己成功、失败的原因是自己的能力和技能以及努力程度等。正确的归因就是对压力源进行实事求是的分析,搞清楚压力到底是外部的还是内部的,抑或是内外部两种因素共同起作用的。正确的归因是应对和缓冲压力的必要基础。

4. 合理饮食

合理调整饮食可以减轻压力。饮食中不可缺乏蛋白质、糖类、脂肪等。均衡合理的饮食帮助我们的身体更快地补充能量,健康的身体才能抵御更大的压力。食物中有一些是帮助我们减压的,如香蕉、葡萄柚、全麦面包、牛肉、深海鱼都富含营养物质,有利于人们抵抗压力。还有一些食物是增加负担的,如油腻、辛辣、糖分过高、咖啡因等含量高的食物,增加肠胃负担的同时还会引起情绪的波动,让人易怒、易激惹,无法稳定地应对压力事件。

5. 在运动中寻找快乐

运动不仅能促进人体血液循环,提高心肺功能,增强免疫力,更为有趣的是它还能促使人体分泌内啡肽。内啡肽被科学家称为"快乐激素",因为它能使人体产生愉快的感觉,帮助人们减轻压力,促进身体健康。慢跑、健身操、瑜伽都是很好的减压运动,在感觉压力比较大的时候不妨试一下。

6. 行为调节

彭恩·贝克做过一个有趣的实验,他让被试每天花15～20分钟把自己"一生中最痛苦的经历或当时最让人心烦意乱的事情"写出来。经过一段时间之后他发现,这种自我表白的效果惊人:被试的免疫力增强了,看病的次数大大减少,因病缺勤的天数也减少了。可见行为的改变对压力调节有不可忽视的作用。

7. 寻求专业帮助

当人们遇到强度过大的压力,通过以上方法不能缓解时,为避免发展为身心疾病,必须及时寻求专业人员的帮助。心理咨询是运用心理学的方法,对心理适应方面出现问题的来访者提供心理援助的过程。在这个过程中,心理咨询师运用心理学方法,与来访者共同讨论和寻找引发心理问题的原因,分析问题的症结,寻找解决问题的条件和对策,帮助来访者摆脱困境,恢复心理平衡,提高对环境的适应能力,最终增进来访者的身心健康,提升心理素质。

压力管理小贴士

1. 说出来:通过找知心好友或心理咨询师聊天来排解内心的烦恼,调整心态。
2. 写出来:通过写日记、信件等把自己的感情宣泄出来,积极生活。
3. 动出来:通过跑步、打球、打太极等体育运动缓解自身压力。
4. 唱出来:通过唱歌来排解内心的烦恼,调整心态。
5. 笑出来:通过调侃、聊天、讲笑话等来释放内心的烦恼。
6. 泡出来:通过泡澡,能有效排解烦恼,调整心态。
7. 养出来:就是通过养小宠物、花草来排解烦恼。
8. 帮出来:通过从事一些公益活动等帮助他人获得价值感。
9. 坐出来:通过坐禅、内观、静思、冥想活动来调整心态。
10. 游出来:通过旅游来排解烦恼,调整心态,积极生活。

第二节 挫折与应对方法

烦恼杂货铺

2019年开学第一天,怀揣着当空姐的梦想,小丹一大早就和妈妈一起开车去往学校。她一路上沉浸在对大学美好生活的向往中,和早就在 QQ 群里认识的新同学们约定碰面地址。她不停地发着信息,突然头部和身体受到猛烈的撞击,她感到一股剧烈的疼痛后就失去知觉了,醒来的时候自己已经在医院里躺着了。小丹腰椎骨折了三节,疼到生不如死,一个星期她都疼得无法正常睡觉,做完手术后,她被告知可能再也站不起来了。这简直就是晴天霹雳。从小积极参加各项活动、活泼、开朗、热情的她,跳舞、钢琴样样精通,主持落落大方,报考了空乘专业,最大的期待就是成为一名美丽的空姐。这一刻,不仅理想破灭了,甚至都站不起来了,小丹实在难以接受这样的事实,真想一死了之,奈何自己刚动完手术,连动都动不了,全身上下唯一灵活的就剩眼睛和嘴巴了。那段时间她整天以泪洗面。

幸运的是,经过几个月的休养,她站起来了,能走路了,只是走路和常人有些不一样。第二年,她终于回到了学校。入学迟到了一年,并且因为身体原因,她只能换一个专业。和之前的设想已经完全不同,她没有了自信,不愿参加任何活动,也没有了以往的活泼开朗。她不能跑步,不能上体育课,不能做形体课的动作。因为担心走路姿势怪异被人嘲笑、看不起,她不敢参加英语演讲比赛,不敢参加导游讲解比赛,不敢独自去打水,不愿从宿舍走到教室,害怕别人嘲笑的眼光,害怕别人瞧不起的眼神,害怕别人异样的目光。小丹曾经很擅长运动,她爱打篮球,二百米、四百米跑也都是获奖的强项,现在却都不能参加。老天好像一下子把这个优秀的女孩的所有路都堵死了,所有的优点、特长都收回了。小丹特别接受不了现在的自己,车祸的不幸、手术的疼痛、恢复期的暴躁难忍她都挺过来了,唯独到了学校,进入人群后她找不到前进的路。无数次在黑夜里躲进被窝痛哭的她实在受不了了。

你曾经遇到过什么挫折?你是怎么应对的?

知识直通车

一、挫折的定义

从心理学上分析,人的行为总是从一定的动机出发,经过努力达到一定的目标。如果在实现目标的过程中碰到了困难,遇到了障碍,就产生了挫折。挫折会导致产生各种各样的行为,表现在心理上、生理上会有所反应。

挫折包含三个方面内容：

一是挫折情境，即对人们的有动机、有目的的活动造成的内外障碍或干扰的情境状态或条件。构成刺激情境的可能是人或物，也可能是各种自然、社会环境。

二是挫折认知，即对挫折情境的知觉、认识和评价。

三是挫折反应，即个体在挫折情境下所产生的烦恼、困惑、焦虑、愤怒等负面情绪交织而成的心理感受，即挫折感。

其中，挫折认知是核心因素，挫折反应的性质及程度主要取决于挫折认知。一般来说，挫折情境越严重，挫折反应就越强烈；反之，挫折反应就轻微。但是，只有当挫折情境被主体所感知时，才会在个体心理上产生挫折反应。如果出现了挫折情境，而个体没有意识到，或者虽然意识到了但并不认为很严重，那么，也不会产生挫折反应，或者只产生轻微的挫折反应。因此，挫折反应的性质、程度主要取决于个体对挫折情境的认知。

挫折反应是形成挫折的重要方面，个体受挫与否，是由当事人对自己的动机、目标与结果之间关系的认识、评价和感受来判断的。对某人构成挫折的情境，对另一人不一定构成挫折，这就是个体感受的差异。正如巴尔扎克所说："世上的事情，永远不是绝对的，结果完全因人而异。苦难对于天才来说是一块垫脚石，对于能干的人来说是一笔财富，而对于弱者来说是一个万丈深渊。"

遭受严重挫折后，人会在情绪上表现为抑郁、消极、愤懑。在生理上，会表现出血压升高、心跳加快等症状，易诱发心脑血管疾病；会导致胃酸分泌减少、胃溃疡、胃穿孔等。

二、挫折承受力

所谓挫折承受力，是指个体在遭遇挫折情境时，能否经得起打击和压力，有无摆脱和排解困境而使自己避免心理与行为失常的一种耐受能力。亦即个体适应挫折、抵抗和应对挫折的一种能力。一般来说，挫折承受力较强的人，往往挫折反应小，挫折时间短，挫折的消极影响小；而挫折承受力较弱的人，则容易在挫折面前不知所措，受到挫折的不良影响大而易受伤害，甚至导致心理和行为失常。那么影响挫折承受力的因素有哪些呢？主要有以下几个方面。

1.心理、生理条件

一个身体健康、发育正常的人，一般对挫折的承受力比一个疾病缠身、有生理缺陷的人高。人的生理状态和心理状态息息相关。心理状态是影响人抗挫折能力的重要因素，比生理状态的影响大得多。

2.过去经验

国外曾有人做过一个动物实验。他们对一组幼小的白鼠给予电击及其他挫折情境，使其产生紧张状态，然后让它们正常发育。长大以后，这组白鼠就能很好地应付挫折引起的紧张状态。而另一组没有受到这类挫折刺激的白鼠，长大后遭受电击等痛苦刺激时就显得怯懦和行为异常。对人来说也是如此。在婴、幼儿期所受的刺激，可使成年期的行为更富有适应性和多变性。相反，极少受到挫折、一贯顺利、总受赞扬的人，就没有足够的机会学习和积累对待挫折的经验,他们的自尊心往往过于强烈,对挫折的承受力很低。

当然,任何事情都应有个"度"。如果青少年长期遭遇的挫折太多、太大,也会影响以后的发展,可能形成自卑、怯懦等心理,缺乏克服挫折的勇气。挫折是客观存在的,想躲不一定能躲过去,只有以积极的心态去面对他,征服他,才会泰然处之;反之,挫折会使人永远抬不起头,饱受折磨。

3.挫折频率

频频遭受挫折就像是"屋漏偏逢连夜雨,船破又遇顶头风"。例如,某同学刚刚失恋不久,考试又未通过,没几天又心不在焉地把手机丢了。如此接连遭受挫折,频率过高,一个人的挫折承受力必然大大降低,心理容易崩溃。

4.认知因素

认知是指我们对周围事物的想法和观点,也就是人的认识活动。挫折刺激正是通过人的认知而作用于情绪,产生这样那样的心理行为反应。由于认知不同,同样的挫折情境,对每个人造成的打击和心理压力是不同的。一个人对挫折的看法和态度也决定着他是战胜挫折还是会被挫折打败。

对于同样的情境,有的人体验到了挫折感,有的人却并不以为然。可见,客观事实并不是导致挫折产生的主要原因,人们对客观事物所持的信念才是引起挫折的关键原因。因此,改变不合理的信念,就可以提高挫折承受力。

心晴加油站······

中华民族的精神力量

中华民族历经磨难依旧屹立于世界东方,五千多年的文明不曾中断,离不开古代先贤伟大思想的影响。他们对苦难的蔑视,永不言败、永不服输的精神,早已深深刻在中华民族的基因里,教会世世代代的中华儿女积极地看待一切困难,使得我们民族的精神基因中生来就带着坚韧与隐忍,这是我们不会被挫折打败的精神力量。

一般认为,虚荣心强的人对挫折的知觉感受性强,承受力低。因为虚荣心强的人通常将名利作为支配自己行为的内在动力,一旦受挫,目标没有达到,就会因为虚荣心没得到满足而难以忍受。

5.个性因素

个性是一个人所具有的意识倾向性和较稳定的心理特征的总和。一个人的性格特征、个人兴趣、世界观、价值观都对挫折承受力有重要作用。

性格开朗、乐观、坚强、自信、坚韧的人,挫折承受力强;性格孤僻、懦弱、内向、心胸狭窄的人,挫折承受力低。当人们对某样东西有浓厚的兴趣,一心钻研时,这在别人看来是很苦的事,他们却乐在其中,这种人挫折承受力就强。诺贝尔研究炸药的过程中,多次发生爆炸事故,弟弟炸死,父亲重伤,他自己也有几次生命危险,他却没有就此消沉下去,而是继续苦心研究,终获成功。可见,个人兴趣也是应对挫折不可忽视的因素。

6.环境因素

环境因素包括自然环境因素和社会环境因素两类。自然环境因素是指个人能力无法克服的自然灾害,以及无法预测的天灾人祸等因素。社会环境因素是指个体在社会生活中遭受的人为因素的限制,例如受到社会政治、经济、道德及人情、习俗、习惯、偏见等因素的限制。这时如果没有较好的社会适应能力,就容易产生失落感和挫折感。

一般而言,由自然环境因素导致的挫折反应较轻,由社会环境因素导致的挫折反应较严重。

人物风采……

苏轼——也无风雨也无晴

苏轼(1036—1101),字子瞻,号东坡居士,四川省眉山市人。北宋著名文学家、书法家、画家,北宋文学最高成就文化巨人。

苏轼当年刚考取功名,却接到母亲去世的消息,没过两年,妻子、父亲都接连去世,好不容易做了官,因政见不合被贬,又因写诗被扣上莫须有的帽子而下狱,接下来的人生更是不断遭人陷害,经历多次贬谪,最远被贬至当时非常偏远的蛮荒之地——海南。

无论身处何地,苏轼都能积极地生活,不为世事所累。流放黄州时,他写出了"长江绕郭知鱼美,好竹连山觉笋香"(出自《初到黄州》),表明苏轼超高的自我调节能力和旷达性情。被贬惠州时,苏轼61岁,在荒凉炎热之地,转而夸赞岭南荔枝"日啖荔枝三百颗,不辞长作岭南人"(摘自《惠州一绝》)。贬到儋州,别人觉得民风不开,苦不堪言,而他却说"我本儋耳氏,寄生西蜀州"(出自《别海南黎民表》)。苏轼对生活的热爱还表现在他深谙养生之道、农事与医学。他兴修水利,建造医馆,废除青苗法,减轻农民赋税,造福一方百姓。他和百姓学耕种,把当地人不喜欢吃的猪肉做成美味的东坡肉。在海南,他为海南岛的文化发展做出了不可磨灭的贡献。

达则兼济天下,穷则独善其身。《中华上下五千年》一书里这样评价他:在为人方面,他的正直、善良、坚韧,尤其是屡遭贬谪,亦为千古罕见。苏轼则说,人生如逆旅,我亦是行人。人生处于困境时,我们要学学苏轼,任他风吹雨打,竹杖芒鞋,我自从容应对。无论何时,都要用坦然的心态,面对人生的起起伏伏。既接受命运的馈赠,也承受命运的打击。因为,无论顺境还是逆境,最后都是人生的宝贵财富。其实,人生到头来,也不过就是这句话:归去,也无风雨也无晴。

林语堂说:"苏东坡是个秉性难改的乐天派,是黎民百姓的好朋友,是集作家、诗人、书法家于一身的大文豪。"林语堂总结得真是恰到好处。无论他被贬到哪里,都极少见他悲观颓废,他总能泰然处之,以积极乐观的心态面对。

三、挫折的正确应对方式

挫折的发生无可避免,但是,这并不意味着我们面对挫折无能为力。相反,能否正确看待挫折,并有意识地培养和锻炼自己的挫折承受力,关系着大学生今后的人生幸福和事业成就。挫折并不可怕,相反,它是个体成长的契机,作为当代大学生,要学会用正确的方法应对挫折。

(一)适当地宣泄

人在遭遇挫折时难免会有痛苦、悲伤、难过、懊悔、自责等情绪,不要将这些情绪堆积在心里,哭是我们身体的自然宣泄方式,不要过度地压抑自己,宣泄情绪对我们来说是一种重要的心理加工,它可以帮助我们更好地应对内心的伤痛。不要隐藏感觉,试着把情绪说出来,与家人一同分担悲痛。不要勉强自己去遗忘,伤痛会停留一段时间,这是正常的现象。不要因为不好意思或忌讳,而独自一人默默承受,他人的理解与支持能让我们更快地从不良情绪中走出来。

但是要避免以过激的方式宣泄情绪,比如喝酒买醉,很容易引发危险后果,这种方式不可取。宣泄要适度,过度地处于激动情绪中会使人更难受,事后也会懊悔自己的行为。

无所事事只会让一个人在空虚中深陷痛苦回忆无法自拔。适当地从事一些力所能及的劳动或学习,是非常有必要的事情。去帮助同样处在灾难中的人,可以让人更有力量应对挫折事件。除此以外,以前拥有的兴趣和爱好也可以被充分利用,以产生更多积极的感受。

(二)适应与调整

外界环境和条件的变化不以个人的主观意愿而转移。我们原来设想好的目标,往往因为客观条件改变而改变。我们无法改变客观环境,但可以通过主动调整心态和目标来适应这种改变。研究表明,挫折感的强度与自我预期相关。高自我预期会导致较强的挫折,低自我预期往往形成较弱的挫折感。大学生所遇到的挫折,比如学习、爱情、就业等方面,很大程度上是因为目标和预期过高。当现实条件不能满足的时候,挫折就不可避免了。因此,我们在制定行为目标的时候,要尽可能地遵循现实的原则,不可好高骛远。当挫折出现的时候,不要怨天尤人,宜及时调整目标,降低期望,从而避免强烈的心理失衡引发更多挫折。

心晴加油站

驴子的故事

有一天,农夫的一头驴子不小心掉进枯井里,农夫绞尽脑汁想要救出驴子。可是几个小时过去了,他没有将驴子救出来,驴子还在井里哀号着。农夫决定放弃拯救驴子,他想这头驴子已经老了,不值得大费周折地把它救出来。但是无论如何这口井是一定要填起来的,于是农夫就找邻居帮忙,一起将井里的驴子埋了,以免除驴子的痛苦。

大伙人手一把铲子,开始将泥土铲进井里.当这头驴子意识到自己的处境时,刚开始哭得很凄惨,但出人意料的是,一会儿它安静了下来。大家好奇地往井底一看,出现在眼前的情形令他们大吃一惊:当铲进的泥土落到驴子的背部时,它就将泥土抖落,然后站到泥土堆上面。

就这样,驴子一步一步地上升到井口,然后在众人的感叹中快步跑开了。

(三)忍耐和控制

当一个人所面对的挫折情境是自己不能马上控制和解决的时候,忍耐就成为必要的一种策略。正所谓"小不忍则乱大谋"。凡人生事业取得成功的人,无不在逆境和挫折情境中善于忍耐。以下两种情况,尤其需要大学生学会忍耐:一是当我们还不清楚事情的前因后果,没有充分掌握相关信息的时候;二是挫折源力量强大,当我们不能控制的时候。

(四)社会支持

人是生活在现实的社会关系网络之中的。当我们遇到挫折的时候,既要充分利用社会关系,寻求社会支持,也要主动改变不利的社会关系,以克服困难,战胜挫折。研究表明,良好的家庭和社会支持是挫折发生后重要的保护因素。因此大学生要积极寻求亲人、朋友、老师、同学、心理工作者包括社会各界的热心援助,这些都能成为有力的社会支持,可帮助我们极大缓解心理压力,获得理解和支持。

(五)进行正确的自我归因

归因是社会心理学中的一个概念,是指个体对事件成败的因果解释,包括对他人或自己的行为过程进行的因果解释。个体会对行为结果进行归因,归因会影响接下来的行为,不恰当的归因会引发错误的结果。归因可弄清挫折的原因到底是外部的还是内部的,或者是内外因素相互交织、共同作用的。如果是后者,需要确定到底内在因素是主要的,还是外在因素是主要的。正确地分析和归因,是应对和解决挫折情境的必要前提。片面的客观归因容易导致推卸责任,片面的主观归因则容易使自己丧失自信心,都是不可取的。大学生最适宜的做法是遇到挫折后综合归因,综合归因往往更有利于心理卫生。有些目标没有达成,一方面会寻找内在原因,另一方面又会寻找外在原因,这种综合归因往往不会过于勉强自己,也会让自己能够更加心境平和,在遇到失败时,能够勇敢地承担责任,同时也不妄自菲薄、自怨自艾。成功时能够冷静地分析自己的优势,客观地看待生活,这样才能不断地成长。

(六)运用积极的心理防御机制

挫折的心理防御机制有积极和消极之分,积极的心理防御机制能够使人们在遭受困难与挫折时减轻或免除精神压力,恢复心理平衡,甚至激发人们的主观能动性,激励人们以顽强的意志力去克服困难、战胜挫折。消极的心理防御机制包括否认、回避、压抑、退行、攻击等,这些方式虽然可以短暂地让人们逃离痛苦,但无法真正解决问题、克服挫折,因此应该多运用积极的心理防御机制来化解内心冲突,克服挫折。积极的心理防御机制主要有坚持、认同、补偿、升华、幽默等内容。

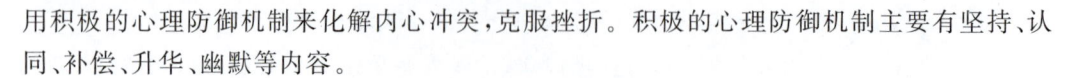

1.坚持

坚持指个体发现目标难以达到,要求自己做出加倍努力,并要求自己通过不断的努力,使目标最终实现。美国电影《阿甘正传》中的主人公阿甘智商并不高,他面对挫折的方法就是忽视它并坚持不懈地努力。他最后赢得了人们的尊重,赢得了自己的事业,也获得了自己想要的生活。正所谓:成功就存在于最后的坚持之中。

2.认同

认同指个体在现实生活中无法获得成功时,将自己比拟为某一成功者,借以在心理上减弱挫折产生的痛苦;或者迎合能满足自己需要的人,按照他们的希望去支配自己的思想、行动,来冲淡自己的挫折感,并以此求得内心的满足。当一个人在没有获得成功与满足而遭遇挫折时,将自己想象为某一成功者,效仿其优良品质和获得成功的经验和方法,使他的思想、信仰、目标和言行更适应环境和社会的需求,增强自信心,减少挫折感。例如,大学生常以一些历史名人、科学家或小说中所欣赏的人物、老师甚至同学作为自己效仿的对象,树立自己心中的榜样,并依照榜样进行积极的自我激励与自我暗示,用成功代偿挫折。

3.补偿

补偿即当个体行为受挫时,或因某方面的缺陷而使目标无法实现时,往往以新的目标代替原有目标,以其他方面的成功来补偿因失败而丧失的自尊与自信。这就是人们常说的"失之东隅,收之桑榆"。如某大学生没有当上班干部,没有机会表现自己的能力,于是便努力学习,使自己的成绩名列前茅。又如,某大学生恋爱失败了,便积极参加文体活动,用成功来补偿失恋的痛苦。应该注意的是,补偿的行为反应并非都是积极的。由于个体要实现的目标有高尚与平庸之分,经受挫折后对补偿的选择也有进取与沉沦之别,因而决定了补偿有积极与消极之分。如果补偿选择的新的目标和活动符合社会规范和人的发展需要,这时的补偿反应行为是积极的、有益的。如果补偿选择的新的目标和活动不符合社会规范或有害于身心,这种补偿的反应行为即使自己暂时获得了心理平衡和心理满足,也无助于心理健康发展,有时还会自暴自弃,甚至堕落犯罪,危害他人与社会。

4.升华

升华即用一种比较崇高的具有创造性和建设性的目标代替,借以弥补因受挫而丧失的自尊与自信,减轻痛苦。升华是最积极的行为反应,从古至今演绎出绵绵佳话。如"盖文王拘而演《周易》;仲尼厄而作《春秋》;屈原放逐,乃赋《离骚》;左丘失明,厥有《国语》;孙子膑脚,《兵法》修列;不韦迁蜀,世传《吕览》;韩非囚秦,《说难》《孤愤》;《诗》三百篇,大底圣贤发愤之所为作也"。不仅如此,升华还是一种富有建设性的行为反应。它使人在遭受挫折后,将不为社会认可的动机和不良的情绪转移到有益的活动中去,使其转化为有利于社会并被他人认可的行为。比如一位其貌不扬的大学生最初在社交活动中受到制约,于是他在学问、个人思想道德修养上下功夫,使自己品德优秀,学习成绩也出类拔萃,为同学所瞩目。

5.幽默

用幽默的语言或行为可以应对紧张的情境或表达潜意识的欲望。通过幽默来表达攻击性或性欲望，可以不必担心自我或超我的抵制，在人类的幽默（笑话）中关于性爱、死亡、淘汰、攻击等话题包含着大量的受压抑的思想。例如，苏格拉底在和朋友讨论学术问题，他的夫人突然跑来，先是大骂，接着泼上一盆水，把他全身弄湿了。而苏格拉底只是笑笑说，我早知道，雷声过后必是倾盆大雨。原本很尴尬的场面，经此幽默，立即化解。

四、培养积极的心理品质

1.挫折中寻找希望

努力在挫折事件中寻找积极部分，就如古话讲的"塞翁失马焉知非福""祸兮福之所倚"。哪怕是点滴的积极部分，都可以成为希望。有了希望，内心就会有力量去应对所面临的困难。

心理资本理论认为，可以让人从挫折中走出来的重要心理品质是：希望、乐观、心理韧性。每个人的人生都有这样那样的挫折，我们的先人经历的苦难比我们都多，但是他们没有被打倒，反倒越挫越勇，活出了自己的精彩。这告诉我们，苦难终会过去，是可以被战胜的，或忍耐或抗争，只要不放弃，终将迎来黎明的曙光。

微课
如何提高挫折承受力？

科学实验室

有人曾做过一个实验：准备两组健康的小白鼠各 100 只。首先将第一组小白鼠尾巴上挂一定重量的铅，然后放进盛满水的金鱼缸里，小白鼠很快被淹死了，平均坚持时间为 8 分钟。然后将第二组小白鼠放进同一个金鱼缸里，在 7 分 30 秒的时候放入一块小木板，结果小白鼠爬上了小木板，都成活了。经过几天的休养，小白鼠都恢复了原先的健康状态。这时再把第二组小白鼠放入金鱼缸，这些小白鼠能坚持多长时间呢？

结果发现，经历过小木板救援的小白鼠平均坚持了 24 分钟才淹死，是原先时间的 3 倍。

为什么会这样？

因为曾经经历过小木板救援的小白鼠有期待、有目标，有希望，是期待着小木板再次出现的信念使得它们坚持了更久的时间。

2.以积极视角重找信心

万物皆有裂缝，那是光照进来的地方。

——莱昂纳德·科恩

从辩证的角度来看待困难挫折，万事万物都是有利有弊的，我国古人的智慧也早已发现"祸兮，福之所倚"。日常生活中，要有意识地训练自己多视角看待问题，尤其是发现事物的积极面，在面对挫折困难时，不要被它的糟糕面限制了思维。去看看有什么潜在的机

会,就像"塞翁失马,焉知非福"。经常用这样的思维方式看待事物,我们也就变得积极乐观了。

心灵疗愈坊

你们知道本节开头提到的小丹后来怎么样了吗?

她在实在受不了的时候,觉得已经无路可走的情况下,找到了学校的心理咨询老师。在充分了解小丹同学的情况后,老师带着她一起调整对自己的认识,挖掘自己的优势、特长,使她明白了,自己曾经舞跳得好、篮球打得好、跑步速度快、擅长主持,不是因为自己长得漂亮,而是自己刻苦勤奋、不怕困难、努力练习的结果。这些品质不是任何人可以夺走的,是她身上最大的宝藏。虽然不能再当空姐了,但是她的舞台经验还在,演讲能力还在,随机应变的能力还在。经过几次咨询,小丹逐渐明白了自己最想要的东西:"我是那个心中有梦、积极乐观、孝敬父母、与爱人共处、遇到困难想方设法解决困难、不轻言放弃的我,至于做什么、什么职位、什么工作,没有关系,重点是我的初心、我的特质在,我到哪里都散发同样的光芒。"她重新找回了自己,找回了对生活的信心。

如今小丹已经专升本,进入更高的学府学习,她对未来充满了期待和信心!

3.体育运动提升耐挫力

运动可以提高身体素质,提高抵抗力水平。适度的运动,能够促进大脑释放多巴胺,使人体验更加愉悦的心理感受。运动还能够提升大脑工作效率,提升人的认知能力。短时间适度的运动能够增加成年人的高级认知能力。

实训中心

1.放松训练

当压力事件出现时,紧张不断积累,压力体验也在逐渐增强,也就是说,人在肌肉紧张的时候,心理也会随之紧张,如果能够让肌肉放松,心理也可以放松下来。所以,放松训练是指身体和精神由紧张状态变为松弛状态的过程。放松有两层意思,一是说肌肉松弛,二是说消除紧张。持续几分钟的完全放松比一个小时的睡眠效果更好。常见的放松训练方法有呼吸放松法、肌肉放松法、想象放松法等。

(1)呼吸放松法。保持舒适的躺姿或坐姿,保持深而慢的呼吸,通过鼻孔深深地吸气、长长地呼气,吸气和呼气的中间有一个短暂的停顿,想象气体从哪些部位流过,它带走了紧张,身体达到放松的状态。

(2)肌肉放松法。通过有意识地去感受主要肌肉群的紧张和放松,从而达到放松的目的。你试一下这种感觉:将右手握成拳,攥紧一些,再紧一些,然后感觉自己手和前臂的紧张状态,让这种感觉进入到手指、手掌和前臂。然后放松手臂,注意紧张和放松之间的感觉的差异。可以闭上眼睛再做几次,意识到那种紧张,再放松,让紧张感流走。

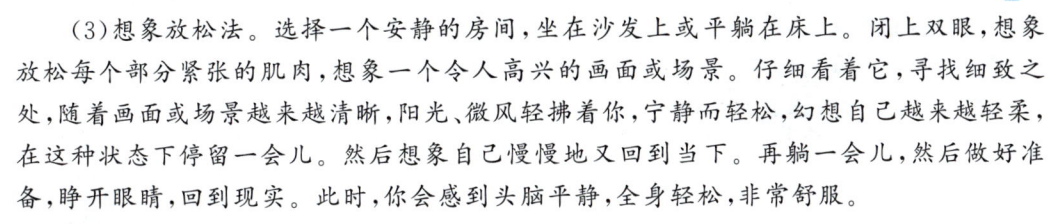

（3）想象放松法。选择一个安静的房间，坐在沙发上或平躺在床上。闭上双眼，想象放松每个部分紧张的肌肉，想象一个令人高兴的画面或场景。仔细看着它，寻找细致之处，随着画面或场景越来越清晰，阳光、微风轻拂着你，宁静而轻松，幻想自己越来越轻柔，在这种状态下停留一会儿。然后想象自己慢慢地又回到当下。再躺一会儿，然后做好准备，睁开眼睛，回到现实。此时，你会感到头脑平静，全身轻松，非常舒服。

2.与挫折对话

你好，我是挫折先生，请回忆一下你遇到我的场景吧！

请给我起个名字：_____。
当时你遇到我的时候,是什么反应?
酸甜苦辣,你品出我的味道了吗?
最后你想对我说什么?

3.锦囊妙计

(1)匿名写下你目前正遇到的挫折,尤其是让你无法应对、不知道该怎么办的问题。

(2)全部收上来,老师选择有代表性的几个问题分发到小组。

(3)小组讨论遇到这样的问题应该怎么应对。

(4)锦囊妙计分享。各组将抽到的问题和讨论的办法在全班分享。

每个人都会发现和自己类似的或者完全不一样的故事,会感受到原来我们都一样——困难并不只降临在我的身上,或者我们原来那么不一样——他人经历了那样的挫折都可以获得成功,这也很激励我。

4.魔法盒子

在黑板上画出四个不同的盒子,1号盒子代表生命中的礼物,装开心的事,像个美好的礼物;2号盒子代表伤害,装难过、伤心的事;3号盒子代表重要警示,装有警示意义的事;4号盒子代表生活日常,装日常生活的事。

举例:

高考失利的东东迫不得已报考了大专院校,进入大学后的东东很不适应,宿舍、食堂、教室没有哪个随自己的心意,但是自己考分不高也没有挑选的余地,只能在这里完成自己的大学梦。因为迷茫,对专业也不感兴趣,东东上课经常睡觉、玩游戏,一年下来感觉自己什么也没学到,更让人苦恼的是因为挂科太多,被要求试读,因为自己的被动与放纵,他不得不重读一年。接到试读通知那一刻,虽是意料之中但还是难以接受,东东觉得这样太丢人了,也很对不住父母,一时间想退学算了,可是退学后又该怎么办呢?

事件重构:

(1)挂科太多,留级——2号盒子。

(2)对专业、未来迷茫——2号盒子。

(3)留级、重读,对自己的提醒、警示,就像是一直处于昏睡中被叫醒,提醒自己要开始重新思考人生——3号盒子。

(4)觉得丢人,说明有正常的羞耻心,而这也是前进的一种动力,这可以算是生命中的礼物——1号盒子。

(5)觉得对不住父母,说明在意父母的感受,父母对自己养育和关爱,想回馈父母以同样的爱与赡养,愿意为了父母而去改变自己。这个感受可以看到爱和自觉。可以放到资源、礼物的盒子——1号盒子。

从这个例子我们可以看出,之前感觉完全是很糟糕的一件事,被我们重构后可以看到这个挫折事件里,包含着2个礼物、1个警示、2个伤心的事。这样看待整件事之后,糟糕情绪会减少很多,并可以看到很多之前没有看到的资源。

找资源、重构的过程可以让学生一起参与,积极寻找,改变说法,改变看法。

练习:用一件你经历过的挫折事件作分析对象,看看有哪些部分可以进入"礼物"的盒子里。

第九章　压力与挫折

智慧起航……

同学们,你的生活中一定也有很多压力,你应该也经历了很多挫折,学完这一章内容,你对压力、挫折有什么新的看法呢?

知识小铺……

(1)压力是指个体对作用于自身的内外环境刺激做出认知评价后引起的一系列非特异性的生理及心理紧张性反应状态的过程。

(2)压力状态下身体反应分成三个阶段:唤醒、抵抗、耗竭。

(3)压力的心理反应从认知、情绪、行为三个方面来表现。

(4)压力的大小,是由压力源事件的客观性和自我感觉的主观性两种因素共同决定的。

(5)压力有益论:压力可以提高个人的潜能。压力有害论:压力过大影响健康。

(6)挫折包含三个方面内容:挫折情境、挫折认知、挫折反应。

(7)挫折的防御机制可以分为积极的心理防御机制和消极的心理防御。

(8)挫折应对的方法有适当地宣泄、适应与调整、忍耐和控制、社会支持、进行正确的自我归因、运用积极的心理防御机制。

遇见更好的自己
——压力调节

第十章 人际关系

美国著名心理学家卡耐基说,一个人事业上的成功,只有15％是由于他的学识和专业技术,另外的85％是靠其良好的心理素质和善于处理人际关系。良好的人际关系可以促进人的生存与发展。作为大学生的我们,应该怎样处理人际关系,使自己身处于和谐温馨的人际关系氛围呢?现在让我们一起走进本章的学习。

学习目标

1. 了解人际关系的含义,能够正确认识人际关系。
2. 熟悉人际关系的心理效应和法则,把握人际关系的距离。
3. 掌握人际关系中的问题,学习人际交往的技巧。

第一节 人际关系概述

烦恼杂货铺

倩倩是一名大一学生,她从小就因为不会处理人际关系,总与同伴发生矛盾,所以她的朋友很少。上大学后,她渴望收获新的友谊,主动参加了一些社团。但因为人际关系的问题,大家都觉得她不合群,也没有团队精神,所以倩倩很快就退出了这些社团。倩倩也经常因为说话方式和态度问题与班级同学和室友发生矛盾,其他人因此不喜欢与她来往,倩倩为此感到很难过,内心很孤独,不由得感慨:"处理人际关系怎么这么难啊?"

你是否和倩倩一样,觉得处理人际关系是一件难事呢?怎样做才能保持良好的人际关系呢?

知识直通车

一、人际关系的含义

(一)人际关系的概念

人际关系是指在社会生活和实践活动中,通过交往而形成的人与人之间的心理关系。这种心理关系反映了交往双方寻求满足社会需要的心理状态。马斯洛认为,人际关系是人的一种基本需要,因为人需要得到他人的认可与尊重,需要有一定的归属感,这与人需要吃饭、呼吸等各种生理需要是同样重要的。如果这种基本需要得不到满足,人可能会因此备感孤独,进而影响心理健康甚至阻碍发展。

人际交往是人与人之间通过一定的方式和手段进行接触,从而在心理和行为上发生相互影响的过程。它包含两方面的含义,一方面是指人与人之间的信息沟通和物质交换,是动态的;另一方面是指人与人之间通过动态的相互作用形成情感联系,也就是我们常说的人际关系,是静态的。

(二)人际关系的发展阶段

社会心理学家欧文·阿特曼等人认为,良好的人际关系通常经历四个阶段:定向阶段、情感探索阶段、情感交流阶段和稳定交往阶段。

1. 定向阶段

在这个阶段,主要是初步确定要交往并建立关系的对象,包含对交往对象的选择和初步沟通等。人们对人际关系具有高度的选择性,在任一社交场合中,人们会自然而然地注意和选择部分人作为交往对象,与他们进行初步浅显的沟通,如爱好、专业、家乡等。

2. 情感探索阶段

在这个阶段,交往双方主要是探索彼此在哪些方面可以建立真诚深入的交往,尽管此阶段双方已经进行了一些情感卷入,但还未涉及隐私领域,双方交往过程中自我表露的信息依旧比较表面,不够深入,仍然具有很大的正式性。

3. 情感交流阶段

在这个阶段,双方已经建立基本的信任关系,双方的人际关系出现由正式转向非正式的实质性变化,表现为彼此间有一定的信任感、依赖感和安全感,可以谈论一些私密的话题,比如学习压力、生活烦恼等,能够相互鼓励或批评,双方关系比较放松,情感卷入较深。

4. 稳定交往阶段

这是人际关系发展的最高水平。在这个阶段,双方关系已经较为亲密,彼此允许对方进入自己的绝大部分的私密领域,可以分享各自的生活、情感等,交往双方情感卷入很深,相互关心也增多,成为莫逆之交。但实际上,能够到达此阶段的人际关系非常少,正所谓"相识满天下,知心能几人"。一般来说,人们与自己的亲朋好友多数处于情感交流阶段。

(三)人际关系的功能

正如马克思所说:"交往是人类的必然伴侣。"对任何人而言,良好的人际关系是其心理正常发展、人格保持健康的必要条件。人们在交往过程中以各种物质和精神的活动方式互相影响着对方,人际关系的功能就是在人们进行交往活动过程中的效能,具体包括:

1. 信息交流的功能

萧伯纳曾说:"你有一个苹果,我有一个苹果,我们相互交换苹果,每人仍然有一个苹果。然而,你有一种思想,我有一种思想,我们彼此交换思想,那我们将同时拥有两种思想。"

在当今社会,大学生从课本上学到的知识是很有限的,当今时代是一个信息爆炸的时代,信息对于人们的影响极为重要,人们必须不断获取新知识和新信息,才能跟上时代的脚步,以免被时代所抛弃。人际交往就是一种获得信息的渠道,通过人际交往人们可以快速获得很多自己想要的内容。在许多情况下,自己百般思索不得其解的问题和疑惑,在与人的交谈中,可能就会得到启发,有所收获。例如李大钊与陈独秀正是通过多次交流和沟通,在思想上达成一致,才有了"南陈北李,相约建党"这一佳话。

2. 心理保健的功能

人是社会性的动物,有着强烈的归属需求和安全需求。

科学实验室……

加拿大麦克吉尔大学的心理学家在1954年做过这样一个实验——"感觉剥夺"实验:实验中给被试戴上半透明的护目镜,使其难以产生视觉;用空气调节器发出单调的声音,限制其听觉;让其手臂戴上纸筒套袖和手套,腿脚用夹板固定,限制其触觉。被试单独待在实验室里,几小时后便开始感到恐慌,进而产生幻觉……在实验室连续待了三四天后,被试产生了许多病理心理现象:错觉幻觉、注意力涣散、思维迟钝、紧张、焦虑、恐惧等,实验后需数日方能恢复正常。

由此可见,如果一个人长时间不与外界保持联系,不常与他人积极有效地沟通,不能建立稳定良好的人际关系,久而久之,必然造成心理失调,进而出现心理障碍,并危害身体健康。大学生的心理危机绝大多数与缺乏正常人际交往和良好人际关系有关。在集体生活中,我们不难发现,那些善于与人交往的学生常常表现出积极的情绪特点,精力更充沛,身心也更健康;而那些孤僻、不合群的学生常常表现出消极的情绪特点,缺少活力,心理烦恼也更多。可见,人际交往对个人的心理健康有着极为重要的作用。

3. 认识自我的功能

老子在《道德经》中曾言:"知人者智,自知者明。胜人者有力,自胜者强。"人的一生就是不断地认识自我、理解自我的一个过程。能够正确认识自己是人的一种优秀品质,而一个人自我意识的发展往往是通过与别人的交往,在一次次与别人互动的过程中,根据人们对自己的态度、看法和评价等不断认识自己、调整自己、改进自己的过程。在这个过程中学会全面客观地认知自己,逐步提高自我意识的发展水平,同时也能培养自己谦逊的品格,学会理解他人。

4.团结合作的功能

马克思曾说:"人的本质不是单个人所固有的抽象物,在其现实性上,它是一切社会关系的总和。"人们通过交往,可以形成一定的社会关系。通过人与人之间的相互合作、相互促进,使单独的、孤立无援的个体凝聚成一个强大牢固的集体,共同应对挑战、战胜困难、完成任务。正所谓天时不如地利,地利不如人和。通过人际关系的建立,人与人之间可以手拉手,心连心,共进退。人际交往可以协调人们的行为,大学生的人际交往更是如此,通过沟通交流制定共同的目标,使得每一名学生围绕共同的目标努力,产生良好的活动效果,提高活动的效率,达到共赢的结果。

5.激励自我发展的功能

同辈群体间交往,由于心理上高度相容和情感情绪强烈共鸣,可以互相激励,奋发向前,勇攀高峰,努力向优秀榜样看齐。具体体现在两个方面:

(1)有利于个性发展。交往是个性发展与人格健全的必经之路。"物以类聚,人以群分",人有交往的需要,有合群的倾向。心理学家奥尔波特发现,个性成熟的人都能与他人保持良好的人际关系,能够理解他人,具有给他人温暖、关怀、亲密和爱的能力。人生在世,必须与他人、社会交流信息,沟通联络,由此,个性才能得以健全发展。历史上的"狼孩"由于从小生活在狼群中,缺少正常人的成长环境,错过了与他人交往的最佳时期,因而即使后来回到人类的成长环境,也已经很难成为一个正常意义的"人"了。

(2)有利于成功成才。大学生彼此间可畅所欲言、互通有无,将会在思想碰撞中产生新的火花,增加彼此对事业、人生和成功的积极看法。"独学而无友,孤陋而寡闻"。对于大学生而言,他们思想活跃、成就动机强,但由于社会经验的不足、知识的局限,在看问题时难免会出现偏差。大学生要学会与不同类型的人才进行交流,从而在心灵上相互沟通、行为上相互协调,使交往双方共同进步,早日抵达成功的彼岸。

(四)人际关系的原则

1.平等原则

建立人际关系,首先要坚持平等原则。在真正的友谊建立过程中,每个人都或多或少在出身、容貌、才智、经济实力、教育水平、成长经历等内部和外部条件方面存在差异,但每个人在人格上是绝对平等的。正如孟子所说,"富贵不能淫,贫贱不能移,威武不能屈",无论是谁,无论他来自哪里,渴望平等的心情是一样的。在建立人际关系时,双方必须以平等、尊重的原则与他人相处。人没有高低贵贱之分,不管我们是因何种原因与他人建立人际关系,都要真心待人,既不妄自菲薄,也不歧视、嘲笑他人,不卑不亢,保持平等,才能有利于人际关系的顺利发展。

2.真诚原则

在人际关系中,真诚这一品质极为重要。

科学实验室

1968年,美国心理学家安德森曾经对不同个性品质受人们喜爱的程度进行了研究,结果发现,受喜爱程度最高的六种个性品质依次是真诚、诚实、理解、忠诚、真实和可信。由此可以说,"真诚"是最受人欢迎的个性品质,而与其对立的"不真诚",则是最令人厌恶的个性品质。

荀子曰:"君子养心莫善于诚。致诚则无它事矣,唯仁之为守,唯义之为行。"意思就是说君子陶冶思想性情,提高自己的道德修养,没有什么比诚心更重要的了。所以,真诚是人与人交往最重要的原则。

3.信用原则

人与人交往不仅要说真话,还要说到做到、信守承诺。正所谓言必信,行必果。承诺的事就要努力实现。因此在与人相处的时候,不要轻易许诺,一旦对人做出某些承诺,就一定要认真履行诺言。

4.宽容原则

雨果曾说:"世界上最宽阔的是海洋,比海洋更宽阔的是天空,比天空更宽阔的是人的胸怀。"对于非原则性的问题,不要斤斤计较,要学会以德报怨。正如《淮南子》中提到:"大足以容众,德足以怀远。"金无足赤,人无完人,每个人或多或少都有优点与缺点,与人交往时不能事事挑剔,一味地指责别人,即使真的是由于对方的原因造成了矛盾与冲突,也不要得理不饶人。要学会体谅别人,多换位思考,以包容的态度与人相处,内心宽容,与人为善,人际关系才会保持良好。

5.交换原则

心理学家霍曼斯于1961年提出:"人与人交往的本质是一个社会交换的过程,人们希望交换对自己来说是值得的,希望在交换过程中至少得失是平衡的,不值得的交往是没有理由进行的,不值得的人际关系也没有必要维持,所以人们的一切交往行为以及人际关系的建立与维持都是根据一定的价值观进行选择的结果。"也就是说,人们往往倾向于建立和保持那些对自己来说是值得的,或者是得大于失的人际关系,同时也会倾向于逃避、疏远或者终止对自己来说是不值得的,或者是失大于得的人际关系。实际上,生活中也只有互惠互利,才能让彼此的关系更加牢靠。如果以牺牲一方的利益,让另一方得到好处,这样绝对不可能营造稳定、和谐的人际关系。

6.交互原则

人际关系的基础是人与人之间的相互重视和相互支持。在人际交往当中,喜欢与厌恶、靠近与疏远是相互的。心理学家马斯洛曾指出:"人有被人认可和尊重的需求"。每个人都希望别人能够承认自己的价值,支持自己,接纳自己,喜欢自己。在人际交往中,每个人都会重视自我表现,吸引别人的注意力,希望得到别人的认可和接纳。因此,在一般情况下,喜欢我们的人,我们也会去喜欢他们;愿意靠近我们的人,我们也愿意靠近他们。

7.自我价值保护原则

自我价值保护指个人对自身价值的意识与判断。大量的心理学研究证明,在现实的人际交往中,每一个人为了保持自我价值的确立,在心理活动的各个方面都会有一种防止自我价值遭到否定的自我支持倾向。人在任何时期的自我价值感,都是既有的一切自我支持信息的总和。自我价值支持的变化无非来自两方面:一方面是符合人们意愿,自我支持力量的增加;另一方面是不符合人们的意愿,使人们面临自我价值威胁,因而必须进行自我价值保护的消极变化,即自我价值支持力量的失去或自我面临新的攻击。

8.情境控制原则

情境控制是指人都需要达到对当前所处环境的自我控制。在情境不明确或达不到对情境的把握时,机体会强烈焦虑,并处于高度紧张的自我防卫状态,此时倾向于逃避。因此,我们想要与他人进行真诚深入的交流,就必须保证在人际交往中,双方对交往情境都能自我控制。如果在人际交往中无视他人的意愿、需要和心理感受,就会使交往产生障碍。当人们真正做到自我控制时,内心会获得足够的安全感,人际关系也会顺利发展。比如当我们刚来到大学时,对新的环境、新的老师、新的同学不太熟悉,便会在一段时间处于高度紧张的自我防卫状态,直到我们对新环境熟悉了,对老师和同学了解了,才能真正放松下来,适应大学生活,与他人真诚地交往。

二、人际关系的影响因素

人与人从相识开始,再到建立友谊,成为知心朋友,这一过程经历了许多次彼此的互动与交往。建立友谊的首要环节就是选择交往对象,人们要根据自己的需要选择合适的交往对象。在选择交往对象时会受到以下一些心理因素的影响:

1.接近性

接近性是指在人际交往中物理距离上的接近。在其他条件相同的情况下,人们倾向于喜欢邻近的人。所谓"远亲不如近邻""近水楼台先得月",都说明了这一点。特别是在人际交往的初期,相近因素往往起着重要作用,因为我们通常是先和物理距离较近的人打交道。回想一下大家刚入学时,是不是与室友交流最多?由于共同生活在一个宿舍,同学们会与室友熟悉较快,也会与室友优先建立人际关系。

> **科普时间**
>
> 有一种心理现象叫作曝光效应,是指人们会单纯地因为熟悉某个人或某一件事物而产生好感。对人际交往吸引力的研究发现,一个人见到某个人的次数越多,就越会觉得此人招人喜爱、令人愉快(前提是该事物或人首次出现没有带来极大的厌恶感)。心理学家费希纳在1876年对曝光效应进行了研究,他发现人们看到熟悉的事物出现就会感到"如沐春风"。
>
> 在人际交往中,如果因为时空距离接近,比如来自同一宿舍、同一社团、同一班级的学生,由于接触较多,彼此更熟悉,便会容易建立人际关系,更易成为知心朋友。

2.相似性

古话说:"酒逢知己千杯少,话不投机半句多。"在某一方面或某些方面相似的人更容易相互吸引,建立人际关系。"君子以文会友"也说明了人际吸引中相似性的作用。相似

性包括很多方面,大体可分为以下几种:

(1)社会生活方面的相似,如文化背景、民族、社会地位、职业、籍贯等。这些方面的相似往往容易使人找到共同话题、共同语言,产生亲切感。比如在异地他乡,遇到老乡,人们往往喜欢用家乡方言交流,这样更易拉近彼此的距离,增进彼此的感情。

(2)生理方面的相似,如年龄、性别、身体状况等。这些方面的相似也容易使人们彼此间相互理解,容易找到共同话题。例如,老年人爱与老年人做伴,青年人愿与青年人结交,儿童愿意与儿童交往,男生会有自己一起打球的队友,而女生也有自己一起购物的姐妹,等等。"同病相怜"就反映了相似性对人际关系的影响,如在"癌症患者俱乐部"里,都是患有癌症的病人,大家互相鼓励,惺惺相惜。

(3)心理方面的相似,如兴趣、爱好、态度、能力、气质、性格、理想、信念、人生观、价值观等。这些方面的相似不仅容易使人们找到更多的共同语言,使人际交往进一步深化和发展,而且还会引起强烈的情感依恋和情感上的共鸣。其中,态度和价值观方面的相似,对彼此间吸引力的影响最大,也最持久。所谓"志同道合""高山流水遇知音"都是这种相似性的体现。

3.互补性

互补性是人际关系建立的重要影响因素之一。互补性是指当交往双方的需要与期待正好形成互补关系时,人与人之间容易产生相互吸引。也就是说,当一方的行为或性格等方面特点正好可以满足另一方的需求时,容易产生彼此间的相互吸引。如果相似性是客观因素,那么互补性可视为主观因素。互补实际上是一种主观的需要或动机。有时两个性格有差异的人也可以相处得很好,并成为好朋友,这就是由于双方都知道自己的长处和短处,都想利用对方的长处来弥补自己的短处,这是一种心理上的需要,基于这种需要,双方可以和谐相处,共同成长。特别是异性之间,根据互补性原则结为夫妻的情况相当普遍。常言道,男刚女柔,刚柔结合,既相冲又相容。当交往的双方能彼此满足对方的心理需求时,他们之间将产生强烈的吸引力,从而使相互之间的关系更加密切。大学生长期在一起生活、学习和工作,虽然不可避免地会产生这样或那样的矛盾,但如果一方所表现出来的行为特点或处事风格,刚好能满足另一方的心理需求,则彼此间可能会产生强烈的吸引力,从而建立密切的人际关系。

4.外表因素

爱美之心,人皆有之。一见钟情就典型地体现了外表对人际关系的影响。外表包括人的外貌、身高、风度等。这些因素也会影响人与人之间的关系。亚里士多德曾经说过:"美丽是比任何介绍信更为伟大的推荐书。"外表特征在人际关系中占有重要地位。尽管我们都懂得"以貌取人,失之子羽"的道理,但外表特征有时也会在无形中影响人与人之间关系的建立与发展。一般情况下,交往初期人们往往把个人仪表、外貌特征视为最重要的方面,但是随着双方的深入交往,人的吸引力将会从外在的仪表美逐渐转向内在的心灵美,把对方的道德品质视为最重要的因素。"始于颜值,陷于才华,忠于人品",说的就是这个道理。

5.个性和能力因素

个性特征会影响人际关系。某学院对3 000多名大学生的"择友标准"进行过调查,结果表明,多数大学生把诚实、坦率、品德高尚、聪明、有才华和富于创造精神作为择友的首要标准,其他受到重视的品质为:尊重别人、看重友谊、兴趣广泛、助人为乐和风趣幽默等。

个体能力也会影响人际关系。有能力的人会受到人们的欣赏,一个人受他人喜欢的程度与他的能力大小有十分密切的联系。一般来说,人们喜欢与聪明能干的人交往,比如班级里精通乐器的学生,或擅长打篮球的学生,相对来说比较受同学们欢迎。

科学实验室

社会心理学家阿伦森曾做过一项研究,他给被试听录音,录音的内容是四个人在回答问题,根据回答情况能显示这四个人的不同能力条件。第一个是一个能力超凡的人;第二个是一个能力平平的人;第三个人的能力水平跟第一个人类似,但是在访谈结束的时候,他把咖啡洒到了自己身上;第四个人与第二个人能力水平相似,但是他犯了和第三个人一样的错误,他把咖啡洒到了自己身上。结果显示,最受欢迎的是能力超凡却把咖啡洒到了自己身上的人。

这一实验表明,生活中人们会觉得能力超群的人高不可攀,往往不敢与其接触。相反,有点小缺点而又才能超群的人更受人们喜爱。人们经常说:"没有缺点本身就是最大的缺点。"所以,对于一个能力超凡的人来说,偶尔出现个小错误、小缺点,会让他更接近普通人,更加受人喜爱。

三、人际关系中的心理效应

实际上,人际关系中隐藏着很多心理效应,学会运用心理效应可以帮助我们改善人际关系,提高人际交往的能力。

1.首因效应

首因效应是指人们初次交往时,对交往对象的直觉观察和归因判断,也就是我们常说的"第一印象"。首因效应在人际交往中起着重要的作用,它对人际交往的影响主要表现在以下两个方面。一方面它使人际认知具有表面性:第一印象常常是对一个人表面特征的认知,即根据对方的仪表、表情、姿态、谈吐、年龄等形成初步的判断与评价,这种方式容易以貌取人,使认知表面化。另一方面它使人际认知具有片面性:鲜明的第一印象会使人们对后来获得的信息的理解和组织起到强烈的定向作用,造成对他人认知的主观片面性,从而影响以后的交往。"新官上任三把火""恶人先告状""先发制人""下马威"等都是利用首因效应占得先机的经典案例。心理学研究发现,与一个人初次会面时,第一印象在45秒内就能形成。实验证明,第一印象一旦形成,很难发生改变。所以我们在交友、求职等社交活动中,要积极利用这种效应,展示给他人一种极好的形象,为以后的交流打下良好的基础。当然,如果你给别人的第一印象不太好,也不要过于担心,可以在平时多与对方接触,让对方了解你,用真情实感去打动对方。

2.近因效应

首因效应对于与陌生人的交往影响重大,而与熟人交往时,近因效应则起到很大的作用。"士别三日,当刮目相看"说的就是这个道理。近因效应是指在人际交往中,由于交往对象的最近信息使过去形成的认识或印象发生了改变,也叫作"最近印象"。例如,你的好朋友最近做了一件对不起你的事,你就会觉得好朋友怎么能做出对不起朋友的事,便彻底改变了对他的看法,从而否定了和他以前的交情,从此再也不跟他交往了。相反,如果一个你之前不怎么喜欢的人最近却突然做了一件让你感动的事,你可能会觉得以前都是误会他了,从而重新与他建立友谊。在实际生活中,我们往往根据最近的事改变对他人的想法与评价。所以,在与人交往时,要多方面地去了解交往对象,不能仅仅根据某一方面,就给他人做出定性的评价。

3.光环效应

生活中,我们会时常听到人们说,"长得好看的人说什么都对。"这其实就是光环效应导致人际认知出现的偏差。光环效应又叫晕轮效应,是指在人际交往中人们往往会将他人的某个突出品质泛化到其他特性上,从而忽视这个人其他真正的特点和品质,就像月亮周围的光环一样,向周围扩散、弥漫,所以称为光环效应。我们常说的"爱屋及乌""情人眼里出西施""颜值即正义"等都是光环效应的体现。当你喜欢某人,认为某人好,你就会觉得他做什么都对,他什么都好;反过来,当你不喜欢某人,认为他不好,就会觉得他做什么都是错的。

小阅读

《韩非子·说难篇》中有这样一个故事。卫灵公非常宠幸弄臣弥子瑕。有一天弥子瑕得知母亲病了,便连夜偷乘卫灵公的车赶回家去。按照卫国的法律,偷乘国君的车子要被处以刖刑(把脚砍掉),但卫灵公却夸奖弥子瑕孝顺母亲。又有一次,弥子瑕与卫灵公同游桃园,他摘了个桃子吃,觉得很甜,就把咬过的桃子献给卫灵公尝,卫灵公又夸他爱君之心。然而,弥子瑕年老以后,便不受宠幸了。卫灵公因为不喜爱他的外貌也不喜爱他的其他品质了,甚至以前被他夸奖过的事情,现在也成了弥子瑕的"欺君之罪"。

所以"光环效应"是一种以偏概全的评价倾向。由于它的作用,一个人的优点或缺点变成"光圈"被夸大,会导致一个人在交往中歪曲他人形象,对他人形成不正确的评价,妨碍人们之间进行正确、深刻的理解。大家在人际交往中要尽量避免这种光环效应,冷静、客观地选择和评价交往对象。

4.刻板印象

刻板印象是指人们对某类人形成的一种概括、固定的看法,并把这种观点、看法推而广之。具体表现为在人际交往中,主观、机械地将交往对象归于某类,不管他是否呈现出这类人的特征,都认为他属于这类人,而把对这类人的评价强加于他。比如,有人觉得女生就应该喜欢花草,男生就应该喜欢赛车,南方人都比较善于经商,北方人都很豪爽,老年人都很保守,年轻人都很时尚等,这些都属于刻板印象。

科学实验室

苏联社会心理学家包达列夫曾做过这样的实验,他将一个人的照片分别给两组被试观看,照片的特征是眼睛深凹、下巴外翘。他给两组分别介绍情况,对甲组介绍情况时说"此人是罪犯",给乙组介绍情况时说"此人是位著名学者"。然后,他请两组被试分别对此人的照片特征进行评价。评价的结果是:甲组被试认为,此人眼睛深凹表明他凶狠、狡猾,下巴外翘反映其顽固不化的性格;乙组被试认为,此人眼睛深凹,表明他具有深邃的思想,下巴外翘反映他具有探索真理的顽固精神。这就是由于刻板印象出现的认知偏差。

5.投射效应

投射效应,是指将自己的特点归因到其他人身上的倾向。即人在认知和对他人形成印象时,以为他人也具备与自己相似的特性的现象,把自己的感情、意志、特性投射到他人身上并强加于人,即推己及人的认知障碍。

微课

为什么我越担心的事越容易发生?——投射与投射性认同

比如,一个心地善良的人会以为别人都是善良的;一个经常算计别人的人会觉得别人也在算计他,等等。

投射使人们倾向于按照自己是什么样的人来知觉他人,而不是按照被观察者的真实情况进行知觉。当观察者与观察对象十分相像时,观察者会很准确,但这并不是因为他们的知觉准确,而是因为此时的被观察者与自己相似。因此,导致了他们的发现是正确的。

投射效应是一种严重的认知心理偏差。辩证地、一分为二地去对待别人和对待自己,是克服投射效应的方法。

烦恼杂货铺

大学生活开始了,浩哲第一次住校。刚开始他和大家关系都还不错,周围人对他的评价也挺好,说他爱帮助同学,因为他经常帮人带饭、打水等,被赞为"中国好室友"。随着时间的推移,彼此越来越熟悉,他跟室友的关系却越来越紧张。到底发生了什么,让他们的关系变了味呢?

原来浩哲从一开学就各种向别人示好是因为他担心别人"不友好",担心别人欺负自己。他觉得自己对别人好了,至少人不会伸手打笑脸人。但是,时间久了,他总是将他人无意的行为解读为故意跟他过不去,故意为难他,找他碴。十月的一件事,让他觉得这个宿舍再也待不下去了。住在他上床的李阳因为想家,睡觉时辗转反侧,浩哲却认为李阳故意跟自己作对,不让自己好好睡觉。产生这样的念头以后,他决定报复对方。一天趁着舍友都不在,他用李阳的牙刷刷鞋,并将自己的洗漱用具锁进了柜子里。他担心别人也会用他的牙刷刷鞋,别人也会这样报复自己。

你与舍友的关系怎么样?你有没有人际关系方面的苦恼?

案例中浩哲的行为即是投射效应。他把自己的想法投射到了室友身上。

《列子·说符》记载了这样一则故事:从前有个人,丢了一把斧子。他怀疑是邻居家的儿子偷去了,便开始认真观察那人。那人走路的样子,像是偷斧子的;那人的脸色表情,也像是偷斧子的;那人的言谈,更像是偷斧子的。在他的眼里,邻居儿子的一言一行,一举一动,无一不像偷斧子的。然而不久后,他(丢斧子的人)在翻动谷堆时发现了斧子。第二天当他再见到邻居家的儿子时,怎么看他也不像是偷斧子的人了。

这也是典型的投射效应,以"小人之心度君子之腹"也是这个道理。如果用自己的态度、价值观和想法去推测他人、甚至强加于他人,很容易引发人际交往的问题,所以在人际交往中要有意识地觉察到投射效应,并克服它。

6.南风效应

南风效应也称温暖法则,指人际交往中,温和的沟通方式可以让人觉得心里舒适,而"冰冷"的沟通方式则会让人反感。它来源于法国作家拉·封丹写的一则寓言:"北风和南风比威力,看谁能把行人身上的大衣脱掉。北风铆足了劲,吹得行人瑟瑟发抖时,行人不仅没有脱掉衣服,反而为了御寒裹得更紧。而南风因为是温暖的,所以当行人感受到后,都心甘情愿地脱去了外衣。结果很明显,南风获得了胜利。"同理,在人际交往时,要注意说话和行为的方式,不要用支配的方式和命令的语气去跟朋友沟通,可以心平气和地与对方交谈,这样更容易实现自己的目的。

7.登门槛效应

登门槛效应又称得寸进尺效应,是指一个人一旦接受了他人的一个微不足道的要求,为了避免他人认知上的不协调,或想给他人以前后一致的印象,有可能接受他人更大的要求。

心理学家认为,在一般情况下,人们都不愿接受较高、较难的要求,因为它费时、费力又难以成功,相反,人们却乐于接受较小的、较易完成的要求,在实现了较小的要求后,人们才慢慢地接受较大的要求,这就是"登门槛效应"对人的影响。

科学实验室

1966年,美国社会心理学家弗里德曼与弗雷瑟做了一个名为"无压力的屈从——登门槛技术"的实验:他们派人随机访问一组家庭主妇,要求她们将一个小招牌挂在她们家的窗户上,这些家庭主妇愉快地同意了。过了一段时间,他们派人再次访问这组家庭主妇,要求将一个不仅大而且不太美观的招牌放在庭院里,结果有超过半数的家庭主妇同意了。与此同时,他们又派人随机访问另一组家庭主妇,直接提出将不仅大而且不太美观的招牌放在庭院里,结果只有不足20%的家庭主妇同意。

在人际交往中,当我们要求某人做某件较大的事情又担心他不愿意做时,可以先向他提出做一件类似的、较小的事情,循序渐进,之后再提出让他做较大的事情。

8.阿伦森效应

阿伦森效应是指随着奖励减少而导致态度逐渐消极,随着奖励增加而导致态度逐渐积极的心理现象。具体表现为:人们喜欢那些对自己的喜欢、奖励、赞扬不断增加的人,而不喜欢那些对自己的喜欢、奖励、赞扬不断减少的人。

科学实验室

社会心理学家阿伦森做过这样一个实验,他将实验者分为四组,然后让他们对同一个人进行不同的评价,借以观察被评价者对哪一组最具有好感。第一组是始终夸奖被评价者,第二组是始终贬低被评价者,第三组是先夸奖再贬低被评价者,第四组是先贬低再夸奖被评价者。结果发现被评价者对第四组最具有好感,而对第三组最为反感。然后阿伦森又将数十人作为被评价者做了同样的实验,结果绝大部分被评价者的反应与第一次实验的被评价者相同。

四、人际关系的法则

《孟子·公孙丑·下》里提到"得道者多助,失道者寡助"。这个"道"在这里可以理解为"人际关系之道"。一个不了解人际关系之道的人,就如同无源之水,无本之木,很难取得成功。有人说人际关系纷繁复杂,让人难以理出头绪。但看似复杂的人际关系中存在着两大法则,分别是黄金法则和白金法则,掌握了人际关系的法则,就能帮助我们灵活处理人际关系。

1.黄金法则

"黄金法则"是指像你希望别人对待你那样去对待他。也就是说,你希望别人怎样对自己,自己就要怎样对别人。比如,生活中,当我们遇到困难时,很希望能有人伸出援手帮助我们渡过难关;同理,当我们身边的同学和朋友遇到困难时,我们也要毫不犹豫地出手相助。这就是对"黄金法则"的遵循。但是在现实生活中,很多人往往出现"反黄金法则"的情况。"反黄金法则"是指你怎样对待别人,也希望别人怎样对待你。生活中,当我们身边的同学和朋友遇到困难时,我们会去帮助他们;反过来,当有一天自己遇到困难需要帮助时,也会很希望有人能够帮助自己,特别是曾经自己帮助过的人,如果没有人对自己给予帮助,可能会让自己觉得气愤和失望,这是由于"反黄金法则"的信念——"我帮助他,他就应该帮助我",而使我们产生种种负面情绪。其实这种信念是不合适的。每个人都有自己的性格和行为模式,也有自己的烦恼和难处。如果有人帮助自己,我们应该心怀感恩,

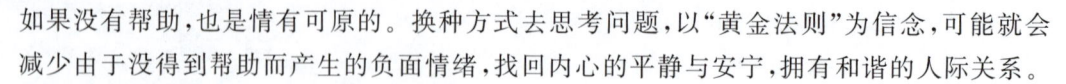

如果没有帮助,也是情有可原的。换种方式去思考问题,以"黄金法则"为信念,可能就会减少由于没得到帮助而产生的负面情绪,找回内心的平静与安宁,拥有和谐的人际关系。

2. 白金法则

除了"黄金法则",人际关系中还存在着"白金法则"。1987年,美国学者亚历山大德拉博士和奥康纳博士提出了人际交往的白金法则:在人际交往中要取得成功,就一定要做到这一点,即交往对象需要什么,我们就要在合法的条件下满足对方什么。也就是说,别人希望你怎么对待他们,你就怎么对待他们。比如,你的朋友喜欢直截了当的沟通方式,你在与他交流时就直接说,不必拐弯抹角让他猜测,这有利于人际关系的建立。当然,应用白金法则要有三个要点:①行为要符合法律道德的规范,不能别人要什么给什么,我们做事要有自己的底线,因为一旦我们没有底线,任何事都满足对方,就可能会使关系变质,甚至会使自己受到伤害。②交往应以对方为中心,对方需要什么我们就尽量满足对方什么。如果对方是我们喜欢的人,可能很容易做到这一点。因为喜欢对方,自己也会希望去满足对方的需要。但如果换到其他人,有的人可能会出现心理失衡,会出现"我凭什么去满足他,这对我有什么好处……"的想法。其实,我们在交往过程中,人与人都是平等的,能够给人提供帮助与服务,自己也会获得满足感。正所谓"送人玫瑰,手有余香",说的就是这个道理。③对方的需要是基本的标准,而不是说你想干什么就干什么。这一点要求我们充分了解对方的喜好,而不是擅自决定对方的喜好,或者只想着达成自己的目的。在交往中,要多为对方着想,了解对方真正需要的是什么,这样会增进彼此间的感情。

五、人际关系的距离

人与人之间需要保持一定的空间距离。任何一个人都需要在自己周围有一个属于自己的空间,它就像一个无形的气泡一样为自己划分一定的区域。而当这个空间被人触犯时,我们就会感到不舒服,不安全,甚至感到愤怒。

科学实验室

一位心理学家做过这样一个试验。在一个刚刚开门的大阅览室里,当里面只有一位读者时,心理学家就进去拿椅子坐在他或她的旁边。试验进行了整整80个人次。结果证明,在一个只有两位读者的空旷阅览室里,没有一个被试能够忍受一个陌生人紧挨着自己坐下。

就一般而言,交往双方的人际关系以及所处情境决定着相互间自我空间的范围。美国人类学家爱德华·霍尔博士将人际距离空间划分了四种区域,各种距离都与对方的关系相称,如图10-1所示。

1. 亲密距离

亲密距离是人际交往中的最小间隔或几无间隔,也就是我们常说的"亲密无间",其范

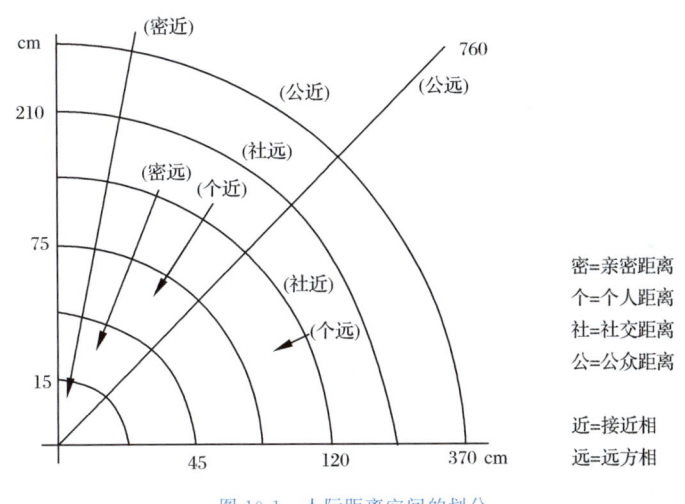

图 10-1　人际距离空间的划分

围在 45 cm 以内,彼此间可能肌肤相触,挽臂执手等,一般是亲人、关系特别好的朋友、情侣或夫妻间才会出现这种情况。因此,在人际关系中,一个不属于这个亲密距离圈子内的人随意闯入这一空间,不管他是何原因,都是不礼貌的,会引起对方的反感,也会自讨没趣。当无权进入亲密距离的人闯入这个范围时,会令人感到不安。在拥挤的地铁和电梯上,由于人员的拥挤,亲密距离常常遭到侵犯。于是,人们会尽可能地在心理上保护自己的空间距离。

2. 个人距离

个人距离的范围是 45～120 cm。这是在进行非正式的个人交谈时经常保持的距离。和人谈话时,不可站得太近,一般保持在半米以外为宜。这是人际间隔上稍有分寸感的距离,直接的身体接触较少。一般较熟悉的同学、朋友、同事会适用于这种人际距离。

3. 社交距离

社交距离的范围是 120～370 cm,就像隔着一张办公桌那样。一般工作场合人们多采用这种距离交谈,体现出一种社交性或礼节上的较正式关系。比如企业或国家领导人之间的谈判,工作招聘时的面试,现场论文答辩等,往往都要隔一张桌子或保持一定距离,这样就增加了一种庄重的气氛。在社交距离范围内,已经没有直接的身体接触,说话时,也要适当提高声音,需要更充分的目光接触。如果谈话者得不到对方目光的支持,他可能会有强烈的被忽视、被拒绝的感受。所以说,在社交距离中的人际交往,要有适当的目光接触,这对双方的情感交流起着至关重要的作用。

4. 公众距离

公共距离的范围为 370～760 cm。这是一个几乎能容纳一切参加人员的"门户开放"的空间,这个空间的交往,大多是舞台演讲之类。当演讲者试图与一个特定的听众谈话时,他必须走下讲台,使两个人的距离缩短为个人距离或社交距离,才能够实现有效沟通。

第二节　大学生的人际交往

烦恼杂货铺

小贾是一个性格内向、不善言辞的男生。上大学后他发现,宿舍的同学每天都打游戏打到深夜,吵得他无法休息,想读书也读不进去。他不敢表达自己的想法,每天被迫熬夜,导致精神状态很差,成绩下降。同班同学后来都陆续加入了社团,参加各种活动,小贾却由于不敢与人打交道,不去参加任何集体活动,与同学不常来往,也没有知心朋友,为此他很苦恼。

像小贾这样的学生有很多,他们由于各种原因导致不敢与人交往,不敢在人面前发表自己的看法,使人际关系发展受到阻碍,也不利于自己身心健康发展。这类同学要学会突破自我,给自己勇气去进行社交活动,多给自己点信心,多参加活动,在活动中让他人多了解自己,学会沟通的技巧,慢慢拓展自己的人际关系。

在大学里,你是否曾经有和小贾一样的经历,不敢与人交往,也无法找到知心朋友呢?你的人际关系存在哪些问题?应该怎样解决?

知识直通车

一、大学生常见的人际关系问题

同一班级、同一宿舍的大学生朝夕相处,由于信息不对称、思维模式不同、个性差异等,很容易出现分歧与摩擦。大学生常见的心理困扰中,人际关系问题所占的比重很大。有的大学生因为缺乏人际交往的技巧,不敢或不愿与人交往;也有的因为性格腼腆,对人际关系存在认知偏差,导致人际关系紧张。大学生常见的人际关系问题表现为不敢交往、不愿交往和不会交往。

1. 不敢交往

很多大学生在现实中因为社交受挫而不敢与他人建立人际关系,有的因为恐惧沟通而将人际关系转移到网络,以此寻求心灵上的慰藉。网络的匿名性、隐私性可以让人畅所欲言,也能使大学生跟外界保持联系,不再孤立无援。然而网络人际关系绝不能取代现实人际关系,如果一个人在网络上积极活跃,在现实中却逃避退缩,这个人会很难适应社会,也会阻碍自己的发展。长期沉溺于网络,容易使人分不清虚拟与现实,与社会脱节,身心健康也会受到危害。

每个人进行人际交往时都可能出现不同程度的紧张和恐惧,都要给自己提前进行心理建设,但是有的同学紧张感和恐惧感过于强烈,会出现心跳加速、手脚发抖、语无伦次等现象,特别是在人多的地方会更明显。长期害怕人际交往,会阻碍人的自我发展,并导致出现社交恐惧症。社交恐惧症是一种对社交或公开场合感到强烈恐惧或紧张的焦虑障碍。患者对社交或表演场合有一种显著且持久的恐惧,害怕自己的行为或紧张的表现会引起羞辱或难堪。参加聚会、打电话、去商场有的人都感到困难,出现回避行为,导致生活圈子严重受限。

2.不愿交往

在大学里大学生每天除了要吃饭、睡觉、学习之外,还要与人打交道。有的同学由于性格过于内向,或因为身材容貌、能力水平、挫折经历、家庭条件、学历水平以及心理创伤等形成自卑心理,导致缺乏人际交往的意愿和勇气,不想与人交往。这类学生喜欢把自己封闭起来,遇事习惯自己一个人苦苦思索,独来独往,不愿意与别人来往。还有的同学过于以自我为中心,他们由于家庭环境、家庭教养方式以及成长经历等原因,觉得自己高人一等,不会站在别人的角度思考问题,不喜欢与周围的同学进行交往。

3.不会交往

大学生从五湖四海来到同一所大学,面对新的生活环境、新的学习方式、新的人际关系,有的同学会不适应,在其他同学面前表达会比较紧张,不够勇敢,也不会主动去进行人际沟通。有的同学缺少人际交往的技巧和成功的经验,明明很想与人建立友谊却不知道如何去做,想表达关心却不会表达,甚至可能会引起相反的效果。人际交往是一门艺术,如果不能掌握人际交往的方法与技巧,可能会影响人际关系的保持,引发人际冲突。

二、大学生常见的宿舍矛盾

宿舍人际关系是每个大学生要面对的,如果宿舍关系融洽,宿舍氛围温馨,大学宿舍生活将会成为大学生活中珍贵的一部分;可如果宿舍关系敌对,宿舍氛围冷清,很可能会引起人际矛盾与冲突,从而产生消极的影响,使有的学生不愿待在宿舍,或者因为宿舍矛盾郁郁寡欢,还有可能因为矛盾变得很敌对,舍友大打出手,甚至可能引发报复事件。根据不同的问题我们将宿舍矛盾分为以下几种类型:

1.由嫉妒、猜疑等不良个性心理造成的宿舍矛盾

一种情况是,有些同学由于某方面比较突出,比如外貌、能力、成绩等,常常会受到其他学生的关注,在受到关注的同时就容易引起部分同学的嫉妒和猜疑,导致人际关系紧张。另一种情况是,在涉及学生切身利益的各种评奖评优、学生干部竞选以及奖助学金、

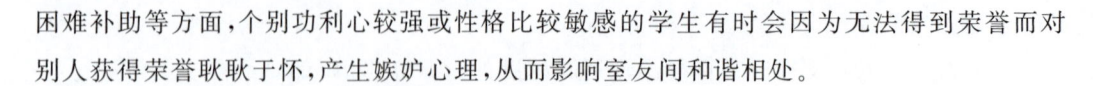

困难补助等方面,个别功利心较强或性格比较敏感的学生有时会因为无法得到荣誉而对别人获得荣誉耿耿于怀,产生嫉妒心理,从而影响室友间和谐相处。

2.由家庭环境差异产生的宿舍矛盾

同一个宿舍中,不同大学生的家庭环境各不相同,有的大学生家庭条件优越,每月几千元的零花钱,而有些来自偏远地区的大学生连基本生活可能都没有保障。由于长期生活环境的影响,使得这两类人的世界观、价值观、人生观可能存在很大差异,他们会在一些观点上产生分歧。一部分经济条件比较好的大学生可能会产生优越感,觉得高人一等,而一部分家庭贫困的大学生内心容易自卑敏感,因此宿舍里这两类人很容易形成敌对的关系。

3.由个人不良生活习惯产生的宿舍矛盾

在寝室里,有的同学极不注意个人卫生,不及时清洗袜子,东西四处乱放,影响寝室卫生;有的同学在寝室吸烟,使其他人被迫吸二手烟;有的同学熬夜打游戏、看视频或打电话,声音很大,吵得他人无法休息;有的同学早起或晚睡不注意动作,收拾东西声音很大,影响他人休息;还有的同学只享受不付出,总让人帮忙取快递、带饭、打水而自己却不为别人做事情;等等。这些不良的生活习惯都是引发寝室矛盾冲突的导火索。

4.由于划分小团体导致的宿舍矛盾

在部分寝室里,有些同学喜欢拉帮结派,搞小团体,在背后吐槽别人,不顾及他人感受,我行我素,孤立他人,长此以往很容易使寝室气氛变得沉闷压抑,从而导致寝室人际关系紧张。

5.由于兴趣爱好不一致导致的宿舍矛盾

每个人都有自己的兴趣爱好,有的人喜欢看电影,有的人喜欢读书,有的人喜欢打游戏,有的人喜欢下棋,不同爱好的人聚集在一起,如果缺少共同话题,相互不理解,难免会引起纷争。

宿舍产生分歧与矛盾最主要的原因是差异,差异是产生冲突的根源。大学生来自不同地区,在性格、生活习惯、价值观念、成长环境、经济状况等方面都存在着或多或少的差异,在寝室这一狭小的空间里,与其他室友朝夕相处,一旦习惯或观念有分歧,矛盾也就不可避免。另外,大学生心理上还没有完全成熟,缺乏人际交往的知识和集体生活的经历,这些也都可能成为宿舍人际关系和谐的阻碍。

三、营造和谐的宿舍氛围

宿舍人际关系是否和谐,关系到大学生能否有愉快的心情度过整个大学生活。想要营造温馨和谐的宿舍氛围,不妨试试以下这些方法:

1.学会宽容大度

和室友理念不合或产生分歧时,要多一点包容。来自五湖四海的几个人能相聚到一起,这本身就是一种缘分。每个人由于生活习惯、成长环境、经济背景等多方面存在差异,平时的宿舍生活中有些矛盾在所难免。心胸宽广,遇事不斤斤计较,对别人多加理解和包容,有利于营造和谐的宿舍氛围。

2.制定寝室规则

没有规矩不成方圆。集体生活不可能迎合每个人的独特习惯,只有根据实际情况,制定规则,统一管理,才能让宿舍关系稳定良好。相互协调,互相体谅,达成约定并制定相应的规则,有利于营造出和谐温馨的宿舍氛围。

3.学会理解别人、换位思考

集体生活不能一切以自我为中心,不顾及他人感受。凡事要多站在别人的角度考虑问题,学会体谅对方、理解他人。人际交往中发生的很多争执与困惑,往往是由于每个人只考虑自己的感受,只站在自己的角度看待问题造成的。实际上,很多事情如果能够换个角度思考、多为他人想一下,便能豁然开朗。

4.学会感恩

俗话说:"滴水之恩,当涌泉相报。"人要心存感恩。要学会感恩室友的付出,要记住,没有人有义务为你服务,不要把别人的友善当作理所应当。社会心理学把人的社会行为分为两类,一类是社会侵犯行为,另一类是亲社会行为。人类的亲社会行为是指任何自发性地帮助他人或者有意图地帮助他人的行为。在寝室生活中要多想一想自己能为别人做些什么,而不是总想着别人应该为我做点什么,学会助人为乐,这样自己也会在帮助别人的时候收获快乐,提升自我价值。

5.沟通交流

沟通是调节矛盾的最佳捷径,人与人相处,及时沟通非常重要。每个人都有自己的事情要做,每个人都有自己要承担的责任。人的精力是有限度的,不必花心思去猜测别人,有心结了就及时说开,有矛盾了就好好沟通,有误会了就及时化解。沟通犹如一道桥梁,及时有效的沟通能增进彼此的感情,有利于理解彼此的想法与感受,消除彼此间的隔阂与抱怨。

心灵疗愈坊

清代大学士张英的老家桐城的官邸与邻居家院落之间有条巷子,供双方出入使用。后来邻居要建新房,想占这条路,张家人不同意。双方争执不下,将官司打到当地县衙。县官考虑到两家人都是名门望族,不敢轻易了断。这时,张家人一气之下写了封加急信寄

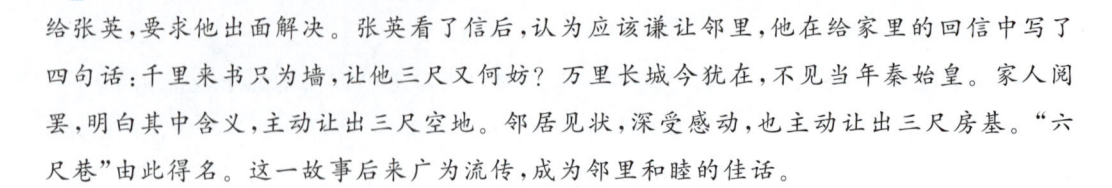

给张英,要求他出面解决。张英看了信后,认为应该谦让邻里,他在给家里的回信中写了四句话:千里来书只为墙,让他三尺又何妨?万里长城今犹在,不见当年秦始皇。家人阅罢,明白其中含义,主动让出三尺空地。邻居见状,深受感动,也主动让出三尺房基。"六尺巷"由此得名。这一故事后来广为流传,成为邻里和睦的佳话。

四、人际交往的技巧

人际交往是一种技能,也是一门艺术,掌握一些人际交往的技巧,会使我们在处理人际关系的时候如鱼得水,这能够提升个人魅力,提高自己的情商,也有助于实现自己的目标。

1.适度使用印象管理

印象管理是指一个人有意识地通过一定方式影响别人对自己形成的印象的过程,以确保别人对自己做出愉快的评价,形成良好的印象。好的印象管理是人际交往的敲门砖。在日常生活中,可以适当利用印象管理来提升他人对自己的看法,促进人际关系的发展,增加社交的成功率。但是自我印象管理要适度,不要给自己树立过多的"人设",过分的印象管理会使"人设崩塌",使好的印象管理变质,变成虚伪、欺骗,影响人际关系的维持。

社会心理学家提出了 SOLER 模式,该模式可以帮助我们建立良好的第一印象。SOLER 模式:①S 表示坐或站要面向别人。②O 表示姿势要自然开放。③L 表示身体要微微前倾。④E 表示要有目光接触。⑤R 表示要放松。在人际交往中,按照这一模式来表现自己,将会给自己的印象加分。

2.认真倾听

大自然赋予我们人类一张嘴、两只耳朵,就是让我们多听少说。倾听是一种平等而开放的交流。认真倾听是建立良好人际关系的开端。人与人相处在于尊重,在于理解,倾听则是尊重与理解的前提。在人际交往中,有时听比说更重要。在别人说话的时候要放下手机,专心去听,不随意打断别人的话,适当给予对方一些回应,比如点头、微笑,也可以是简短的语言回应,如"嗯""然后呢""听起来确实不错"等,并在没有听懂的时候礼貌地询问对方真正的意思,避免引起不必要的误会。专注的倾听可以使说话者感到被尊重,受重视,也会使说话者愿意表达自己的想法,产生良好的沟通效果,拉近彼此的距离,增进彼此的感情。

3.真诚赞美

每个人都有渴望被别人认可和赞美的心理需要。赞美可以激发一个人身上的能量,调动其积极性。美国心理学家威廉·詹姆斯有句名言:"人性最深刻的原则就是希望别人对自己加以赏识。"我们要学会发现别人身上的闪光点,及时进行肯定与赞美,这有利于人际关系的发展。不仅如此,我们还要学会赞美的方法,如果方法不合适,会给人一种虚伪讨好的感觉,这反而会引起对方的尴尬与不适。真正的赞美应该是真诚的,对人、对事的具体赞美,比如赞美对方的特长,或者赞美某个班委为班级付出了大量宝贵的时间,又或者赞美室友帮助自己成长,教会自己某项技能等。不要虚假敷衍,要真心实意地发自内心去赞美别人,这样会使我们与他人相处十分和睦。

这里还要指出一点,与赞美相对的是批评。一般情况下,应多作赞扬,少作批评,批评是负性刺激。通常只有当用意善良、符合事实、方法得当时,才有可能产生积极的效果,才能促进对方的进步。批评时应注意场合与环境,应对事不对人。金无足赤,人无完人,不能因为一次错误对一个人进行全盘否定,这是不合适的。

4. 学会拒绝

有调查发现,如果一个人学会合理地拒绝,就能减少生活中 90% 以上不必要的麻烦,并减少大量的个人时间和精力上的浪费。我们在人际交往的过程中,要学会适当拒绝。很多时候,我们生活中出现的烦恼来源于我们不懂拒绝,总是担心因为拒绝别人会破坏人际关系,失去友谊,所以不敢开口说"不",从而被迫做许多自己不愿意做的事,委屈自己。实际上,每个人都有权利拒绝。每个人因为自身的能力、时间、精力等原因会受到很多限制,不可能做到所有的事,这时候就要学会拒绝一部分自己不想做或没有时间去做的事。但如果用不恰当的方式拒绝别人,就会给人带来伤害,这可能引起对方的不满与怨恨,导致出现人际冲突,甚至人际关系的破裂。拒绝是有技巧的,我们要学会用合适的方法去拒绝别人。这里给大家提供几种参考方法:

(1) 不要轻易拒绝。有时候轻易拒绝别人,会失去许多帮助别人和获得友谊的机会。太随便地拒绝,别人会觉得你并不重视他,容易造成反感。

(2) 不要无情拒绝。无情拒绝意味着表情冷漠,语气严峻,毫无通融的余地,这会令人难堪,甚至反目成仇。一个盛气凌人、态度傲慢不恭的人,任谁也不会喜欢亲近他。

(3) 学会委婉拒绝。真正有不得已的苦衷时,如果能委婉地说明,以婉转的态度拒绝,别人也会理解和感动。要表露出一种很乐意帮忙,却因为能力不足或其他实际的原因使得自己无法帮助对方的态度。如:"对不起,虽然我很想帮你,但是这件事我确实能力有限,爱莫能助,如果以后有其他需要还可以来找我。"

实训中心

进行"优点轰炸"活动。

活动规则:

1. 将参加的同学分成若干小组,每组 5～10 人左右,围成一圈。
2. 请每一位成员轮流坐或站在圆圈内,其他成员轮流说出他的优点及令人欣赏之处

(如性格、相貌、处事风格……),然后被赞美的成员说出哪些优点是自己以前察觉的,哪些是不知道的。

3.要求必须说优点,态度要真诚,努力去发现他人的长处,不能毫无根据地吹捧,因为这样反而会伤害别人。

4.参加者要注意体验被人赞美时的感受如何,思考怎样用心去发现别人的长处,怎样做个乐于赞美别人的人。

5.活动结束后交流分享活动感悟。

智慧起航

1.生活中总有一部分人由于各种各样的原因不好意思拒绝别人,如果你身上有这种特点,请你结合本节课内容,想一想怎么让自己学会说"不"呢?

2.想一想自己身上能够吸引别人与自己交往的特点有哪些。再想一想当你觉得痛苦时,你最想与谁倾诉。

心灵疗愈坊

书籍《非暴力沟通》由马歇尔·卢森堡著。著名的马歇尔·卢森堡博士发现了神奇而平和的非暴力沟通方式。非暴力沟通能够疗愈内心深处的隐秘伤痛,超越个人心智和情感的局限性,帮助人们扭转负面的思维趋势,用温和的方式化解人际冲突,以维持轻松和谐的人际关系。

知识小铺

1.人际关系是指在社会生活和实践活动中,通过交往而形成的人与人之间的心理关系。

2.人际交往是人与人之间通过一定的方式和手段进行接触,从而在心理和行为上发生相互影响的过程。

3.人际关系有信息交流、心理保健、认识自我、团结合作和激励自我发展的功能。

4.人际关系的原则有平等原则、真诚原则、信用原则、宽容原则、交换原则、交互原则、自我价值保护原则和情境控制原则等。

5.良好的人际关系有利于身心健康发展,也是人成功成才的重要保证。

6.人际关系的影响因素有接近性、相似性、互补性、外表因素、个性和能力因素等。

7.人际关系中存在的心理效应有首因效应、近因效应、光环效应、刻板印象、投射效应、南风效应、登门槛效应和阿伦森效应等。

8.人际关系中存在着黄金法则和白金法则。

9.人际关系中有四种距离:亲密距离、个人距离、社交距离和公共距离。

10.大学生常见的人际问题表现为不敢交往、不愿交往和不会交往。

11.宿舍矛盾类型主要有由嫉妒、猜疑等不良个性心理造成的宿舍矛盾、由家庭环境差异产生的宿舍矛盾、由个人不良生活习惯产生的宿舍矛盾、由于划分小团体导致的宿舍矛盾以及由于兴趣爱好不一致导致的宿舍矛盾。

12.我们可以利用人际交往的技巧去调节和维持人际关系,主要有:印象管理、认真倾听、真诚赞美、学会拒绝。

遇见更好的自己
——感恩练习

第十一章 亲密关系

心理学家埃里克森将人生分成八个阶段,不同阶段有其对应的阶段任务。其中成年早期(18～25岁)个体的发展任务是寻求亲密与承诺的关系,爱情的满足使人产生亲密感,反之则产生疏离感。大学生处于青春期向成年初期的过渡阶段,在这一阶段大学生要建立亲密关系,避免孤独。因此爱情无疑是大学生们最为关注的话题之一。大学生由于心理并不十分成熟,对爱情的实质理解不十分透彻,会产生很多恋爱中的困扰。面对恋爱中的困扰,应该怎么做呢?现在让我们一起走进本章的学习,一起来认识真正的爱情,学会应对恋爱与性心理问题,树立健康的恋爱观。

学习目标

1. 了解爱情的含义。
2. 了解大学生恋爱的发展阶段和意义。
3. 了解常见的恋爱困扰并掌握其调适方法。
4. 掌握大学生性心理常识。

第一节 关于爱情

烦恼杂货铺

在大学,很多学生享受着所谓青涩而又懵懂的爱情。只不过,甜蜜的关系里往往隐藏着大大小小的矛盾、冲突,有的大学生建立恋爱关系后,一心只顾着恋爱,渐渐沉湎于感情的缠绵,从而暂时忘记了自己当前最应该做的事情,而将时间过多地花在对方的身上,无法专注于学习,失去了自己最初的目标;有的大学生遇到了心仪的对象,却不知道如何去表达自己的感情,每天很苦恼;有的大学生不理解爱情的真谛,看着别人陆陆续续有了恋人,自己也不甘落后,盲目地追求爱情;还有的大学生因为失恋变得抑郁、消沉,陷入痛苦中不能自拔,甚至伤害自己;等等。

你是否因为爱情而烦恼呢?你认为爱情的真谛是什么?

知识直通车

一、爱情的含义

(一)爱情是什么

都说人生如花,爱是花的蜜。爱情是人类永恒的话题。古往今来,不同的人对爱情有不同的解释,我国古代许多诗词都有对于爱情的描述。比如,《诗经》中记载"死生契阔,与子成说。执子之手,与子偕老",表达了对爱情坚定专一的态度;《白头吟》中有一句"愿得一心人,白首不相离",道出了作者卓文君对于爱情的高尚态度;"衣带渐宽终不悔,为伊消得人憔悴"描绘了热恋中情人的相思之苦;"问世间情为何物,直教人生死相许"表达了对感情的执着与真挚;等等。现代作家张爱玲在其散文《爱》中有一段话令人印象深刻:于千万人之中遇见你所遇见的人,于千万年之中,时间的无涯的荒野里,没有早一步,也没有晚一步,正巧赶上了,那也没有什么别的可说,唯有轻轻问一句:"哦,你也在这里吗?"心理学家弗洛姆曾说:"爱是我们对所爱者的生命与成长的互动关切,没有这种关切就没有爱。"

爱情究竟是为什么呢?实际上,爱情是人际吸引最强烈的形式,是指两个人基于一定的社会基础和共同的生活理想,在彼此心中形成的相互倾慕,并渴望对方成为自己终身伴侣的一种强烈、持久的真挚感情。

心理学家弗洛姆将爱情分为两种:一种是不成熟的爱,遵循的原则是我爱,是因为我被人爱。表现出来的是一种"我爱你,因为我需要你"的爱,是一种幼稚、如孩童般索取的爱。实际上,很多人的爱情都属于这类,常常会出现:如果你爱我,你就应该给我说晚安;如果你爱我,就应该猜到我喜欢什么礼物;或是没有你,我就做不了其他的事。诸如此类,都是不成熟的爱,是一种婴儿般的索取,而不会付出。总是在这种模式里,爱情很难维持长久。另一种是成熟的爱,遵循的原则是我被人爱,是因为我爱。表现出来的是一种"我需要你,因为我爱你"的爱,如父母般给予的爱。其实,成熟的爱才是真正的爱,其本质是给予而并非获取。属于这类爱情的人们会心甘情愿地付出,用心去呵护彼此的感情,而不是为了在感情中索取好处,也不会以爱的名义去束缚和强制对方,会给予对方尊重。拥有成熟的爱情,才能使彼此的感情稳固、坚定,两个人才能走得长远。如果现在的你正处于恋爱中,不妨问问自己的内心,你是因为什么才会跟对方在一起,是因为爱还是仅仅因为内心的需要,要记住只有真爱才能长久,也只有真爱才值得守护。

(二)爱情的本质

爱情,可以说是这个世界上最复杂的情感现象。人类的爱情既有自然属性又有社会

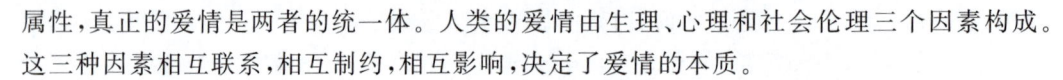

属性，真正的爱情是两者的统一体。人类的爱情由生理、心理和社会伦理三个因素构成。这三种因素相互联系，相互制约，相互影响，决定了爱情的本质。

1.生理因素

爱情的产生基础是人生理上的成熟。在青春期，人的第一性征不断发育，比如男性的睾丸、前列腺，女性的阴道、子宫等。第二性征也在此阶段开始出现，比如男性喉结的发育和女性乳房的发育。第一性征的发育与第二性征的出现使人有了对性的需求与渴望。这种性的渴望和追求满足的意志就是人们追求爱情，以及产生爱的生理基础。

2.心理因素

爱情的心理因素主要是指对伴侣的思想感情和伴侣之间的心理相容，人类爱情生活与动物交配的一个本质区别就是人有感情的存在。人的爱是具有选择性的，这主要是指对建立亲密关系的对象的一种思想感情。因为一个生理正常的伴侣很容易找到，而精神世界相容的伴侣，也就是情投意合的知心爱人却需要认真寻找。爱情必须以思想感情为根本标准。性爱能促进人们追求爱人，建立亲密关系，思想感情则使人们对爱人进行选择，对指定的人表达爱情。

人物风采 ······

有一种爱情和婚姻，叫钱钟书和杨绛

"相识，一眼便一生"，这是钱钟书和杨绛一辈子的爱情和婚姻。

1932年春天，学贯中西的才子钱钟书，与温婉大气的才女杨绛在清华大学第一次见面。钱钟书说："我没有订婚。"杨绛回答："我也没有男朋友。"一段让人美慕的爱情传奇就此拉开了序幕。从这之后，两人经常约会，感情也迅速升温。钱钟书对这段传奇是这样说的："我见到她之前，从未想到要结婚；我娶了她几十年，从未后悔娶她，也未想过要娶别的女人。"

杨绛和钱钟书，其实并不"门当户对"。钱钟书家是旧式家庭，对媳妇自是有颇多的要求；杨绛家是开明家庭，崇尚新式教育，女儿、儿子一样重要，婚姻自主，职业自主。两个家庭的差别不言而喻。但是，杨绛却说："我由宽裕的娘家嫁到寒素的钱家做媳妇，从旧俗，行旧礼，一点没有'下嫁'的感觉。叩拜不过跪一下，礼节而已，和鞠躬没有多大的差别。"

在英国留学时，钱钟书看到杨绛因为不能习惯异国生活而消瘦。从小就笨手笨脚，连火柴都没划过的他，早早就起床，为她做爱心早餐，还用小桌子端到床上去。杨绛感动地说："这是我吃过的最好吃的早餐。"后来，钱钟书将做早餐的习惯延续了几十年，热牛奶，煮鸡蛋，烤面包，一做就做了一辈子。钱钟书孩子气很重，但杨绛从没要求他做个稳重成熟的丈夫。她爱他原本的模样，更努力让他做自己。他笨手笨脚不会干活，经常出差错，但杨绛总跟他说："没关系。"杨绛住院的时候，钱钟书自己照顾自己。结果他没隔两天，就跑去委屈地跟杨绛说，"我打翻了墨水瓶""我弄坏了台灯""我把门弄坏了"……这要是其他人，肯定一下子就发火了。但杨绛总是回答："没关系，等我好了，我来弄。"她用无尽的

温柔去包容这个大孩子,因为她爱他,这些缺点都不是事儿。

杨绛其实出名比钱钟书还早。1942年,31岁的杨绛创作的第一部戏剧一上演,便大获成功,此后更接连创作了许多剧本。当时钱钟书甚至被人介绍为"杨绛的丈夫"。看到妻子取得了成就,钱钟书也不甘落后,燃烧起创作的欲望。他对杨绛说:"我想写一部长篇小说。"杨绛听到后特别高兴,让他减少授课,赶紧动笔专心写。另一方面,她为了节省开支,辞去女佣,自己默默包揽了所有的家务活,没有一句抱怨。花了整整两年的时间,钱钟书的《围城》成功问世。钱钟书在《围城》的序中说,正是因为杨绛女士的不断监督,替他挡了许多的事情,此书才可以很好地完成。

钱钟书曾对杨绛说:"从今以后,咱们只有死别,不再生离。"

当钱钟书在病中时,杨绛向老天祈祷:照顾人,他不如我,我只愿比他能多活一年。青年时的一见钟情,中年时的相濡以沫,老年时的生死离别,这条路漫长艰辛,难以与外人言说。而这份浓烈但简单的爱情,就叫钱钟书和杨绛。

(来源:兰心书院)

3.社会伦理因素

爱情必须受社会伦理规范的约束和通过一定的社会形式才能实现。这是因为:一是人与人之间的爱是在社会交往过程中形成的。否则,既不会产生爱情,也不会进行爱的交往。二是人们的爱情生活受法律和道德的制约。恋爱中的男女要遵守道德和法律规范,否则会受到舆论的指责,如果触碰法律,还会承担相应的法律责任。三是爱情生活所采用的形式具有社会性。与其他生物不同的是,人们的衣食住行等需要是以人们的社会活动为基础的,恋爱也是一样,要通过合法合理的方式来进行恋爱,结成夫妻,共建家庭。

(三)爱情的理论

许多研究者对爱情展开研究,将爱情划分为不同种类。这里给大家介绍三种与爱情有关的理论:斯滕伯格的爱情三角形理论、李氏爱情风格理论以及爱情依恋理论。

1.斯腾伯格的爱情三角形理论

美国心理学家斯滕伯格通过实验研究的结果提出了爱情三角形理论。他认为爱情由三个基本成分组成:亲密、激情和承诺,并把这三种成分形象地比喻为爱情三角形的三个顶点,如图11-1所示。

(1)亲密:指在爱情关系中能促进两个人喜欢、亲近、结合等体验的情感,比如对爱人的欣赏与赞美、心与心的沟通、对爱人的关怀与照顾等。

(2)激情:指能引起浪漫恋爱、体态吸引、性完美及爱情关系中其他有关现象的一种驱力,是一种情绪上的着迷,受到个人外貌和内在魅力的影响。

(3)承诺:是个人对爱人做出的口头或内心的承诺,体现个人对爱的预期,是爱情里最理性的成分。

亲密是"温暖"的,激情是"热烈"的,承诺是"冷静"的,三种成分就像三原色一样,构成了七种爱情类型。

(1)喜欢式爱情:只有亲密,没有激情和承诺,是一种像友谊般的爱,在一起感觉也可

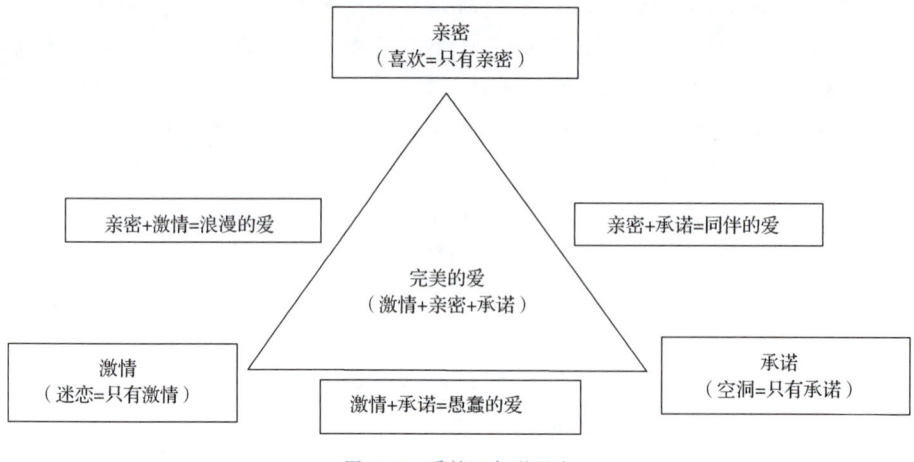

```
                    亲密
               （喜欢=只有亲密）

    亲密+激情=浪漫的爱                      亲密+承诺=同伴的爱
                    完美的爱
               （激情+亲密+承诺）

    激情                                    承诺
（迷恋=只有激情）   激情+承诺=愚蠢的爱    （空洞=只有承诺）
```

图 11-1　爱情三角形理论

能会很舒服，但是觉得缺少激情，也不一定愿意厮守终生。显然，友谊并不是爱情，喜欢并不等于爱情。

（2）迷恋式爱情：一见钟情式的爱情，只有激情，没有亲密和承诺，缺少对长远的规划，是像初恋般的爱，是一种青涩的爱情。

（3）空洞式爱情：只有承诺，没有亲密和激情，是一种缺少情感体验的爱情，如包办式婚姻、丧偶式婚姻以及单纯地为了结婚而建立的爱情（一部分相亲建立的爱情就属于此类型），这种爱情看上去长久，但却缺少重要的元素，表面光鲜亮丽，实际内部枯燥乏味，没有任何亲密感，像是一种名存实亡的爱情。

（4）浪漫式爱情：只有亲密和激情成分，缺少承诺，这种爱情只注重过程，不管结果，只在乎曾经拥有，不在乎天长地久。部分同学刚进入大学时期的爱情就属于这种，不考虑将来，只在乎当下是否拥有彼此，是否得到心仪的爱人，不够成熟，也缺乏责任。

（5）愚蠢式爱情：只有激情和承诺，没有亲密。这种爱情受身体容貌等内外因素的吸引，但缺少信赖和依赖。这种爱情常见于网恋或是以性为开端的爱情，由于这种爱情里没有亲密成分，爱人之间没有信任和依赖，承诺也就没有了保证，变成了空话，这种爱情很容易出现出轨、分手等问题。

（6）同伴式爱情：只有亲密和承诺，没有激情。这种爱情里的激情部分不是缺失，而是随着时间流逝、热情退却后，形成的一种平和的情感依赖，往往体现在中老年夫妻中，两个人的爱情慢慢转变为亲情，成为一种长久的友谊陪伴。

（7）完美的爱情：由亲密、激情和承诺三种成分构成，是一种最理想的爱情。

真正的爱情是需要有勇气、有能力去进行的。美好的爱情是需要呵护的，现实中想要拥有完美的爱情，需要从恋爱初期开始到两个人结为夫妻，再到两人相守一生，共同变老的整个过程中，每个阶段都用心去经营和呵护两个人之间的感情。在这一过程中，双方都要花费一生的精力去维持这段亲密关系，让爱情永远保持活力，而不是慢慢变成搭伙过日子。

2.李氏爱情风格理论

加拿大社会学家李·约翰（John Lee）认为爱情的三原色是"激情""游戏"和"友谊"，

这三种颜色的不同组合便构成爱情的不同形式:占有型爱情包含激情和游戏的成分;利他型爱情包含激情和友谊的成分;实用型的爱情包含游戏和友谊的成分。基于此,他总结出爱情的六种类型:

(1)激情型:这类爱情风格是指一个人所追求的爱人在外表上酷似自己心目中已存在的偶像。这类爱情风格中的人在恋爱中会有很强的情绪经验,追求罗曼蒂克的气氛,同时也对美貌和身材十分重视,很相信一见钟情。

(2)游戏型:指逢场作戏、玩世不恭的花花公子式的爱情。这类爱情风格的人喜欢玩弄感情,明明知道自己不喜欢对方,但仍与之经常往来。

(3)友谊型:是一种缓慢地发展起来的情感与伴侣关系。这类爱情是以彼此照顾为基础,会随着对另一方的尊重和关心而增进彼此的感情。

(4)占有型:指那种以占有、忌妒、强烈情绪化为特征的爱情。这类爱情是一种焦虑的爱情,此种爱情风格的人具有强烈的占有性和强迫性,并担心被对方抛弃。

(5)利他型:这类爱情也可称为无私的爱,在这种爱情之中,爱被视为他(她)的义务,并且是不图回报的。此类爱情中的双方具有密切的关系,都认为应该运用自己的力量帮助对方渡过难关。

(6)实用型:这种爱情是务实的或功利的,它基于的信念是一种关系必须有用处,会把对方的家庭、地位以及其他客观情况都考虑在内。

实际上,每个人不一定在其所有的爱情关系之中都表现出同一种风格。也就是说,不同的关系会唤起不同风格的爱。即使在同一关系中,人们的爱情也有可能随着时间的推移而从一种风格转向另一种风格。

3.爱情依恋理论

心理学家鲍比尔(Bowlby)根据对离开照顾者(通常是母亲)的婴儿或儿童行为的长期观察,提出了依恋理论。他认为早期的亲子关系的经验形成了一种"内部工作模式",对以后的其他关系,尤其是亲密关系起到重要的作用。他认为所有重要的爱的关系(包括与父母、与恋人)都是依恋关系。依恋是婴儿和其照顾者(一般为母亲)之间存在的一种特殊的感情关系。人们普遍认为,依恋是人类适应生存的一个重要方面。因为它不仅提高个体生存的可能性,而且建构了个体终生适应的特点,帮助个体终生向更好适应生存的方向发展。

阿藏(Hazan)和谢弗(Shaver)将成人的爱情视为一种依恋过程,也就是说当伴侣间建立亲密关系时就如同儿童与其父母双亲建立情感联结的过程是一致的。在成人依恋风格上,早期研究者大多依据儿童依恋中的三种模式来进行分类,分为安全型依恋、回避型依恋和矛盾/焦虑型依恋。

(1)安全型依恋:我感觉自己容易与别人亲近,也容易和别人互相依恋。我不担心遭到伴侣的抛弃,也不会因为伴侣与我关系太过亲密而感到紧张。

(2)回避型依恋:和别人亲近会让我感到不自在。我很难完全信任别人,也不愿依靠别人。如果别人和我太亲近,我会紧张。我的恋人经常想更接近我,这让我不耐烦。

(3)矛盾/焦虑型依恋:我喜欢亲密的关系,可是别人似乎不太喜欢。我经常担心恋人不真心爱我,还担心对方会甩掉我。我渴望完全融入恋人的生活,但是这种想法让对方感到害怕。

后期又有研究者将成人依恋分成四种类型：安全型（secure）、冷漠型（dismiss）、关注型（preoccupied）和恐惧型（fearful）。

（1）安全型：这种类型的人认为自己是值得爱的，认为别人也是值得爱和信任的，对自我和他人所持的观点都是积极的，他们对于依靠别人感到舒服，同时也乐意让别人依靠自己。

（2）冷漠型：这种类型的人对于和他人亲近或信任他人感到非常不舒服，对他人持消极的观点，但对自己持积极的观点，认为自己是有价值的，但认为他人会拒绝自己。这种类型的人会以避免与他人建立亲密关系来保护自己不受伤害。

（3）关注型：这种类型的人认为自己是不值得爱的，但他人是可接受的，对自我持消极的观点，对他人持积极的观点。这种类型的人总是在努力赢得他人的接纳，他们在依恋关系中显得过分小心警惕，在情感上依赖于他人的认可，经常让人觉得"黏人"，他们的自尊心通常比较弱，容易感到沮丧，更多地关注负面的情感。

（4）恐惧型：这种类型的人在渴望亲密的社会接触方面和关注型个体有很多相似之处，然而由于害怕被拒绝，他们最终抑制了自己的这种渴望，对自己和他人的态度都是消极的。这种类型的人可能会因为害怕他人拒绝自己而避免与他人建立联系。

虽然依恋理论有其不足之处，不能概括所有的爱情关系，但是它整合了生理心理学、发展心理学、认知心理学等理论的研究成果，有助于我们了解恋爱背后的心理和行为模式，可以帮助我们更好地经营我们的感情。

二、大学生的爱情

（一）大学生的恋爱发展

恋爱是大学生生理与心理发展的共同结果。在人生的不同阶段，不仅人的生理过程不断在变化，人的心理过程也会随之变化，是动态发展的过程。因此，大学生的恋爱心理也不是静止不变的，而是一个发展的过程。大学生恋爱可分为五个阶段：萌芽期、初恋期、热恋期、调适期、稳定期。

1. 萌芽期

大学生恋爱意识从中学开始出现。但那时候由于学业任务重，学习压力大，以及家长的严格要求等原因使很多大学生没时间也没精力去恋爱。上大学后，心理负担较高中少了一些，很多大学生开始有意识地去选择交往对象，渴望与之建立亲密关系。大学生从家来到大学，离开了熟悉的父母和朋友，内心会产生孤独感，渴望与人亲近，也会因此渴望找到自己的"王子"或"公主"，开始为恋爱作考虑。

2. 初恋期

大学生恋爱意识出现后，如果遇到有好感的对象，便会与之进行交往。在交往的一段时间里，交往双方都体会到了愉悦感，产生情感的依恋，觉得自己确实找到了理想的伴侣时，就开始了初恋期。

3.热恋期

在初恋期的基础上,恋人之间进行了真挚的情感交流,爱情得到了进展,两人感情也迅速升温,也就是到达热恋阶段。绝大多数处于热恋期的男女是不理智的,思维是单向的,只看到对方的好,认为爱人是完美的,没有任何缺点。"情人眼里出西施""一日不见,如隔三秋"都是这一阶段的典型反应。在这一阶段,恋爱双方会因感情升温,而缺少理智思考,很容易冲动,可能会发生越轨的行为,对行为后果也不能冷静处理。

4.调适期

热恋是甜蜜的,热情退却后,双方慢慢冷静下来,就会进入一个调适期,也就是我们常说的"磨合期"。在这一阶段,双方在前期的相处与了解的基础上,通过继续深入交流,会发现对方身上不只有优点还有一些缺点,会根据优缺点冷静分析和判断,思考是否要继续进行这段感情,也会对恋人是否适合自己做出思考与评价。因此,在这一阶段恋爱双方会因为意见不统一、沟通方式有问题等各方面因素产生冲突,发生争吵,感情会有所波动,高低起伏。

5.稳定期

在调适期的恋人,如果交往双方在有分歧和争论的时候能有效沟通,妥善解决,实现意见统一,经过冷静和理性思考,觉得有必要继续这段感情,那么就会顺利到达稳定期。在这一阶段,恋爱双方思考问题较为冷静、理智,遇事处理比较周全,感情也较为稳定。在恋爱中,如果双方都能做到既爱慕、欣赏对方的优点与特长,又包容和接受对方的缺点与不足,心平气和地解决矛盾,不影响彼此的感情,就会慢慢从恋爱阶段发展到家庭角色扮演阶段,再不是只追求浪漫,会思考生活中的柴、米、油、盐,为以后的婚姻阶段打基础,做铺垫。反之,如果两人经过思考对彼此做出了否定的判断,觉得对方不适合自己,就会导致感情破裂,结束感情。

(二)大学生恋爱的意义

爱情是人的一种高级情感体验,是人的精神生活重要的组成部分。雨果曾说过,"人生有两次出生,头一次是在开始生活的那一天;第二次是萌芽爱情的那一天。"爱情是人生活中不可或缺的一部分,在大学如果建立健康的恋爱关系,对大学生身心健康和人格发展等都有显著的作用。

1.恋爱是学习建立亲密关系和逐步培养爱情的过程

谈恋爱是两个人之间建立亲密关系的一个过程,这个过程既甜蜜又苦涩,既有热情也有责任。在恋爱中,两个人要学习如何经营自己的感情,学会沟通、理解、包容、体谅,要努力让恋爱关系稳定牢固。在恋爱的过程中也让自己变得成熟了。在恋爱过程中,爱情要巩固和发展就需要不断地培养。时间久了,热情退却,爱情就会变得平淡,但这不代表感情变淡,而是在爱情中,亲密和承诺多了,激情少了。在恋爱过程中,可以不断沟通和交流彼此的想法,不断探索如何让爱情保持长久,给爱情注入新活力,更好地维持两人之间的感情,体验建立亲密关系的快乐。

2. 恋爱是自我认识与成长的过程

法国作家莫里哀有句名言,"恋爱是一所学校,教我们重新做人!"这种美好的高级情感可以帮助人们改变趣味,升华人格,开发潜能,促进认知,使人们乐于承担责任。一方面,通过恋爱,可以更好地认识自己。在恋爱过程中,彼此就像一面镜子,能够看到别人眼中的自己。换句话说,交往双方能够在恋爱关系中,通过对方对自己的评价提高自己对自己的客观认识,对自己的真实情况有更全面的了解,可以在这一过程中发掘自己的优点,改正自身的缺点,完善自我,使人格也有所成长,个人也会因为恋爱变得成熟,得到发展。另一方面,恋爱也会让人更加坚定信念,更有理想,因为两人的爱情是内在依据,爱情是感情的交融,双方互相影响,彼此志趣得到认同,人格上互相映衬,从而形成双方的共同理想。

3. 恋爱可以增强个人的社会责任感

恋爱可以增强个人的社会责任感。恋爱会让一个人不断成长与进步,从幼稚走向成熟。如果真的爱一个人,就会自然而然地想要为对方付出,并要对其负责,从而增强社会责任感和道德意识。

4. 恋爱可以使双方互相鼓励,共同进步

健康的恋爱可以帮助双方成长、进步,双方可以为了共同的目标努力奋斗,在学习上互相鼓励,互相扶持,资源共享,优势互补。这时候的爱情就不再只是两人情感上的依恋,还成为两人进步的动力。

总之,如果大学生在大学可以建立健康的恋爱关系,有助于他们的身心健康发展,提高他们的自我意识水平,促进他们的人格成长。也可以通过恋爱,使两个人拥有共同的理想与目标,互相鼓励,共同进步。

第二节　大学生常见的恋爱困扰及调适

烦恼杂货铺

思思,大一女生,面容姣好,家庭经济条件一般。她刚上大学时,在参加社团活动中与比自己大一届的学长互有好感,并开始交往,但交往一段时间后却被对方提出分手。现在该男生又交了一个新的女朋友,在校园里、社团活动中思思经常会遇见他们,这让思思觉得是因为自己不够优秀才让对方爱上了别人,因此十分苦恼。

这是一例由于大学生恋爱受挫引起的心理问题。思思对分手存在认知偏差,将分手归因于自己不够好,导致恋人离去。实际上,大学生在分手后要清醒地认识到,失恋只是一种选择的结果,每个人都有选择爱与不爱的权利,分手也不是因为自己不好,而是彼此不适合。要对自己有正确的认识,同时也要摆正爱情的位置,其实爱情不是生活的全部。虽然一段恋情已经结束,但是生活还要继续,要将注意力投入到有意义的事情上,继续奋

斗,实现自我的价值。

你是否也曾因为失恋而苦恼呢?如何对待已经结束的爱情?除了失恋,大学生的爱情中还存在哪些困扰?

知识直通车

一、大学生常见的恋爱困扰

爱情固然甜蜜,让人向往,但是如果在恋爱中遇到问题处理不当,也会产生很多不良后果,可能会让人痛苦,引发心理问题,甚至会产生极端报复事件。所以大学生在恋爱前要了解恋爱中可能会出现哪些问题,学会正确处理,避免给自己身心造成影响。

(一)单恋

烦恼杂货铺

小帆是一名大一新生。开学不久,他在学院活动中发现大二的一个女生非常漂亮,便沉浸在学姐的美貌里无法自拔。学姐的一举一动都深深吸引着自己,小帆觉得自己爱上了她。此后,不管是上课、吃饭还是做其他事情,小帆都不停地想着她。有时候他也想主动迈出一步,跟学姐表达自己的想法,但是又觉得对方出众,自己却很普通,不敢去表白。偶尔发现学姐对自己笑,小帆会想是不是学姐也对自己有好感。为此他很痛苦,每天都陷入既想表白又不敢开口的矛盾中。

你曾经有过单恋的苦恼吗?该怎样化解这方面的苦恼?

单恋是指人与人之间单方面的爱慕与倾心,由于不被对方知晓和接受而导致的一厢情愿的渴望,它仅仅停留在个体单方面爱恋而无法发展成双方相恋的状态。"落花有意,流水无情"很形象地描述了单相思的特点。大学生单恋现象比较常见,分为两种情况:一种是无理由的单相思,是自己的主观遐想;另一种也叫作爱情错觉,是指在异性间的接触往来关系中错误地认为对方对自己"有意",或者把双方正常的交往和友情误认为是爱情。单相思与爱情错觉都是恋爱心理的一种认知和情感的失误,常常会使当事人想入非非,自作多情。深刻的单恋会使人丧失自尊,不顾人格尊严乞求所恋对象,严重影响自己的知觉判断和选择性,同时也干扰了所恋对象的学习和生活。那么对于这种剪不断、理还乱的单恋,大学生应做到以下几点:

1.客观、理智地对待恋爱问题

对待爱情要进行冷静的思考与分析,学会分清什么是友情、什么是爱情。爱情是排他的,是一对一的。恋爱关系中,一个人只能有一个伴侣,是要对对方负责的。但是友情却不是一对一的关系,一个人可以有很多朋友。除此之外,要通过心仪的对象与自己的互动来思考对方是否对自己有好感,是否可以表达自己的爱意,而不是沉溺于幻想之中。

2. 学会用理智战胜情感

一定要时刻保持理性,对恋爱有清醒的认识,不能被情感冲昏了头脑,只想着倾慕对象,不顾一切,茶不思饭不想,因为单相思而放弃了学习、人生规划等重要的事情。

3. 及时地转移注意力

如果深深陷入单相思之中不能自拔,久而久之可能对身心健康产生危害。可以适当调节自己,不要让自己沉浸在相思的痛苦里,可以给自己找点感兴趣或有意义的事情做,多参加活动,也可以去图书馆阅读,或去操场运动,将自己的注意力从相思中转移出来。

4. 勇于自我表露

学会敢于表达爱,如果确定自己真的爱上对方,要敢于说出口,敢于表达,让对方知道有人爱他/她,这是很有价值的事。

(二)多角恋

烦恼杂货铺

玲玲今年19岁,是某高校大二的学生。玲玲的大学生活过得非常"潇洒",每周末都要出去玩到深夜,或者直接夜不归宿,上大学以来从来没有缺过男朋友,每天都有人嘘寒问暖。

玲玲小时候父母就离婚了,她一直跟着妈妈一起生活,可妈妈的文化程度不高,平时管教她不是打就是骂,甚至还会恶语相向,而且对她的学习要求非常高。玲玲以前的生活过得非常压抑,十分渴望自由和关爱,所以高考后她选择了一个离家很远的大学,逃离自己的妈妈。玲玲刚上大学时,就非常喜欢外面的夜生活,经常和舍友去玩到深夜。因为她长得很标致,所以身边总是有很多男孩子出现,他们还会送她各种各样的名牌包、香水、口红等,慢慢地玲玲开始同时跟几个男孩子纠缠到一起,也陆续与他们发生了性关系。一段时间后,她发现自己肚子经常会有强烈的疼痛感,还会在非经期流血。之后玲玲在朋友的陪同下,去医院进行了详细检查,结果居然是宫颈癌。医生看到玲玲如此年轻,就和她进行了详细的谈话。了解到她的情况后,医生既生气又无奈,她年纪轻轻不懂爱惜自己,现在只能摘除子宫了。

你同学中有与玲玲类似情况的吗?你该怎样帮助他们?

所谓多角恋,是与两个或两个以上的人建立恋爱关系,把爱情当作游戏,广泛选择恋爱对象。这种恋情中的主角谈恋爱就像嬉戏一样,把自己的幸福建立在不尊重他人感情的基础上,既不尊重对方,也对自己不负责。这种恋情中的配角,有的可能蒙在鼓里,有的可能心知肚明,没有放弃对方可能是因为对其有感情,并期待对方能够有一天只爱自己一个人,或者期望其他配角自动退出,成全自己。不管是哪种多角恋,最终的结果都会给人带来难以磨灭的伤痛。无论从哪个角度讲,多角恋都是不被社会道德所允许的,如果处理不好,可能会激化矛盾,产生种种不良后果,比如争风吃醋、大打出手,甚至是报复事件等。

(三)网恋

小阅读

陕西某县的一名男子小郑,通过微信"附近的人"认识了一个名叫萱萱的女孩。照片上的萱萱是一个长腿美女,看上去青春靓丽,让小郑十分心动。他们经过几次聊天,就在微信上确定了恋爱关系。两人交往半年后,萱萱以各种理由向小郑索要钱财,小郑前前后后给她转了八万五千块钱。可当小郑提出要和对方见面时,萱萱却总是找各种借口拒绝。小郑怀疑自己被骗,于是报了警。民警通过调取嫌疑人的微信账户以及绑定的银行卡的信息,确定了嫌疑人的身份,发现嫌疑人竟然是一个年轻的小伙子!

受害人小郑告诉民警,当初的网恋女友告诉他,自己身高一米七,虽然长得漂亮,但家境不好。可谁也没想到,藏在手机屏幕背后的"女友"竟是一个身高一米五左右的男人。

后来,犯罪嫌疑人赵某被刑事拘留。

经常有同学说,"网络一线牵,珍惜这段缘"。现如今随着互联网的普及,网恋早已不是什么新鲜事。网恋是指人们以网络为媒介,借用聊天工具等互相聊天,互相了解,从而相恋。很多人通过微信、QQ、微博、抖音等各种网络平台学习知识,交流思想,沟通感情。在这一过程中,大家逐渐发现,虚拟的网络空间可以满足自己对爱和安全感的需求,便慢慢发展成了网恋。网络虽然给人们提供了更广阔的平台进行交友,人们可以在互联网上诉说衷肠,找到灵魂伴侣,但是由于网络的虚拟性和隐蔽性,网络交友不可避免地会存在诈骗风险,是十分虚幻的。面对素未谋面的网友,我们要时刻保持警惕,有意识地去辨别对方身份,否则可能会被不法分子利用网络骗财骗色,陷入危机。在进行网络社交时一定要记住网络有风险,恋爱需谨慎。

(四)失恋

小阅读

某校大学生童某某(受害者)年仅19岁,与在当地某公司工作的于某(行凶者)分手后,于某声称有衣服等物品要归还,约童某某至某主题酒店见面。晚上七点,童某某在三名女性好友的陪同下,在酒店房间内见到了于某。于某见到童某某后便一再央求复合。由于童某某坚持分手,求和不成的于某用自身携带的刀具抵住了童某某颈部,因用力较大,童某某当场便出了很多血。见此情形,在场的三名女性急忙下楼呼喊工作人员,并拨打了110和120。五分钟左右,当警车和120急救车分别抵达现场时,医务人员发现童某某已经死亡。

失恋是指恋爱关系的中断,是恋爱的一方被另一方终止关系造成的严重挫折,是一种痛苦的情感体验。失恋并非小事，它是日常生活中最有可能遇到的创伤事件，并且会对身心健康造成严重的影响。失恋者的心理可能会经过以下不同阶段的变化：

(1)震惊与不相信阶段：刚失恋时人的第一反应是不相信，不能接受分手这个事实。会寻找各种证据证明爱情依旧存在，比如回顾朋友圈照片，翻聊天记录等去证明对方还是爱自己的。

(2)愤怒与中伤阶段：愤怒是人类的一种基本情绪，失恋者会由于对方未能履行对爱情的承诺而感到生气与被背叛，会怨恨对方，以前对方身上的优点在失恋后也都变成了缺点。

(3)挽回与哀求阶段：当愤怒过后，失恋者在此阶段心情大多是悲伤的，由于自己在经营爱情的过程中付出了很多，所以会尝试去与对方沟通，试图挽回爱情，但结果可能只会让自己更加忧郁、痛苦。

(4)抑郁阶段：在一段时间的沟通无效的基础上，失恋者开始意识到两个人无法回到过去，昔日的美好都成了回忆，开始陷入抑郁与痛苦中。在这段时间里，失恋者可能对任何事情都提不起兴趣，不喜欢与人交流，饮食和睡眠也都会受到影响。

(5)接受阶段：当失恋者在经历一段时间的抑郁与伤心，情绪平复后，会逐渐接受分手这一事实。每个人能够接受分手的时间不尽相同，有的人可能几天，有的人可能几个月甚至几年。

当失恋者接受失恋这一事实后，在心理上或多或少会有些变化：有的人经历一段时间的悲伤和难过后，理智战胜了情感，明白这段感情已经彻底结束，自己要开始新的生活，因此化悲痛为力量，将精力投入到生活和学习中，并调整自己的状态，等待新的爱情出现。有的人虽然表面接受分手事实，但是却无法从悲痛中走出来，一直处于抑郁状态，并会因为恋人的离去而给自己做出负面评价，对分手这一事件做出不恰当归因，认为是自己不好而使对方离去，导致感情破裂，从而变得自卑、沮丧，引发心理危机，严重者可能出现自伤或自杀的行为。还有的人可能由于这段感情付出了自己的青春和心血，自己尽力维护但却未能长久，从而不再相信爱情，会对爱情产生很多错误的认知，比如觉得自己不再会爱上其他人；或者觉得其他人都没有原来的恋人好，从而不再认真对待爱情，开始三心二意，如蜻蜓点水一般与他人只建立短暂的恋爱关系；或者觉得谈恋爱会让自己伤心，再也不想恋爱，觉得自己一个人很好；等等。

既然感情已结束，就要好聚好散。分手后绝不要纠缠不休，不打击、报复、伤害、造谣曾经的爱人，不能因为没有在一起而影响彼此以后的生活，这是成熟的人应有的人格与态度，也是健康爱情的重要原则。因失恋去毁掉自己和对方的人生是极其不理智的行为。要知道爱情不是人生的全部，即便这段感情结束，每个人都有其他重要的事情要做。以后自己会遇到更适合的人，也会有新的爱情出现。

(五)不良动机引发的恋爱困扰

美好的爱情固然令人向往，但好的爱情也不是说有就有的。有的同学确实是在大学遇到了合适的人并与其建立亲密关系，拥有了真正的爱情，在恋爱中收获了快乐与幸福，也有益于个人的健康和发展。但是部分同学恋爱的原因是为了摆脱空虚、寂寞,或是为了跟随潮流等。由不良动机建立的亲密关系很难长久,个人不但不能在这段感情中收获真正的快乐,反而会给自己带来烦恼和困扰,从而引发心理危机。常见的不良恋爱动机有以下几种:

1. 为远离孤独而谈恋爱

在大学,有人说"爱情是空虚的食粮"。大学生来到大学后,离开了家人、朋友的照顾与陪伴,一个人在新的环境里生活与学习,很容易产生孤独感,与此同时,由于独立意识和自理能力还有待提高,也容易受到一些挫折。所以,有的大学生为了远离孤独和摆脱寂寞,急于与异性进行交往,并迫不及待地与对方发展为恋爱关系。当相处一段时间后,发现自己与对方根本合不来,自己也不是真心喜欢对方,便迅速分手。他们闪电般恋爱和分手,恋爱的次数很多,但认真对待的恋爱关系几乎没有。他们拿恋爱当作摆脱寂寞、空虚的药方,但实际上这并不能真正减轻内心的寂寞与孤独。

2. 为与他人攀比而谈恋爱

有的大学生在大学谈恋爱不是为了追求爱情,也不是因为自己孤独,而是因为有从众心理,缺少理性和自主的判断。他看到周围同学有人谈恋爱,特别是一个寝室八个人除了自己,其他七个人都谈恋爱,认为自己也不能落后。有的人甚至认为,如果自己没有谈恋爱,就会被其他同学嘲笑和歧视,所以,他很快就成为追逐爱情大军中的一员。这种为了从众而建立的恋爱关系可能会使彼此缺少心理上的亲密感,也很难体会真正的幸福。

3. 为了满足好奇心而谈恋爱

大学生的生理发展已经成熟,在这一阶段很多同学有对爱情和性知识等方面的好奇,他们有强烈的探索欲望和追求情感体验的冲动。所以,他们很想揭开爱情的神秘面纱,去亲身经历爱情,满足自己的好奇心。一旦有机会可以发展爱情时,即使自己与对方并不是真心相爱,有的同学也会抱着试一试的心态去探索爱情的奥秘。

4. 为了满足娱乐心理而谈恋爱

有的同学在大学是以一种娱乐心理去追求爱情的,他把恋爱视为游戏,他追求爱情的过程是为了给自己增加恋爱经验,寻求刺激,不在意后果,没有责任意识,将不同的女生当成恋爱游戏中不同的关卡,认为恋爱的次数越多,自己越有魅力。对他们来说,谈恋爱是一种享受和消费,不需要承担婚姻的责任。这也反映了个别大学生心理上的不成熟,甚至是病态心理。

大学生虽然大都已经成年,但是由于社会经验缺乏,人生经历也不足,对于自己的感情无法把握,恋爱对有些同学来说可能只是一场游戏一场梦。所以,必须要了解自己谈恋爱的动机,这样才不会盲目追求爱情,也不至于为了恋爱而耽误学业。

二、大学生恋爱的艺术

心理学家弗洛姆说:"爱是一种能力,是一门艺术,也是一个人的终身任务。"好的爱情是需要恋爱双方共同经营与维持的,如果学会爱的艺术,就能让爱情永远充满活力。

(一)树立健康的爱情观

马克思认为,真正的爱情能使一个人成为真正意义上的人。健康的爱情可以让人变得成熟,会促进人的成长。当今社会,大学生谈恋爱的现象十分普遍,与此同时,因为分手而引起的报复事件也不断增加。因此,树立正确的恋爱观是大学生刻不容缓的事情。结合马克思的婚恋观,我们认为正确的爱情观应有以下几点:

1.提倡志同道合的爱情

爱情应该是把具有一致的思想、共同的信仰和追求放在首要地位,把心灵美好、情操高尚、心理相融作为择偶的第一标准的。爱情是自然属性和社会属性的统一体,是理想、道德、义务、事业和性爱的统一结合。单纯地为满足性欲而建立的感情是庸俗主义的爱情。马克思认为性行为是真正的人的机能,但是,如果这些机能脱离了人的其他活动,并使它成为最后的和唯一的终极目的,那么,在这种抽象中,它就是动物的机能。爱情不仅包括基于自然属性的性爱,更包括基于社会属性的其他内容,社会属性制约和净化着自然属性,使之发展成为理性的人类感情。

2.摆正爱情与学业的位置

大学生要以学习为重,摆正爱情与学业的位置,不能为爱情放弃一切,把宝贵的时间都用来谈恋爱,从而荒废了学业。学业与毕业紧密相关,关乎自己的未来就业,是自己在社会上生存的基础,物质基础决定上层建筑,没有物质基础,爱情也很难得到保障。

3.懂得爱情是理解、责任和奉献

恋爱是两个人共同的事,要互相理解,互相包容。在恋爱中学会理解别人,多换位思考,可以营造一种轻松、愉悦的氛围,使彼此能真心交流与沟通,不再拘谨和约束。爱情不是索取,而是给予,这才是成熟的爱情。双向奔赴的爱情才会牢固稳定,才能长久。

4.谈恋爱要以平等互爱为前提

马克思说:"我们现在假定人就是人,而人对世界的关系是一种人的关系,那么你就只能用爱来交换爱,只能用信任来交换信任,等等。如果你想得到艺术的享受,那你就必须是一个有艺术修养的人。如果你想感化别人,那你就必须是一个实际上能鼓舞和推动别人前进的人。你对人和对自然界的一切关系,都必须是你的现实的、个人生活的、与你的意志的对象相符合的特定表现。"所以,爱情面前,男女平等,无论是哪一方都不要觉得高人一等。我们要得到对方的爱意,就应该学会去爱对方。同时,爱情也不是一个人的事,如果只有一方爱着另一方,只有一方在付出,那么这其实是一种单向奔赴,不能称之为真正的爱情,这种感情势必会带来很多问题。

5.谈恋爱要真诚、坦白、互相尊重

恋爱时要诚实、礼貌、谨慎、风趣,坦白地向对方说明自己各方面的情况,使对方对自己有一个全面的了解与认识。用隐瞒和欺骗的手段去博取对方的爱情终究是要失败的。而一经建立恋爱关系,就不要三心二意,要尊重对方的人格和感情。

(二)掌握爱的语言

心理学家的研究发现,一段轰轰烈烈的恋情,平均寿命是两年。一旦热情消退,进入到现实的婚姻中,个人真实的愿望、情绪和行为模式,就会现出原形。

在美国婚姻辅导专家盖瑞·查普曼博士看来,想要到达百年好合的境界,根本不能靠运气。他发现纵然示爱的方式有一万种,如果用错了地方,也是毫无用途。掌握婚姻中沟通的技巧,最关键的就是要了解爱。爱的语言可以归为五种:肯定的言语、精心的时刻、接受礼物、服务的行动和身体的接触。

1. 肯定的言语

赞美的力量是超乎我们想象的。卡耐基曾提到:"与人相处的最大诀窍是给予真诚的赞赏。可以说,赞美别人加上你聪明的脑袋和实干的精神,你的事业就成功了一半。"每个人都需要得到尊重与肯定,恋爱中的男女也是如此。在恋爱中,彼此要不吝啬赞美的言语,及时对爱人进行表扬与鼓励。但是要用合适的方法,不要敷衍虚伪,也不要过分夸张,真心去赞美爱人,会激发爱人更大的潜能,给爱人强大的力量。

2. 精心的时刻

精心的时刻意味着某一时刻给予对方全部的注意力。情侣在恋爱初期和稳定期表现有很大差异。刚在一起的情侣会彼此关注,而时间一长则会各自做各自的事情,他们在一起时可能会关注手机而不是关注爱人。所以精心的时刻,应该是两个人一起做双方或一方喜欢做的事情,并让对方感觉到关心与在意,比如一次全神贯注的交谈,一次浪漫的晚餐,一次手拉手的散步,一次期待已久的旅行,等等。活动的形式并不是重要的,重要的是花时间、花心思去让对方感受到被关注与重视。

3. 接受礼物

礼物是思念与爱的视觉象征。礼物会给爱情增加仪式感。礼物无须特别贵重,可以是自己买的、做的,只要是用心的就能让对方感受到爱意,并提醒对方"我还爱着你"。赠送礼物会使感情升温,满足人们被爱的需要。如果你的恋人所需要的爱语是接受礼物,你可以在生活中做一个有心人,留意听恋人说自己喜欢什么礼物,或者通过观察恋人收到礼物后的反应,来判断恋人喜欢的礼物类型,并用心记录下来,在适当的时候买来送给他/她。

4. 服务的行动

这里的服务包含了所有对伴侣表达爱的行动。在亲密关系之中,当一方有意识地去为对方进行服务时,对方会觉得愉悦,也会从中感受到爱意。在恋爱中的人要学会去为恋人服务,而不能一味地享受恋人的服务。而且要有耐心地坚持下去,不能当感情稳定了就不再去服务,因为这会让对方觉得爱意淡了,会影响彼此的感情。

5. 身体的接触

《爱的五种语言》一书的作者盖瑞·查普曼说:"身体的接触可以建立或者破坏一种

关系:它可以传达恨或者爱。"对某些人来说,说一万句"我爱你"可能不如一个拥抱更让人安心,拥抱更能表达亲密感和安全感。

(三)培养爱的能力

亲密关系的建立需要有爱作为保证,如果大学生缺少爱的能力,处理恋爱中的问题时就会很棘手,即便最后没有分手,也不能真正体验到爱情带来的愉悦与幸福。爱的能力主要有以下几个方面。

1. 鉴别爱的能力

"骑白马的未必是王子",男女交往也未必都是爱情,大学生要有能力区分好感、喜欢、友谊和爱情。是友情的就按照友情的交往原则去对待,是爱情的就遵循爱情的原则去处理,友情虽然可以发展成为爱情,但不代表友情就一定能够发展成为爱情。对于大学生来说,要想迎接恋爱,首先就要学会识别爱情,判断爱情的真伪。

2. 表达爱的能力

正如歌词里写道:"只是爱要怎么说出口,我的心里好难受……",很多大学生在遇到心仪的对象时往往由于不敢表达或不知道怎么表达,而无法建立亲密关系。实际上,每个人都要有表达爱的信心与勇气,也要掌握表达的方法与技巧。恰当地表达自我的想法不仅仅是对自己情感体验的尊重,也是一次自我的成长。如果因害怕而迟迟不敢表达,可能会遗憾终生,后悔莫及。表达需要方法,不能引起对方不适。不恰当的表达方式也会给自己带来消极的影响。在表达爱意之前要深思熟虑,想好自己是否能为爱情负责任,能够尽心去对待这段感情,一切都准备好之后,就鼓起勇气去表达自己的心意。不管结果成功与否,至少迈出了这一步,心中无憾。

3. 接受爱的能力

一个人在面对别人的追求时,要及时做出正确的反应和判断,弄清楚对方适不适合自己,自己爱不爱对方,从而做出接受或拒绝的选择。因此,在确定要与对方建立恋爱关系之前,要做好心理准备去迎接爱情。要知道自己的择偶标准是什么,清楚自己是一个什么样的人,要想到未来如何发展,在理想与现实之间冷静分析后,把握恋爱时机,及时做出恰当的决定。

4. 拒绝爱的能力

爱不是来者不拒,拒绝也是一种爱的能力,要讲究技巧。谈恋爱时要真诚,拒绝恋爱时也要真诚。当不愿与追求者建立恋爱关系时,无论出自何种原因,都应该当机立断,拒绝这份爱意,不能含糊其词,给人模棱两可的感觉。中断爱情要及时,但也应当讲究方式。要以明确的态度拒绝对方的爱意,但是不能对其进行言语或行为上的伤害与侮辱,不能粗暴地拒人于千里之外或拿别人的爱意当作炫耀的资本,否则会给对方造成极大的伤害。不管对追求者喜欢与否,都要尊重对方的感情,在拒绝时尽量减少给对方带来的伤害。

5.发展爱的能力

著名诗人惠特曼说:"爱,不是一种单纯的行为,而是我们生活中的一种气候,一种需要我们终身学习、发现和不断前进的活动。"发展爱的能力,这里的爱不只是局限于爱情,可以是广泛意义上的爱,可以是我们对亲人、对朋友、对祖国和人民的爱。要发展爱的能力,就要培养无私的品格和奉献精神,要培养善于处理矛盾的能力,有效地化解恋爱和家庭生活中的矛盾纠纷,对恋人负责,对社会负责,这样才能幸福美满。对于恋爱中的大学生来说,发展爱的能力包括处理爱情冲突的能力和维护爱情长久的能力。爱情冲突是难免的,爱的冲突一方面来自日常生活中的不一致和不协调,另一方面来自性格的差异。爱需要包容、理解、体谅,一旦发生冲突,不要在情绪状态下解决,要对事不对人,私下沟通,不侮辱、攻击,也不扩大外延。

爱是一种能力,是一种每个人都需要具备的能力。国内著名的婚姻家庭咨询师、情感教练赵永久在《爱的五种能力》一书中提出,爱情需要学习,婚姻需要练习。爱一个人需要具备爱的能力,它包含了五种具体的能力,分别是情绪管理、述情、共情、允许、影响。

(1)情绪管理

一个人只有管理好自己的情绪,才有能力去爱别人。不能管理好自己情绪的人,常常让爱人非常痛苦,容易错失爱的机会,甚至会伤害爱人。

有这样一则新闻,一对情侣吃火锅期间,因为一句话吵了起来。愤怒之下,女生端起滚烫的火锅汤底,泼在了男友的身上,导致男生身上多处被严重烫伤,当天进了ICU。由此可见,与不会管理情绪的人恋爱,是一件有风险的事情,好的时候双方亲密无间,不好的时候就会发生激烈冲突,甚至大打出手。生活中,很多时候我们也可能会有这种情况出现,心情不好时,就对身边最亲最爱的人肆意发泄,想说什么,就说什么,完全不顾对方的感受,对外人笑脸相迎,却把最坏的脾气留给自己最亲最爱的人,无意中伤害了真正爱自己的人。所以,在亲密关系中,我们要学会情绪管理,别让坏情绪破坏了珍贵的感情。

(2)述情

述情是指用不伤害关系的方式表达自己的需求、愿望和感受。人们在表达和沟通上常犯的错误是,要么有了情绪或需求不说,闷在心里,隐忍,等到忍不住就爆发了,要么就是用指责和抱怨的方式表达和沟通。隐忍伤自己,指责和抱怨伤害对方。相爱的两个人,倘若不能在对方面前表达自己真实的心理感受,不能与爱自己的人心平气和地沟通,就会导致负面情绪长期积压,一旦到达极限,两个人之间就会爆发大的纷争,亲密关系也会破裂。

(3)共情

共情是人本主义心理学家罗杰斯提出的,是指体验别人内心世界的能力。换句话说,共情是一种能够读懂并理解别人内心感受的能力。理解并支持对方、善解人意,这是几乎所有人都希望自己的爱人能拥有的能力,但很多人都没有。在亲密关系里,人们往往喜欢跟对方讲道理,教育对方,而不知道对方真正需要的并不是道理,而是共情。例如妻子在产后哭诉自己的压抑与辛苦时,丈夫却无动于衷,只是淡淡地说一句:"天下的母亲都是这么过来的。"这就是缺乏共情能力的体现。妻子要的是关心与安慰,而不是冰冷的理论。亲密关系中的男女如果长期得不到共情,慢慢地感情也会变淡,最终导致分手。

所以,恋爱中的人要学会感同身受,读懂爱人的内心感受,明白爱人到底需要什么,这有助于维护两人长期亲密、稳定的关系。

(4)允许

允许是指尊重两人的差异、允许对方的成长。在恋爱过程的初始阶段,双方都沉浸在甜蜜的爱情里,相互吸引,相互靠近。可时间一长,爱人身上的缺点就会暴露无遗,很多人开始出现失望和难过的情绪,时常感觉到自己不够幸福。很多时候,爱人之间吵架,发生分歧的原因都是彼此间的不允许,不允许对方跟自己不一样,不允许对方有缺点,要控制对方或改变对方。其实世上没有完美的人,每个人都有自己的缺点与不足,要允许爱人有缺点,不是挑剔,而是要接受。当以这样的心态去面对爱人时,你会发现很多事情都在朝着好的方向发展。

(5)影响

影响是指自己的行为习惯会受另一半影响,当你变得越来越好时,对方也会变得更好。在爱情关系里的人会因为自己的爱人而改变,可以说一个人找了不同的爱人就会变成不同的人,有可能越变越好,也有可能越变越不好。那么,如何做到给予对方正确的影响呢?首先要给对方成长的空间。不要指责、也不要代替对方去做,给他一定的时间和足够多的锻炼机会,他就会成长。其次是要做到强化,及时奖励对方做得好的地方。每个人都会有这样的心理特点,越受到鼓励和赞扬就越会积极去做事情。在两个人相处过程中,当对方做了你希望他做的事情后,一定要用语言或者行动给予对方赞扬。当对方向你做出让步时,也要及时表示感谢。

实际上,好的爱情绝不是一方一直在改变,而另一方总是原地踏步,也不是一方完全依附于另一方,把自己当成是附属品。真正的爱情应该是双方保持同步,相互学习,相互鼓励,共同进步,携手一起追求幸福的过程。

心灵疗愈坊

《爱的艺术》由埃里希·弗罗姆著。作者通过简洁的语言解释了爱这个深奥的话题,该书是一部以精神分析的方法研究和阐述爱的艺术的理论专著,被誉为爱的艺术理论专著中最著名的作品之一。

在《爱的艺术》一书中,弗罗姆认为,爱情不是一种与人的成熟程度无关,只需要投入身心的感情。如果不努力发展自己的全部人格并以此达到一种创造的倾向性,那么每种爱的试图都会失败。如果没有爱他人的能力,如果不能真正谦恭地、勇敢地、真诚地和有纪律地爱他人,那么人们在自己的爱情生活中永远也得不到满足。弗罗姆进而提出爱是一门艺术,要求想要掌握这门艺术的人有这方面的知识并付出努力。该书中爱不仅仅是狭隘的男女爱情,也并非通过磨炼增进技巧即可获得。爱是人格整体的展现,要发展爱的能力,就需要努力发展自己的人格,并朝着有益的目标迈进。

三、大学生的性心理

(一)大学生的性心理特点

性与爱情是紧密联合的,性爱是爱情的一个组成部分,当大学生确立爱情后,自然就要面对性的问题。大学生的性心理特点主要有以下几个方面:

1.对性知识的渴求

处于青年时期的大学生渴求了解自身生理和心理上变化的奥秘,可能通过书籍、影视、网络等各种途径去了解生理、心理发育知识,性传播疾病知识,性法律知识等,但获得的知识不一定都是正确的,要学会鉴别。此外,部分大学生也会和与自己亲近的朋友进行交流,以解开自己的疑惑,消除自己的顾虑和恐惧,使自己对性知识有了更全面的了解。

2.两性的吸引

青年男女从相识、相知,再到相爱,性心理也逐渐发展起来。当确立明确的恋爱关系后,爱人之间的亲密行为会增加,自然就会产生性行为的冲动。在性的接触中,要遵循平等、自愿和尊重的原则,不能只顾着自己的需求,不顾及对方的感受。

3.性需求与性压抑的冲突

有些大学生虽然生理成熟,但是心理发展不够成熟,还未形成正确的恋爱观和道德观,自控力也不强,他们会因外界的不良影响使自己对性行为过分渴求,但是又会因为主流文化对婚前性行为的否定和排斥压抑自己的内心冲动。如果性渴求和性压抑的关系处理不好,在没有做好充分准备的时候一味地追求性开放,或者过分压抑自己的性需求,就会使自己变得焦虑和痛苦,给自己和爱人都带来伤害。

(二)大学生的性心理困扰

由于对性知识了解不透彻,缺少相关的性教育,大学生会出现很多性心理困扰。常见的性心理困扰有以下几点:

微课

1.性认识偏差

自古以来,在传统道德观念的影响下,"性"一直都是一个很难登大雅之堂的词汇。不少大学生对性也存有错误的认识,认为性是低级的、是羞耻的,对自己生理和心理的变化感到羞愧和不耻。这种性认识的偏差不仅是一种不健康的性心理表现,也是引发性心理障碍的重要因素。

来自性的困扰

2.性焦虑

性焦虑是由于缺乏性知识、性心理的不成熟和冲突等种种原因而对性行为产生的焦虑和不安的情绪状态。有的同学会因自己身材不够魁梧或不够柔美而焦虑不安,有的同学会因自己不够阳刚或温柔而感到忧虑,还有的同学因为接受了错误的知识而怀疑自己在性功能上存在障碍导致心里不安和痛苦。

3.性冲动困扰

性冲动是男女生理、心理的正常反应,是在性激素作用下和外界刺激下产生的,是人的本能,与人要吃饭、喝水是一样的,并不是可耻的反应,但有的大学生难以接受自己的性欲、性冲动,并对此感到不安、羞愧、自责和厌恶。一方面是性的自然冲动,另一方面是对性冲动的排斥与否定,不少大学生常为这两者之间的矛盾而感到困惑和烦忧。部分大学生会因为性冲动而产生性梦、性幻想,还会用自慰来进行排解,这都是很正常、很普遍的性心理反应。但是过于频繁的性幻想和性自慰,会影响到个人的学习、生活,以及自己的身心健康,要加以调节和克服。

(三)大学生性心理调适

出现性心理困扰,要及时进行调适,否则会让自己陷入困扰中无法自拔,甚至出现性心理障碍,阻碍个人的成长与发展。

1.正确认识性

要改变以往对性的错误认知,明白性是人的本能,对人有着重要意义,就像人需要阳光和水一样。同时,性也受法律和社会道德的约束,是要负责任的,不能强制和随意去进行性行为。大学生平时应多了解性相关的知识,了解自己的身心规律,正确认识性,只有正确认识与对待性,才不会对性感到羞耻,不会随意发生性行为。

2.性欲望的心理调适

大学生对自己的性欲望要加以调适,不能任意妄为。一方面要端正自身态度,培养高尚的道德品质,树立正确的恋爱观与婚姻观,提高自己的自控力,约束自己的行为;另一方面要学会适当转移注意力,可以把精力转移到其他事情上,多培养自己的兴趣爱好,多参加集体活动,不让自己被性欲望所控制,影响了正常的学习与生活。

3.婚前性行为的困扰及调适

爱情一定会伴随着性的吸引与需求。两个青年人确立恋爱关系,就不可避免地涉及性的问题。大学生由于心理还不十分成熟、缺乏经济基础和社会阅历等原因,并不具备承担婚姻和家庭的能力,提前进行性行为虽然能满足一时的快乐,但也可能会带来不良的后果。比如由于对性知识的缺乏和误解,未及时避孕,导致女方未婚先孕,这会使两人内心受到冲击,十分痛苦,也会给彼此的家人带来伤害。所以大学生一定要在心里筑起一道防线,要明白虽然恋爱自主但不能没有底线,注意言行举止,防止给彼此带来伤害,既要对自己负责,也要对爱人负责,这样的爱情才能更长久,才会更幸福。当然,如果真的发生了性行为,也一定要做好避孕措施,对自己和爱人负责。

实训中心

进行"爱情拍卖"活动。

活动目的:通过有限度的金额拍卖,来探索自己与他人的爱情需求。

活动规则:

(1)假设每个人有100万元。现对以下内容进行拍卖,你可以买你认为最重要的东西。内容有:有责任感、能力较强、共同语言、成熟稳重、正直善良、心胸宽阔、事业心强、风趣幽默、温柔体贴、彼此独立、相互理解、博学多闻、相貌端庄、具备孝心。

(2)拍卖结束后,进行讨论,对大家买到的东西从最重要到最不重要进行一个排序。

(3)总结:在拍卖的过程中,每个人都表现出了自己独特的一面,这也反映出自己对爱情最看重的是什么。

爱是人类亘古流传的话题,传说中的那些动人的爱情故事总是让我们每个人心生憧憬,羡慕古人坚贞不渝的爱情,期待自己也能经历刻骨铭心的爱情。同学们仔细观察,在这场爱情拍卖中始终缺少了一个主角——爱情。那么,爱情到底去哪儿了呢?请思考,如果我们在追寻爱情的过程中缺少了爱,那又会是怎样的一个情况?

智慧起航

1.有人通过网络找到了自己的恋人,请你结合本节课所学内容,谈谈你对网恋的看法。

2.如果你遇到一个向你表白的人,但你却不想跟他/她建立亲密关系,这个时候你会怎么做?

知识小铺

1.爱情是人际吸引最强烈的形式,是指两个人基于一定的社会基础和共同的生活理想,在彼此心中形成的相互倾慕,并渴望对方成为自己终身伴侣的一种强烈、持久的真挚感情。

2.人类的爱情是由生理、心理和社会伦理三个因素构成。

3.与爱情有关的理论有斯滕伯格的爱情三角形理论、李氏爱情风格理论以及爱情依恋理论等。

4.大学生恋爱可分为五个阶段：萌芽期、初恋期、热恋期、调适期、稳定期。

5.恋爱对大学生的意义有：①恋爱是学习建立亲密关系和逐步培养爱情的过程；②恋爱是自我认识与成长的过程；③恋爱可以增强个人的社会责任感；④恋爱可以使双方互相鼓励，共同进步。

6.大学生常见的恋爱困扰有：单恋、多角恋、网恋、失恋以及不良动机引发的恋爱困扰等。

7.恋爱是一种艺术，要想经营好自己的爱情，就要树立正确的爱情观，掌握爱的语言并培养爱的能力。

8.大学生的性心理特点主要有：对性知识的渴求、两性的吸引、性需求与性压抑的冲突。

9.大学生常见的性心理困扰：性认识偏差、性焦虑、性冲动困扰。

10.出现性心理困扰要学会对性有正确的认识，调适性冲动，以免给自己带来影响，在恋爱的过程中要有心理防线，防止婚前性行为给自己和爱人带来伤害。

遇见更好的自己
——学会赞美

第十二章 生命教育

同学们,你是否认真思考过,人究竟为什么活着?什么样的人生才是有价值、有意义的人生?为什么有的人渴望自己长命百岁,而有的人选择早早结束自己的生命,有的人一生奋斗不息,而有的人却得过且过?在本章内容中,我们将一起探讨生命的价值与意义,希望通过这样的思考,让我们每个人都能找到人生道路的方向。

学习目标

1. 了解什么是生命教育,以及生命教育对于大学生的重要意义。
2. 学会从文化和哲学层面思考人生的终极问题,树立正确的人生态度和积极的人生观。

第一节　生命教育的价值与意义

烦恼杂货铺

小强是一名高职大一年级的学生。他来到大学之后,经常觉得自己很迷茫,不知道每天要做什么,心里很苦恼。

小强觉得,自己从小学习就不好,当初并没有希望自己能考上大学,父母亲对自己的要求也比较低,认为自己只要健康就好。要不是因为国家职业教育改革,小强参加了高职院校的自主招生考试,他从来也没有想过自己可以上大学。另一方面,小强觉得,高职算不上真正的大学,或者即便属于大学,也只是末流大学,上这样的学没有意义,自己在这里学的知识都没有用,将来也找不到工作。

入学后不久,小强就开始上课不听讲,甚至逃课,自己一个人在宿舍打游戏,室友们的状态似乎也比小强好不了多少。时间久了,小强觉得这样的日子真的很无聊,而且他觉得任何奋斗对自己来说可能已经没有了意义,自己已经成了人生的失败者。就这样,突然有一天,小强问自己,这样活着到底有什么意义?当他这样想的时候,自己也吓了一跳,自己竟然开始怀疑活着的意义?我是不是得了抑郁症?为什么我总是觉得每天都很空虚、无聊?人活着究竟为了什么?

你有与小强同样的烦恼吗?该怎样调适自己?

知识直通车……

一、什么是生命教育

生命教育,简而言之,就是帮助学生认识生命过程,探索生命意义,追求生命价值的教育活动。

生命教育的概念是由美国学者杰·唐纳·华特士(J.Donald Walters)于1968年首次提出的,之后受到英国、澳大利亚、新西兰、日本等国家的重视,逐渐成为在全世界具有一定影响力的教育思想和理念。

自20世纪90年代,我国开始全面实施素质教育。党中央、教育部以及各地方政府和地方教育主管部门在推进素质教育实施过程中,逐渐引入以生命教育和生命关怀为主题的内容。特别是在进入21世纪之后,一些地方陆续出现关于开展学生生命教育的意见和政策,生命教育作为我国学校教育活动的一项内容逐渐发展开来。

有学者认为,生命教育的内容应包括生存教育、死亡教育、健康教育(包括心理健康教育和身体健康教育)、发展教育等。

我们认为,在大学生心理健康教育课程中的生命教育主题,应该重点围绕心理健康与生命教育之间的关系展开,以预防大学生心理问题为具体目标,帮助大学生树立积极的生命观和人生观。

二、生命哲学与生命态度

广义的生命观即人对于生命的普遍的基本的态度、观念。狭义的生命观是指人对于自身生命的基本态度和观念。生命哲学是指围绕生命问题形成的哲学思想和哲学体系。生命观和生命哲学对于人类而言是非常重要的。每一个人面对生命的时候都有自己的基本态度,以及对生命的朴素的认识和理解,这些观念、态度和理解整合起来,就可能形成比较完整的生命观甚至是生命哲学。任何一个国家和民族、社会、文化都有着自己对于生命的理解和对待生命的态度,不同民族和文化对待生命的理解和态度有相同的部分,也有差异的部分。

中国传统文化是紧密围绕对生命价值和意义的探索和思考的。以儒、释、道文化为核心凝聚成的中国传统文化,处处蕴藏着中国古人对生命的思考和解读。中国人对待生命的理解和态度是全面、丰富而深刻的,中华文化的不同元素从多个角度对生命进行了思考和认识,形成了独特而又深厚的文化思想体系和哲学体系。我国著名的哲学家冯友兰先生将中国传统文化中的哲学精神总结为"内圣外王"之道,"内圣"是指个人致力于心灵的修养,"外王"是指个人培养和塑造自身应对外部社会的能力,这也成为中国人对待生命的基本态度和追求。中国传统文化的生命观和生命哲学即包括了"出世"和"入世"两个维度,生命既是个体的,也是家庭与社会的,对待生命既有"积极进取"的态度又有"消极避世"的态度,所谓"君子达则兼济天下,穷则独善其身"。中国传统文化中最具有代表性的有:

1. 儒家文化对生命的理解和态度

对中国传统文化影响最为深远的哲学思想首先是以孔子和孟子为代表的儒家思想。儒家思想认为,君子应该以追求崇高的道德境界和思想品行为人生目标,并以提高自身修养为基础,建设和管理自己的家庭、国家以及天下。总体上,儒家思想对生命抱有积极进取的态度和观点,认为人应该积极努力地提升自我和修养身心,追求生命的意义。同时,儒家思想中并不提倡直接研究和讨论死亡,认为人应该将人生的精力都用于研究生命的本质和追求生命的价值上,不应该过多地关注死亡和生命的归宿问题。

早期儒家思想和儒学后来逐渐发展衍生出类似宗教的特点,因此也被称为儒教。儒教文化重视家庭,强调宗族观念,往往把个人的生命视为家庭、社会的一分子,认为个人的生命需要服务于家庭,注重孝道"身体发肤,受之父母,不敢毁伤"。

儒家认为世间万物皆有生命,万物生生不息,是生机勃勃的有机体,如《周易》所说:"天地之大德曰生。"这反映了儒家"重生"的态度。《论语·先进》中"颜渊死,子哭之恸",意思是:孔子的弟子颜回死去,孔子大哭,表现出孔子对生命的悲悯之情。孔子在与子路讨论鬼神、生死之事时,孔子答曰:"未知生,焉知死?"(《论语·先进》)。生是向死的生,不知道生的学问,又如何知晓死的学问呢?

孟子曰:"鱼,我所欲也。熊掌,亦我所欲也。二者不可得兼,舍鱼而取熊掌者也。生,亦我所欲也。义,亦我所欲也。二者不可得兼,舍生而取义者也。生,亦我所欲,所欲有甚于生者,故不为苟得也。死,亦我所恶,所恶有甚于死者,故患有所不辟也。如使人之所欲莫甚于生,则凡可以得生者,何不用也?使人之所恶莫甚于死者,则凡可以辟患者,何不为也?由是则生而有不用也,由是则可以辟患而有不为也。是故所欲有甚于生者,所恶有甚于死者……此之谓失其本心。"(《孟子·告子上》)

由上可见,儒家虽然"重生",但并不"贪生",超越生死的是对道德大义的追求,所以有"杀身成仁,舍生取义"之说。这种道德大义超越生死的观点,对中国文化有着深远的影响,如司马迁说:"人固有一死。或重于泰山,或轻于鸿毛,用之所趋异也。"(《报任安书》),虽然同为一死,但价值不同,分界也在于义。

2.道家文化对生命的理解和态度

道家思想以老子、庄子为主要代表人物。道家思想以阴阳两极的朴素的辩证法思想,描述了人与宇宙、人与自然之间的关系和规律。道家思想认为人的生命历程只是大自然规律的一部分,认为人应该充分认识生命的局限性和偶然性,清静无为、明哲保身。道家不提倡将现实生活的名、利等具体问题作为人生追求的主要意义。相对而言,道家文化对于生命的态度主要是提倡人不应该过分强调对人生的追求,应该将人自身看成宇宙万物之一,以平等和平常的心态看待人自身的生命历程,尽可能地接受和尊重生命的自然规律。

庄子妻死,惠子吊之,庄子则方箕踞鼓盆而歌。惠子曰:"与人居,长子老身,死不哭亦足矣,又鼓盆而歌,不亦甚乎!"庄子曰:"不然。是其始死也,我独何能无概然!察其始而本无生,非徒无生也而本无形,非徒无形也而本无气。杂乎芒芴之间,变而有气,气变而有形,形变而有生,今又变而之死,是相与为春秋冬夏四时行也。人且偃然寝于巨室,而我噭噭然随而哭之,自以为不通乎命,故止也。"(《庄子·至乐》)

在庄子看来生死都是大自然运行中的一个阶段,就像四季万物的轮回,所以对于死亡亦不必恐慌,也不用悲伤,要顺其自然。庄子对死毫无顾忌,但却很珍惜自己的生命,讲究"养生"。庄子在《让王》一篇中,用十五则寓言来阐释:要重生轻利,要珍惜生命,表达了他对于那些为名利而伤害性命,甚至中途夭折者的惋惜之情。这看似很矛盾,实则不然。不惧死是对客观规律的尊重,养生、珍惜生命也是顺其自然的体现。这一点,在魏晋时期的名士嵇康身上也有很好的体现,嵇康"厌世"却不"厌生",嵇康虽然不愿与当权者司马氏集团合作,隐居山野,打铁为生,但却没有不爱惜自己的生命,并写过《养生论》。《道德经》里面还有一句话表达了那个时候汉人的死亡观:死而不亡者寿。人死了,但是人的名声、精神、人格没有在人世间消亡,这才是真正的长寿。说明那个时候的汉人并没有把生命物质的终点当成是终点,他有更高的追求。

3.佛教文化对生命的理解和态度

佛教自汉代从印度传入我国,逐渐与我国本土的文化进行融合,形成了汉传佛教。佛学的主要观点认为,人的生死是可以轮回的,生命的意义会以生死轮回的方式进行延续。佛教认为,死亡只是一个轮回,六道之中的轮回。死亡,并不是生命的终结,而是另一期生命的开始。谓一切众生因惑业所感,生了又死,死了又生。即是死于此而又生于彼,再死于彼而复生于此,在天、人、阿修罗、傍生、鬼、地狱的六道之中,往返生死,永无尽期。佛教重视人的精神追求,轻视肉体的享乐。认为人可以通过自身的修炼实现进入西方极乐世界的人生目标。修炼的主要方式在于对于佛学思想的学习研究以及行善积德的具体实践。

人物风采 ......

生命献给核弹事业的邓稼先

1950 年，26 岁的邓稼先在美国取得物理学博士学位后毅然回国，投入到中国核物理的理论研究工作。1958 年，中央决定，依靠自己的力量发展原子弹，邓稼先被委以重任。得到通知的那天晚上，辗转难眠的邓稼先对妻子许鹿希说，自己要调动工作了。

许鹿希说，我问他调哪儿去，他说不能说。我说去干什么，他说不能说。我说你到了那个地方把信箱的号码给我，我给你写信，他说不能通信。他说这个家以后就靠你了，我的生命要献给将来要做的这个工作。他这句话说得非常坚决，他说如果做好了这件事，我这一辈子就活得很值得，就是为它死，也值得。

"为了它，死也值得。"邓稼先从此挑起了中国原子弹理论研究的重任，并开始了隐姓埋名的生活。此后几年间，他带领科学家们和工程技术人员克服了常人难以想象的困难，终于迎来中国原子弹研制工作的决战阶段。1964 年 10 月 16 日，我国第一颗原子弹爆炸成功，罗布泊上空的蘑菇云振奋了全中国。然而此时，身在北京的许鹿希还不知道，这个震惊世界的消息和自己的丈夫邓稼先有关。

邓稼先默默无闻奋斗几十年，甘当无名英雄，却常常在关键时刻出现在最危险的岗位上。1979 年，在一次试验中，邓稼先不顾大家的阻拦，冲进现场去找核弹碎片，这让他的身体受到了严重的辐射伤害。中国物理研究院高级工程师张彩华回忆说："当时老邓就站在我旁边，他没有声音，大家都没有声音，鸦雀无声，我就思考了一会儿，大概也没有多少时间，马上转过去要问老邓，不见了，这时候我心里咯噔一下，我说老邓可别冲进去啊。"

1984 年，邓稼先在大漠深处带病指挥了他一生中最后一次核试验。在中国第二代新式核武器试验成功后挥笔写下一首诗："红云冲天照九霄，千钧核力动地摇。二十年来勇攀后，二代轻舟已过桥。"

第二年，已是癌症晚期的他回到北京。在解放军总医院住院的 363 天里，邓稼先忍着剧痛，和同事于敏一起写了《中国核武器发展规划建议书》。最后让妻子许鹿希交给国家，妻子说：很大一包手稿，我抱着这一包手稿走出病房的时候，老邓就说，希希，这个比你的命还重要。我说我懂。

1986 年，62 岁的邓稼先被授予"全国劳动模范"奖章和证书，这也是"七五"期间党中央、国务院授予的第一个全国劳动模范称号。邓稼先激动地说，要争取早日恢复健康，为国防科研事业再尽一些力量。他说，核武器事业是成千上万人努力才能取得成功的，我只不过做了一小部分应该做的工作，只能作为一个代表而已。

三、生命的意义

弗洛伊德在晚年的时候,有人问他,人最重要的是什么?以弗洛伊德几十年的心理学研究和对人生的洞察,他总结了两句话:去爱!去工作!

人要寻求意义。意义是生命中的原始力量,而非因本能驱策力造成的继发性合理化作用。这种追求意义的意志与弗洛伊德的求乐意志和阿德勒的求权力意志是不同的,它是人最深刻的动机,是最具有人本质特征的现象,因为动物寻求快乐和征服,却不懂得生存的意义。快乐意志不是根本的,人们实际上所要追求的最终并不是幸福生活本身,而是某种构成幸福生活的因素。然而,在有些人那里,作为幸福和快乐根据的意义的意志被扭曲为对幸福的一种直接追求,扭曲为快乐意志。随着快乐成为注意力的唯一内容和对象,快乐的根据溜走了,而快乐效应也很难再出现。类似的分析也适用于权力意志。就意义实现与特定的社会和经济前提条件联系起来这一含义而言,权力是实现目的的手段。人们使自己局限在实现目的的手段即权力中。

心晴加油站

电影《活着》

余华,1960年4月3日生于浙江杭州嘉兴市海盐县,中国当代作家。1992年,出版长篇小说《活着》。1994年,小说《活着》被改编为电影,由张艺谋导演,葛优和巩俐主演。1998年,《活着》获得意大利文学最高奖——格林扎纳·卡佛文学奖。

电影《活着》讲述了主人公徐福贵一生坎坷的命运故事。小说以第一人称进行叙述。徐福贵本是一个游手好闲、嗜赌成性的富家少爷,因为赌博输光了家产,导致家破人亡,妻离子散,一贫如洗,被迫成为一个皮影戏艺人,四处唱皮影戏谋生。后来他在外出的过程中被内战中的国民党军队抓了壮丁,死里逃生。他由于成为解放军的俘虏而回到家乡,与家人团聚,却发现母亲早已病逝,而女儿凤霞因为生病成了哑巴,之后福贵的人生经历了一系列的悲剧,儿子有庆被车撞死,女儿凤霞因为产后大出血去世……无论经历了什么,福贵都始终坚强地活着,在命运的苦难面前表现出坚忍顽强的精神令人感动,也让人对生命的意义产生无尽的感叹与深思。

意义与价值一直是摆脱由生存挫折、存在空虚导致神经症的重要条件。对此,心理学家弗兰克尔进行了深入的探讨。生命与死亡的意义:意义疗法首先指出的是,快乐并非生命的意义,怀疑主义与虚无主义也是不可取的。

每个人的生命都有自己独特的目标,需要以相应的方式达到。人们不应总去追问生命的意义是什么,而应担负起生命中的任务所赋予的责任,在完成这一使命的过程中生命的意义将逐渐呈现,生命的终结同样赋予生命的意义。人存在的意义正在于它的不可逆转性。人们能以三种不同的途径去发现生命的意义:工作,爱,经历苦难。

1.工作的意义

工作使人的特殊性在对社会的贡献中体现出来,从而使人的创造性价值得以实现。这是发现生命意义的一条重要途径。因此,人所从事的工作是什么并不重要,关键在于他是如何从事这项工作的或者说他对工作采取了何种态度。正是积极的、创造性的、有责任感的态度赋予工作以意义。工作是发现生命意义的重要途径之一。

2.爱的意义

发现生命意义的第二条途径是体验价值。可以通过体验某种事物如工作的本质或文化,尤其可以通过爱来体验生命的意义。爱是将某个人当作独特的个体去体验。只有借助爱,才能进入另一个人最深的人格核心,也只有借助爱,才能发现所爱者的潜能,并促使他发挥那些潜能。在这种超越自己的爱中,潜藏着生活的深蕴和价值,等待着人们的发现。弗兰克尔将两性之间的关系分为三个层次:生理的、心理的、精神的,这三者分别对应着性、情、爱。诸多类型的性神经症有一个共同特征:患者或害怕不愉快单恋带来的紧张,或不相信爱的存在,因而回避一切爱的机会,将两性关系降格到较低的层次。对于这部分人,意义疗法采取的措施是引导他们学会并乐于接受九苦一甜的爱以及随之而来的责任。

3.苦难的意义

当一个人面临无法改变的厄运,创造性价值和体验的价值都难以实现时,人们也得到了一个机会,去实现最深的意义与最高的价值——态度的价值。因为坦然正视命运所带来的痛苦本身就是一种进取,而且是人所具有的最高的进取。苦难还使人远离冷漠与无聊,使得人更为积极,从而导致成长与成熟。当然,只有在痛苦是不可避免的时候,忍受痛苦才具有巨大的价值。否则,苦难不称其为苦难,忍受也就没有意义。

小阅读

生命的意义

1942年9月,奥地利著名犹太精神病学和神经学专家维克多·弗兰克尔连同他的妻子和父母一起,被纳粹逮捕并押送至集中营。3年后,当他从集中营中被解救出来时,他有孕在身的妻子和其他大部分家人都早已不在人世,但他作为119104号囚犯活了下来。

1946年,他用9天时间写下了他在集中营中的经历并出版。在这本名为《生命的意义》的畅销书中,他总结了生与死之间的差异:那就是生命的意义。这是他对早年生活的一种顿悟。在他上高中时,一名教授科学的老师站在讲台上告诉他们:"生命的进程就像是燃烧,这不过是一个不断氧化的过程而已。"弗兰克尔立刻从椅子上弹起来反驳,"先生,倘若生命果真如此,那生命的意义何在?"

在他被关押期间,他发现即使生活在这最骇人的环境之下,一旦找到了生命的意义,一个人的生存适应力就会大大提高。他在《生命的意义》一书中写道:"在这里,从一个人最宝贵的生命到一件最微不足道的物品,一切都可被轻易夺走。在这里,我们只被保留了人性中最后一点自由,那就是在任何已经给定的环境下,决定自己的生活态度,决定自己的生存方式。"

弗兰克尔在集中营中担任医生。在书中,他提到了集中营中两名想要自杀的囚犯。就像集中营中的其他人一样,这两人早已感到心灰意冷,生无所恋。弗兰克尔写道:"在这两个案例中,我需要让他们意识到,他们仍被某些人所期望,他们仍有一个值得等待的未来。他们中有一人是一个孩子的父亲。他的孩子已经在国外生活。而另一人是一名科学家,他还有一套丛书需要完成。"

"每一个个体正是通过自身的独特性和唯一性来对彼此进行区分。正是这两个特性,将每个人生存的意义同创造性的工作和人性之爱联系起来。当一个人意识到他是无可取代之时,他就会意识到自己身处于世所背负着的责任,他就会将这份责任发扬光大。当一个人意识到他需要承受来自他人温情,当一个人意识到他需要完成未竟的事业,他就永远不会放弃自己的生命。因为他已经知道了自己生存的意义,所以他能坦然面对前方的任何挑战。"

弗兰克尔从他早年的经历和被关集中营时所经受的非人折磨中学到了很多智慧:"人类生存在世,总是会向某个方向前进,这个方向也许指向了某个人,也许指向了某件物,但一个人的行动更多的是为了别人,而不是为了自己。也许是为了追寻某种意义,也许是为了遇见某个人。一个人愈忘我——为了所爱之人、所爱之物燃烧自己——那个人才愈加是一个真正的人。"

(资料来源:搜狐网)

弗兰克尔在书中写道:"与欧洲文化不同,这正是美国文化的一个特征:每个人被不断催促着去追求幸福。但是,幸福是可遇不可求的。幸福只会伴随着某些东西款款而来,一个人必须有一个'变得幸福'的理由。"

研究证明:具有追求和充满意义的生活方式会全面地提升一个人的幸福水平和生活满意程度,并促进身心健康,提高免疫力,提升自尊,减少忧郁。而具有讽刺意义的是,那些一味追求幸福的人,反而感到不幸福。对幸福的过度追求,反而阻挠了幸福的降临。

在《积极心理学》中有一份研究报告,心理学家对近 400 名年龄在 18 岁至 78 岁的美国人进行调查,询问他们对自己生活是否具有意义(或幸福)的看法。在长达一个月的调查中,研究者们根据调查对象对自身幸福感的评价和对生命意义的看法,并结合了调查对象的压力水平、消费习惯、是否抚有孩子等其他许多变量进行分析,结果发现充满意义的生活和幸福的生活虽然有一些共同点,但还是各有不同。心理学家最后总结道:在幸福的生活中,"得到"更多;而在充满意义的生活中,"给予"更多。

第二节 生命的本质

知识直通车

一、生命与死亡

"人固有一死,或重于泰山,或轻于鸿毛"是毛泽东在《为人民服务》一文中引用的司马迁的话。死亡是任何生命都必须面对的事实,因此,从这一角度来看,生命的本质之一即要面对死亡。人类的文明进步史,也是与自然规律——死亡不懈斗争的历史。死亡,是人类最难以面对的结局,人生的意义同样在于超越死亡给人带来的痛苦。

德国哲学家马丁·海德格尔在其存在论名著《存在与时间》里面用理性的推理详细地讨论了死的概念,并最终对人如何面对无法避免的死亡给出了一个终极答案:生命意义上的倒计时法——"向死而生"。海德格尔对"向死而生"的解释是:死和亡是两种不同的存在概念。死,可以指一个过程,就好比人从一出生就在走向死的边缘,我们过的每一年、每一天、每一小时,甚至每一分钟,都是走向死的过程,在这个意义上人的存在就是向死的过程。而亡,指的是亡故,是一个人生理意义上真正的消亡,是一个人走向死的过程的结束。"向死而生"这个哲学概念启示人们,只有真正面对和思考死亡,人才能够明白人生的意义和价值。

人物风采

抗元名将文天祥

文天祥(1236.6.6—1283.1.9),初名云孙,字宋瑞,又字履善。自号浮休道人、文山。江南西路吉州庐陵县(今江西省吉安市青原区富田镇)人,南宋末年政治家、文学家,抗元名将,与陆秀夫、张世杰并称为"宋末三杰"。宋理宗宝祐四年(1256),文天祥中进士第一,成为状元。其一度掌理军器监兼权直学士院,因直言斥责宦官董宋臣,讥讽权相贾似道而遭到贬斥,数度沉浮,在三十七岁时自请致仕。德祐元年(1275),元军南下攻宋,文天祥散尽家财,招募士卒勤王,被任命为浙西、江东制置使兼知平江府。在援救常州时,因内部失和而退守余杭。随后升任右丞相兼枢密使,奉命与元军议和,因面斥元主帅伯颜被拘留,于押解北上途中逃归。不久后在福州参与拥立益王赵昰为帝,又自赴南剑州聚兵抗元。景炎二年(1277)再攻江西,终因势孤力单败退广东。祥兴元年(1278)卫王赵昺继位后,拜少保,封信国公。后在五坡岭被俘,押至元大都,被囚三年,屡经威逼利诱,仍誓死不屈。元至元十九年十二月(1283.1),文天祥从容就义,终年四十七岁。明代时追赐谥号"忠烈"。文天祥多有忠愤慷慨之文,其诗风至德祐年间后一变,气势豪放,允称诗史。他在《过零丁洋》中所做的"人生自古谁无死,留取丹心照汗青",气势磅礴,情调高亢,激励了后世众多为理想而奋斗的仁人志士。文天祥的著作经后人整理,被辑为《文山先生全集》。

二、死亡教育

死亡教育不仅让人们懂得如何活得健康、活得有价值、活得无痛苦,而且还要死得有尊严。它既强化人们的权利意识,又有利于促进医学科学的发展,通过死亡教育,人们认识到死亡是不可抗拒的自然规律。死亡教育是社会精神文明发展的需要,也是人生观教育的组成部分。

1.死亡教育的必要性

死亡教育的目的是让我们在面对亲人死亡时足够坚强。确实,当人们正确认识死亡后,它就不再神秘,不再让人觉得恐怖,并可以坦然面对。正如专家所说,"虽然叫死亡教育,但实际上也是一种生命教育。认识到死亡是生命的一部分,反过来对事业、人生、社会有更丰富、成熟的认知,能在更大意义上促进生命成长。"这对于现在的年轻人显然尤其必要。部分年轻人心理承受能力差,经不起一点风浪,受不得一点委屈,甚至因为小小的挫折就放弃生命。究其根本原因,就在于生命教育的缺乏。因为不懂得敬畏生命,才会对生命毫不珍惜。于他们而言,死亡教育无疑是一方良药。其实,人生的最大危机莫过于死亡。一旦人们面对死亡"具有足够的坚强",就会以更积极的心态面对各种挫折。所以从某种意义上说,死亡教育也是挫折教育。

2.死亡焦虑的调适

死亡焦虑,直白来说,就是怕死。这在老年人身上或是刚被诊断出重病的人身上表现明显。但年轻人或者身体健康的人会说,自己不会焦虑,这事离自己挺远。此时的焦虑是处于一个很低的水平,但并非完全没有。因为怕死,所以我们会注意身体健康状况、会注意饮食等。死亡焦虑的定义是:对即将到来的或者终将到来的死亡,产生恐惧、纠结、不解、不安等复杂的思想和情绪。意识到并正在意识着自己或他人终究一天会从这个世界上消失,无法理解和接受,并会产生一些冒冷汗、心颤、呼吸急促等生理现象。

死亡焦虑是人最基本的焦虑,它一直在人内心潜伏着。有的人去医院重症病房,见很多人需要插管来维持生命,或者身边有朋友意外或是疾病去世,死亡焦虑就会突然跳出来,开始坐立不安。有时这一焦虑会自然缓解,而有些时候,刚开始没有任何表现,之后某一天却突发急性焦虑。

死亡是那么的神秘和不确定,我怎么死去?我将会以什么方式死去?我死后会对周围人造成什么影响?会不会有人怀念我?死后的世界会变成什么样子?人类独有的自我意识使我们认识到自己必将死去这个事实,糟糕的是我们不知道自己会在什么时候死去,这种意识与生存本能地结合在一起时,这会使我们产生强烈的死亡焦虑。北美护理诊断协会将死亡焦虑定义为个体因意识到死亡的存在或面对临终而感到不安、忧虑和害怕的状态。

有的人是不相信死亡这件事情的,他会一再地压抑那些和死亡有关的想法,一再地否认死亡,迫使他们不出现在意识当中,被压抑的死亡焦虑可能就会呈现出另一面。那些不愿意面对死亡焦虑或者没有意识到死亡焦虑的人,虽然没有体验过那种明显的死亡恐惧,但却常常通过压抑、否认、隔离、转移或替代等防御机制来逃避和应对死亡焦虑。

德国存在主义哲学家海德格尔提出"向死而生",揭示了人们对于死亡的意识与生命意义之间的本质联系。正是因为人类可以意识到死亡,所以人类才会永不停歇地追寻生命的意义。所以从这个角度来讲,死亡焦虑是推动人类不断前行的动力。正如弗洛伊德后来提出了"死本能"的概念,我们人的一生中都在受到"死亡焦虑"和"死本能"的驱动。最好的应对和解决死亡的方式即是"升华",为死亡赋予意义,同时也为生命赋予意义和价值。生活中,人们克服死亡焦虑的方式有很多。例如,有的人会相信人死后会进入另外一个世界,这样就似乎不存在真正意义上的"死亡"一样,也就不用过于紧张。很多宗教就是通过这种方式,帮助人们缓解死亡焦虑的。也有的人将自己的生命意义与他人联系在一起,如父母、孩子、家庭,认为自己这辈子活着为了家人,即使死去也无憾,这也是一种"升华"死亡焦虑的方式。更有的人将自己的命运与国家、社会、人类的福祉联系在一起,用自己有限的生命造福国家,造福社会,这样即便遭遇死亡,也无怨无悔,后人终将铭记他的功绩。正如臧克家的著名诗句:"有的人活着,他已经死了;有的人死了,他还活着。"

❥心晴加油站……

有的人

【作者】臧克家

有的人活着,他已经死了;有的人死了,他还活着。有的人,骑在人民头上:"呵,我多伟大!"有的人,俯下身子给人民当牛马。有的人,把名字刻入石头,想"不朽";有的人,情愿作野草,等着地下的火烧。有的人,他活着别人就不能活;有的人,他活着为了多数人更好地活。

骑在人民头上的,人民把他摔垮;给人民作牛马的,人民永远记住他!把名字刻入石头的,名字比尸首烂得更早;只要春风吹到的地方,到处是青青的野草。他活着别人就不能活的人,他的下场可以看到;他活着为了多数人更好地活着的人,群众把他抬举得很高,很高。

三、生命的价值与责任

(一)生命的价值

生命的价值究竟是什么?这自古以来就是全人类共同关注和思考的话题。这一问题也成为哲学家们主要思考和想要解决的问题之一。

从古至今,中国人的文化和哲学思想中都把人放置在哲学和思想体系的中心,把追求完美的人生境界作为最重要的人生目标。作为中国古代哲学的儒家和道家都是以促进和实现人的终极价值为出发点的。

罗曼·罗兰曾经说过:"世界上只有一种英雄主义,那就是了解生命而且热爱生命的人。"鲁迅先生说,真的勇士,敢于直面惨淡的人生,敢于正视淋漓的鲜血。

当代的大学生正在经历中国历史上从未有过的辉煌时代,每个人都站在国家和历史巨人的肩膀上,这也因此让每个人的生命从一开始就被赋予了绚丽的色彩。然而,人的生命价值和意义永远都需要每个人不断去实践,在实践中积极探索。天下兴亡,匹夫有责。当个人的命运融入国家和民族命运的时候,每个人更容易找到和实现自身的价值。

人物风采……

大国工匠

2019年1月18日由中华全国总工会、中央广播电视总台联合举办的2018年"大国工匠年度人物"评选活动正式发布,10位当选的2018年"大国工匠年度人物"是:

高凤林

突破极限精度,将"龙的轨迹"划入太空;破解20载难题,让中国繁星映亮苍穹。焊花闪烁,岁月寒暑,为火箭铸"心",为民族筑梦,他就是——中国航天科技集团有限公司第一研究院首都航天机械有限公司特种熔融焊接工、高级技师高凤林。高凤林参与过一系列航天重大工程,焊接过的火箭发动机占我国火箭发动机总数的近四成。攻克了长征五号的技术难题,为北斗导航、嫦娥探月、载人航天等国家重点工程的顺利实施以及长征五号新一代运载火箭研制做出了突出贡献。所获荣誉:国家科学技术进步二等奖、全国劳动模范、全国五一劳动奖章、全国道德模范、最美职工。

李万君

一把焊枪,一双妙手,他以柔情呵护复兴号的筋骨;千度烈焰,万次攻关,他用坚固为中国梦提速。那飞驰的列车,会记下他指尖的温度,他就是——中车长春轨道客车股份有限公司电焊工李万君。李万君先后参与了我国几十种城铁车、动车组转向架的首件试制焊接工作,总结并制定了30多种转向架焊接规范及操作方法,技术攻关150多项,其中27项获得国家专利。他的"拽枪式右焊法"等30余项转向架焊接操作方法,累计为企业节约资金和创造价值8 000余万元。所获荣誉:全国劳模、全国优秀共产党员、全国五一劳动奖章、全国技术能手、中华技能大奖、2016年度"感动中国"十大人物、吉林省特等劳模。

夏 立

技艺吹影镂尘,擦亮中华"翔龙"之目;组装妙至毫巅,铺就嫦娥奔月星途。当"天马"凝望远方,那一份份捷报,蔓延着他的幸福,他就是——中国电子科技集团公司第五十四研究所钳工夏立。作为通信天线装配责任人,夏立先后承担了"天马"射电望远镜、远望号、索马里护航军舰、"9·3"阅兵参阅方阵上通信设施等的卫星天线预研与装配、校准任务,装配的齿轮间隙仅有0.004毫米,相当于一根头发丝的1/20粗细。在生产、组装工艺方面,夏立攻克了一个又一个难关,创造了一个又一个奇迹。所获荣誉:全国技术能手、河北省金牌工人、河北省五一劳动奖章、2016年河北省军工大工匠。

王 进

平步百米铁塔,横穿超、特高压。在"刀锋"上起舞,守护着岁月通明、灯火万家,他就是——国网山东省电力公司检修公司输电检修中心带电班副班长王进。王进是电网系统特高压检修工,成功完成世界首次±660KV直流输电线路带电作业。参与执行抗冰抢险、奥运会和全运会保电、线路防舞动治理等重大任务,带电检修300余次实现"零失误",为社会节省电量1 000万度,避免经济损失数以亿计。所获荣誉:国家科技进步二等奖、全国劳动模范、全国五一劳动奖章、全国五四青年奖章、最美职工。

朱恒银

从地表向地心,他让探宝"银针"不断挺进。一腔热血,融进千米厚土;一缕微光,射穿岩层深处。他让钻头行走的深度,矗立为行业的高度,他就是——安徽省地质矿产勘查局313地质队教授级高级工程师朱恒银。朱恒银从一名钻探工人成长为全国知名的钻探专家和安徽省学术和技术带头人。他将我国小口径岩心钻探地质找矿深度从1 000米以浅推进至3 000米以深的国际先进水平,成为我国深部岩心钻探的领跑者,产生了数千亿元的经济效益以及社会效益。所获荣誉:国家科技进步奖二等奖、全国劳动模范、全国优秀科技工作者、李四光地质科学奖。

乔素凯

4米长杆,26年,56 000步的零失误令人惊叹。是责任,是经验,更是他心里的"安全大于天"。他的守护,正如那池清水,平静蔚蓝,他就是——中国广核集团运营公司大修中心核燃料服务分部工程师、核燃料修复师乔素凯。

乔素凯是我国第一代核燃料师。他与核燃料打了26年交道,全国一半以上核电机组的核燃料都由他和他的团队来操作,他的团队是国内目前唯一能对破损核燃料进行水下修复的团队。26年来,乔素凯核燃料操作保持"零失误"。这些年,他主持参与的项目获得了十九项国家发明专利。所获荣誉:全国技术能手、中央企业劳动模范。

陈行行

青涩年华化为多彩绽放,精益求精铸就青春信仰。大国重器的加工平台上,他用极致书写精密人生。胸有凌云志,浓浓报国情,他就是——中国工程物理研究院机械制造工艺研究所工人陈行行。陈行行从事保卫祖国的核事业,是操作着价格高昂、性能精良的数控加工设备的新一代技能人员,优化了国家重大专项分子泵项目核心零部件动叶轮叶片的高速铣削工艺。他精通多轴联动加工技术、高速高精度加工技术和参数化自动编程技术,尤其擅长薄壁类、弱刚性类零件的加工工艺与技术,是一专多能的技术技能复合型人才。所获荣誉:全国五一劳动奖章、全国技术能手、四川工匠。

王树军

他是维修工,也是设计师,更像是永不屈服的斗士!临危请命,只为国之重器不能受制于人。他展示出中国工匠的风骨,在尽头处超越,在平凡中非凡,他就是——潍柴动力股份有限公司一号工厂机修钳工王树军。王树军致力于中国高端装备研制,不被外界高薪诱惑,坚守打造重型发动机"中国心"。他攻克的进口高精加工中心光栅尺气密保护设计缺陷,填补国内空白,成为中国工匠勇于挑战进口设备的经典案例。他独创的"垂直投影逆向复原法",解决了进口加工中心定位精度为千分之一度的NC转台锁紧故障,打破了国外技术封锁和垄断。所获荣誉:山东省十大"齐鲁工匠"、齐鲁首席技师、山东省有突出贡献技师、富民兴鲁劳动奖章、山东省省管企业道德模范。

谭文波

听诊大地弹指可定;相隔厚土锁缚"气海油龙"。宝藏在黑暗中沉睡,他以无声的温柔唤醒。他用黑色的眼睛,闪亮试油的"中国路径",他就是中国石油集团西部钻探工程有限公司试油公司试油工谭文波。谭文波坚守大漠戈壁20多年,是油田里的"土发明家"。他领衔发明的具有自主知识产权的新型桥塞坐封工具,投入使用上千井次。他解决一线生产疑难问题30多项,技术转化革新成果4项,获得国家发明专利4项,实用新型专利8项。他还培养出一大批青年技术骨干,为企业创收近亿元。所获荣誉:全国五一劳动奖章、最美职工。

李云鹤

风刀沙剑,面壁一生。洞中一日,笔下千年!六十二载潜心修复,八十六岁耕耘不歇。

以心为笔,以血为墨,让风化的历史暗香浮动,绚烂重生,他就是——敦煌研究院原副所长李云鹤。倾心一件事,干了一辈子。已经80余岁(2018年)高龄的李云鹤,仍坚守在文物修复保护第一线,被誉为我国"文物修复界泰斗"。他是国内石窟整体异地搬迁复原成功的第一人,也是国内运用金属骨架修复保护壁画获得成功的第一人。他修复壁画近4 000平方米,修复塑像500余身,取得了多项研究成果,其中"筛选壁画修复材料工艺"荣获全国科学大会成果奖,"莫高窟161窟起甲壁画修复"荣获文化部科技成果一等奖。所获荣誉:甘肃省"陇原工匠"、甘肃省五一劳动奖章。

(资料来源:央视网)

(二)生命的责任

人物风采

"戊戌六君子"之一谭嗣同

谭嗣同(1865.3.10—1898.9.28),字复生,号壮飞,湖南省长沙府浏阳县(今湖南省浏阳市)人,生于顺天府(今北京市),中国近代著名政治家、思想家,维新派人士。其所著的《仁学》,是维新派的第一部哲学著作,也是中国近代思想史中的重要著作。谭嗣同早年曾在家乡湖南倡办时务学堂、南学会等,主办《湘报》,又倡导开矿山、修铁路,宣传变法维新,推行新政。光绪二十四年(1898),谭嗣同参加领导戊戌变法,失败后被杀,年仅33岁,为"戊戌六君子"之一。1898年9月21日,西太后发动政变。慈禧连发谕旨,捉拿维新派。谭嗣同听到政变消息后并不惊慌,置自己的安危于不顾,多方活动,筹谋营救光绪帝。但措手不及,计划均告落空。在这种情况下,他决心以死来殉变法事业,用自己的牺牲去向封建顽固势力做最后一次反抗。他对劝他离开的人说:"各国变法无不从流血而成,今日中国未闻有因变法而流血者,此国之所以不昌也。有之,请自嗣同始。"

人生活在社会中就必须承担一定的责任,社会责任感是在一个特定的社会里,每个人在心理和感觉上对其他人的伦理关怀和义务,社会责任感是一个民族赖以存在和发展的基础,是大学生成才的必然要求,也是当代大学生应该具备的基本素质。当今社会,经济高度发展,科学技术不断提高,大学生要勇于承担社会责任,不仅关系到自身的生存、就业和发展,更关系到国家、民族的前途。

大学生社会责任感的强弱关系到国家的发展和民族的前途。党的十八大报告明确提出"培养学生社会责任感、创新精神、实践能力"的时代要求。

社会责任感作为一种道德情感,主要指一个具有独立人格的社会成员对国家、社会、集体以及他人负责的认知、情感和信念,以及与之相对应的遵守规范、承担责任和履行义务的自觉态度。社会责任感是当代大学生应具备的基本素质,也是构建社会主义和谐社会的关键。大学生应自觉树立主人翁意识,有强烈的社会责任感,关心社会的发展,并把社会责任感与自身发展紧密联系起来,将其作为一种信念和情感。

1. 对自己负责

一个有社会责任感的人,首先是对自己负责的人。大学生对自己负责表现在:能够不断学习,提升文化素质,有意识地完善自己的人格;对自己的身心健康负责,照顾好自己的饮食起居,坚持锻炼身体,拥有健康的体魄;对自己的未来和前途负责,学习做选择,对自己的生命负责,对自己的言行负责,做到言而有信。

2. 对他人负责

大学生作为负责任的社会成员,应该能够正确处理与他人的关系,与同学、老师建立和谐的关系;不以自我为中心,心中有他人,能够考虑他人的需要和感受,在生活中要学着接受现实,不任性,要自制。大学生来自不同的家庭,有不同的文化背景,大家的思想观念和生活习惯不一定相同,应尊重他人、接纳差异,不要把自己的意志强加到别人身上,也不要做损害他人利益的事情。

3. 对家庭负责

家是每个人心灵的港湾。一个家庭若要和睦,每个家庭成员都要承担一定的责任和义务。随着父母逐渐老去,大学生要学习承担越来越多的家庭责任,而不是一味地从家庭中索取。要听取父母对自己学习和生活的建议,主动关心父母的身体健康和情感需要,为父母分担烦恼,为弟弟妹妹提供学习、生活上的支持和帮助等。

4. 对集体负责

大学生作为班集体的一员、学校的一员,要为集体着想,有集体荣誉感。一个人所在的集体强大,自我才强大。大学生应积极参加集体活动,为班级活动出谋划策,主动承担集体责任,在集体生活中锻炼成长。

5. 对社会负责

大学生作为社会的一分子,还要培养对社会负责的意识和行为。从小事做起,讲究公德,关心社会环境,积极参加志愿者活动,努力学习知识技能,为将来为社会做出贡献做好准备。

四、感恩生命

感恩,是因意识到被给予而自发认为是被恩赐或被爱,从而由感谢对方的意愿而产生的心理活动或现实行动。感恩是一个人是否具备善良品质的基本特征之一。在理性思维中感恩被认为是一种处世哲学,是生活中的大智慧。一个智慧的人,不应该为自己没有的东西斤斤计较,也不应该一味索取和使自己的私欲膨胀。学会感恩,为自己已有的而感恩,感谢生活给予自己的一切,这样才会有一个积极的人生观,才会有一种健康的心态。如果报复心理是一种应对、反抗外部不利因素的自我防御保护机制,那么感恩心理就是它的回馈机制。

感恩是一种积极的人生情感,它能提升人的身心健康水平,增进主观幸福感,优化情绪状态,增强应对压力的能力,提高心灵的宁静与和谐,实现个体与社会双重价值。感恩教育的实施能够推进个体关心他人的社会良好行为,实现传递支持社会联系的道德思想,使受教育者的感恩意识得以唤醒,使其懂得感恩、施恩、报恩,生命中充满了美好与温暖,感恩这一路上所有的遇见,感恩遇见最好的时光,遇见温暖自己的人。

心晴加油站

感恩生命

如果我是一朵花,我要感谢绿叶的扶持;

如果我是一只蜜蜂,我要感谢鲜花的馈赠;

如果我是一棵树苗,我要感谢大地的滋养和阳光的照耀。

生命,给予我灵巧的双手、敏捷的耳朵、明亮的双眼、聪明的大脑;

生命,给予我丰富的感情、自由的思想、多彩多姿的生活;

生命给了我无数温暖的爱。

感恩生命,让我来到这个美丽的世界,

生命让我拥有一切!

实训中心

1.分享你的"生命"故事

请全班同学分成几个小组,每6~7人为一组,小组内每位成员轮流讲一个你经历过的关乎生死的故事。可以是你自己亲身经历的,也可以是你目睹或者旁观的。

每位成员讲完故事之后,再轮流谈一谈自己听完这些故事的感受。最后,小组推选一位代表,把他的故事在全班面前分享。这个故事或许是最感动人的,或许是最让人印象深刻的,或许是让人感悟最深的。

2.当我们一出生,生命之钟就开始倒计时了,死亡是每个人都无法逃避的话题。想一想,当你面临死亡时,你会怎样书写自己的墓志铭。

请写下你的墓志铭,如果愿意,请对着老师和同学念出来。在这个过程中,你有什么收获和感受?

墓志铭

有位哲人曾经说过,"死亡将导致我们的毁灭,但对死亡的察觉,又能拯救我们。追寻生命意义的价值和目的,是人类最显著的特性。能够存在于这个必须面对死亡的世界上,才是我们最真实的挑战"。年轻的大学生们,现在写出的自己的墓志铭是可以改写的,你还有足够的时间来重新拟定自己的墓志铭。如果你对自己的平庸不满意,你还有时间重振雄风;如果你对自己的浅薄不满意,你还有时间走向深沉;如果你对自己的性格不满意,你还来得及重塑!重新认识自己的生命,你的人生还来得及改变。

3.生命的五样

我们每个人活着都有我们认为最重要和最在乎的东西,可能是某个人,如父母、恋人、好朋友,也可能是某种外在的东西,如职位、财富、学历、名气、荣誉,也可能是对某种人生理想的追求,如道德、善良、公平、正义,等等。

请认真思考,对你来说你生命中最重要的五样东西,并把它们写下来。然后说一说,为什么它们对你来说是生命中最重要的东西。

俗话说,人生不如意之事十之八九。每个人的生命都是有限的,我们自身也存在着各种各样的局限,并不是所有的目标和理想都能够实现,人的一生中可能经历各种各样的坎坷、挫折、灾难、意外,导致我们必须做出选择,接受不完美。想象一下,现在你遭遇了人生中的一个重大失败,在你生命中最重要的五样东西里,你只能实现四种,而必须放弃其中的一样,你将舍弃其中的哪一样?请将它划掉,并说一说你为什么选择舍弃它,舍弃它之后你此刻的感受如何?

以此类推,假如你的人生不断遭遇失败和坎坷,你不得不在余下的四样中再舍弃一样,只剩下三样;接着,你不得不再舍弃一样,只剩下两样,一样……

每当你不得不舍弃一样生命中最重要的东西的时候,请说一说你为什么选择舍弃它,并分享你的心情。

接下来,看看你生命中留下的最重要的一样东西是什么?

最后,假如有一天,你的生命遭遇了前所未有的危机和打击,对你而言那个最后的宝贵的东西也必须舍弃,你将如何面对?说一说你的想法和感受。

4.人生价值拍卖会

人的一生是由无数次选择构成的。不同的选择把人们导向不同的路途和方向,使各自的人生呈现出不同的色彩。在面临相同的选择时,每个人做出的决定却不完全一样,这是因为每个人所持的价值观不完全一样。现在,假设每位同学手上都有10 000元钱。它代表了一个人一生的时间和精力。每个人可以根据自己对人生的理解随意竞买下面的东西。每样东西都有底价,每次出价都以500元为单位,出价高者得到东西,有出价10 000元的立即成交。拍卖的东西如下:

1.爱情:1 000元。

2.三五个知心朋友:500元。

3.金钱:2 000元。

4.至高无上的权力:2 000元。

5.出国深造的机会:1 000元。

6.一门精湛的技艺:1 500元。

7. 亲情:2 000元。

8. 美貌:1 000元。

9. 自由:2 000元。

10. 豪宅名车:1 000元。

11. 长命百岁:2 000元。

12. 勇气和诚信:1 000元。 13.一颗爱心:1 000元。

14. 名垂青史:2 000元。

15. 每天都能吃美食:1 000元。

16. 拥有自己的图书馆:1 000元。

17. 健康:1 500元。

18. 智慧:1 000元。

19. 欢乐:1 000元。

20. 冒险精神:1 500元。

21. 孝心:1 000元。

22. 周游世界:1 500元。

由教师或一位同学担任拍卖师,如果1 000元代表人一生的所有时间及精力,你会花多少钱来买哪些项目?根据拍卖规则,一般喊价三次成交。在座的每一位同学都是竞价者,请大家在心中选定自己想要的东西。大家要记住,生涯也如战场,假如你已认定了自己的目标,就紧紧锁定它,不要让机会白白溜走。

拍卖会结束后进行讨论与分享:

①假如现在已经是人生的尽头,请看看你手上所拥有的是什么东西?你是否后悔竞买了它,为什么?它们对你来说是否仍有意义?

②在拍卖过程中你的心情如何?你是否后悔刚才为自己争取的东西太少?

③有没有同学一件物品都没有买到呢?为什么?

④你争取回来的东西是否是你最想得到的东西?

⑤金钱是否一定会带来幸福和欢乐?

⑥有没有一些东西比金钱更重要,或能够比金钱带来更大的满足感呢?你是否甘愿为了拥有金钱、权力而放弃一切呢?

整个活动给了你哪些启示?

智慧起航······

1. 你生命中有哪些让你感动的瞬间,一起分享那些令人感动的小故事。

2. 给你身边的人写一张感恩小卡片,写下你真挚的感谢。

3. 请观看一部与生命主题有关的电影,并写一篇观后感,说一说你对生命的理解和感悟。

知识小铺

1. 生命教育的概念最早是由美国学者杰·唐纳·华特士（J.Donald Walters）于1968年首次提出的，之后受到英国、澳大利亚、新西兰、日本等国家的重视，逐渐成为在全世界具有一定影响力的教育思想和理念。
2. 广义的生命观即人对于生命普遍的基本的态度、观念。狭义的生命观是指人对于自身生命的基本态度和观念。
3. 中国传统文化是紧密围绕对生命价值和意义的探索和思考的。
4. 我们可以通过工作、爱、经历苦难去发现生命的意义。
5. 生命的责任包括对自己负责、对他人负责、对家庭负责、对集体负责、对社会负责。

遇见更好的自己
——生命的礼物

遇见更好的自己
——课程自评

参 考 文 献

1. 郭桂萍,曹洁. 大学生心理健康教育[M]. 北京:北京师范大学出版社,2015.
2. 成光琳,李玲玲. 大学生心理健康教育[M]. 北京:高等教育出版社,2018.
3. 同雪莉,董国强. 心理学改变生活[M]. 北京:高等教育出版社,2019.
4. 万秋红,赵丹,邓祖禄. 大学生心理健康教育[M]. 北京:中国轻工业出版社,2019.
5. 苏琼瑶,杨美玲,王闪闪. 大学生心理健康教育[M]. 北京:中国轻工业出版社,2020.
6. 许国彬,陈国海. 大学生心理健康教育[M]. 北京:清华大学出版社,2021.
7. 王惠芳,董雪. 大学生心理健康教育[M]. 北京:清华大学出版社,2021.
8. (美)戴尔·卡耐基. 人际交往心理学[M]. 北京:煤炭工业出版社,2019.
9. (美)戴尔·卡耐基. 人性的弱点[M]. 北京:中国华侨出版社,2018.
10. 李永利. 人际关系黄金法则[M]. 北京:中国纺织出版社,2008.
11. 姚本先. 高等教育心理学[M]. 2版. 合肥:合肥工业大学出版社,2009.
12. 唐植文. 当代大学生心理健康教育[M]. 北京:北京邮电大学出版社,2013.
13. 彭贤,李海青. 人际关系心理学[M]. 北京:北京交通大学出版社,2013.
14. 佐斌,高倩. 熟悉性和相似性对人际吸引的影响[J]. 长沙:中国临床心理学杂志,2008.
15. 王勇. 利用人际吸引因素解决新生的交往心理障碍[J]. 广州:青年探索,2001(2).
16. 高倩,佐斌. 主我分享:人际吸引研究的新发展[J]. 上海:心理科学,2009.
17. 埃略特·阿伦森,提摩太·D.威尔逊,罗宾·M.埃克特,等. 社会心理学:阿伦森眼中的社会性动物[M]. 北京:机械工业出版社,2014.
18. 林崇德,杨治良,黄希庭. 心理学大辞典[J]. 上海:心理科学,2004.
19. 金盛华. 社会心理学[M]. 北京:高等教育出版社,2005.
20. 艾里希·弗洛姆. 爱的艺术[J]. 上海:上海译文出版社,2021.
21. 赵永久. 爱的五种能力:爱情与婚姻中的情商课[M]. 北京:中国华侨出版社,2013.
22. 郭高峰. 大学生马克思主义婚恋观的培育研究[D]. 成都:成都理工大学,2018.
23. 蔡传家,王春雪. 揭示爱情本质 端正恋爱动机——谈当代大学生的爱情观[J]. 黑河:黑河学刊,2013(7):2.

24.翟秀文.大学生爱情观形成[J].昆明:青年与社会,2019(10):1.

25.高燕.大学生爱情体验及其影响因素研究[D].上海:华东师范大学,2015.

26.曹曼倩.大学生恋爱心理问题分析与对策研究[J].合肥:科教文汇,2019(34):3.

27.邓婷.当代大学生爱情观研究[D].北京:中国地质大学(北京),2015.

28.周兴.当代大学生的恋爱心理探讨[J].长春:现代交际,2017(17):1.

29.张翠莲.当代大学生婚恋道德教育研究[D].长沙:湖南师范大学.

30.王兆勤.当代大学生恋爱心理问题的初步探讨[J].北京:中国健康教育,2003,19(004):282-284.

31.卢颀.当代大学生恋爱心理问题的影响因素与引导策略研究[J].合肥:科教文汇,2017(27):2.

32.朱理哲,刘韧,朱雄.当代大学生恋爱心理问题及调适[J].湘潭:当代教育理论与实践,2010(1):3.

33.吴淑凤.当代大学生性心理现状及其健康教育[J].南宁:广西民族大学学报(自然科学版),2002,9(2):163-165.

34.汪洪,罗琼,娄星,等.当前大学生爱情观存在的问题与对策分析[J].上海:化工高等教育,2011,28(4):5.

35.岳云强.新时代大学生恋爱心理问题及对策[J].哈尔滨:教书育人:高教论坛,2019(3):2

36.韦耀阳.性问题是大学生恋爱心理咨询的核心[J].鸡西:鸡西大学学报:综合版,2012,12(11):2.

37.和彦芬.大学生健全人格教育[J].昆明:云南师范大学学报:哲学社会科学版,2003,35(3):4.

38.陈桃荣,童金元.试析高职大学生人格心理特点及其健康发展的策略与途径.2021(2017-6):81-83.

39.石明兰.同辈群体对青少年发展的积极作用[J].太原:太原师范学院学报:社会科学版,2006,5(1):2.

40.陈金兰.马克思恩格斯的爱情伦理观及其对大学生恋爱观教育的启示.西安:西部学刊,2019.

41.胡莎.论爱情、婚姻的伦理内涵与伦理本质.牡丹江:牡丹江大学学报.2010.

42.时蓉华.现代社会心理学:(修订版)[M].上海:华东师范大学出版社,2007.

43.武光路,韩继莹,李剑锋.大学生心理导航[M].北京:国防工业出版社,2012.

44.理查德·格里格.心理学与生活[M].16版.北京:人民邮电出版社,2006.

45.黄希庭.人格心理学.杭州:浙江教育出版社,2002.

46.李美华.心理学与生活.长沙:湖南师范大学出版社,2017.

47.西格蒙德·弗洛伊德.自我与本我:上海:上海译文出版社,1923.

48.彭聃龄.普通心理学[M].2版.北京:北京师范大学出版社,2001.

49.许燕.人格心理学[M].北京:北京师范大学出版社,2009.

50.侯玉波.社会心理学[M].2版.北京:北京大学出版社,2007.

51.张锋,毕重增,陈本友.自我价值感、心理控制源和A型人格对时间管理倾向的影响研究[J].重庆:西南师范大学学报(人文社会科学版),2005-11-10.

52.童俊.人格障碍的心理咨询与治疗[M].北京:北京大学医学出版社,2008.

53.唐烈琼.论当代大学生的人格缺陷与人格教育[J].广州:中山大学学报论丛,2004,24(6):302-306.

54.韩中敏.大学生人格缺陷反思及健康人格教育[D].合肥:合肥工业大学,2009.

55.MICHAELGELDER.牛津精神病学教科书(中文版)[M].成都:四川大学出版社,2004.

56.郭念锋.心理咨询师[D].北京:民族出版社,2002.

57.BIO国际组织教材编写组.心理咨询与治疗基础[M].北京:人民日报出版社,2007.

58.苏珊·诺伦·霍克西玛.变态心理学与心理治疗[M].2版.北京:世界图书出版公司北京公司,2007.

59.鲁宽民,李运.儒家思想文化对新时代大学生道德人格的影响论析.西安:理论导刊,2020.

60.史慧.谈谈人际交往中的空间距离[J].郑州:河南水利与南水北调,2007(7):2.

61.张敏生.大学生心理健康教育与训练[M].北京:高等教育出版社,2015.

62.夏翠翠.大学生心理健康教育:慕课版[M].2版.北京:人民邮电出版社,2019.

63.俞国良.大学生心理健康[M].北京:北京师范大学出版社,2018.

64.蒋桂黎.高职生心理健康[M].西安:西北大学出版社,2019.

65.樊富珉,何瑾.团体心理辅导[M].上海:华东师范大学出版社,2010.

66.胡娟.研究生心理导航[M].上海:华东师范大学出版社,2012.